FREIMUT UND JOANNA
HAVERKAMP [HRSG.]

BUILD

SCM

Stiftung Christliche Medien

SCM R.Brockhaus ist ein Imprint der SCM Verlagsgruppe, die zur Stiftung Christliche Medien gehört, einer gemeinnützigen Stiftung, die sich für die Förderung und Verbreitung christlicher Bücher, Zeitschriften, Filme und Musik einsetzt.

MIX
Papier | Fördert gute Waldnutzung
FSC® C084279

Max-Eyth-Str. 41 · 71088 Holzgerlingen
Internet: www.scm-brockhaus.de · E-Mail: info@scm-brockhaus.de

Alle Internetlinks wurden am 13.01.2022 auf ihre Aktualität geprüft.
Die Hervorhebungen in Bibelstellen wurden von den Autorinnen und Autoren vorgenommen.

Gesamtgestaltung: Grafikbüro Sonnhüter, www.grafikbuero-sonnhueter.de
Titelbild: Unsplash
Lektorat: Mirja Wagner, www.lektorat-punktlandung.de
Bilder im Innenteil: © Hillsong Church Germany e.V.. Unsplash
Autorenfoto: © Hillsong Church Germany e.V.

Druck und Bindung: Print Consult GmBH, München
Gedruckt in Slowakei
ISBN 978-3-417-00031-3
Bestell-Nr. 227.000.031

FREIMUT UND
JOANNA
HAVERKAMP
[HRSG.]

Build

DEIN LEBEN, DEINE BERUFUNG, IHM ZUR EHRE

SCM
R.Brockhaus

WIDMUNG

Für alle, die unsere Gemeinde ihr Zuhause nennen. Ihr inspiriert uns immer wieder aufs Neue. Eure Liebe und Hingabe füreinander und für die Städte, in denen ihr lebt, ist eure wahre Anbetung. Danke für euren Einsatz und dafür, dass ihr für mehr lebt als für euch selbst. Wir sind uns sicher, dass ihr eine große Freude für unseren Vater im Himmel seid.

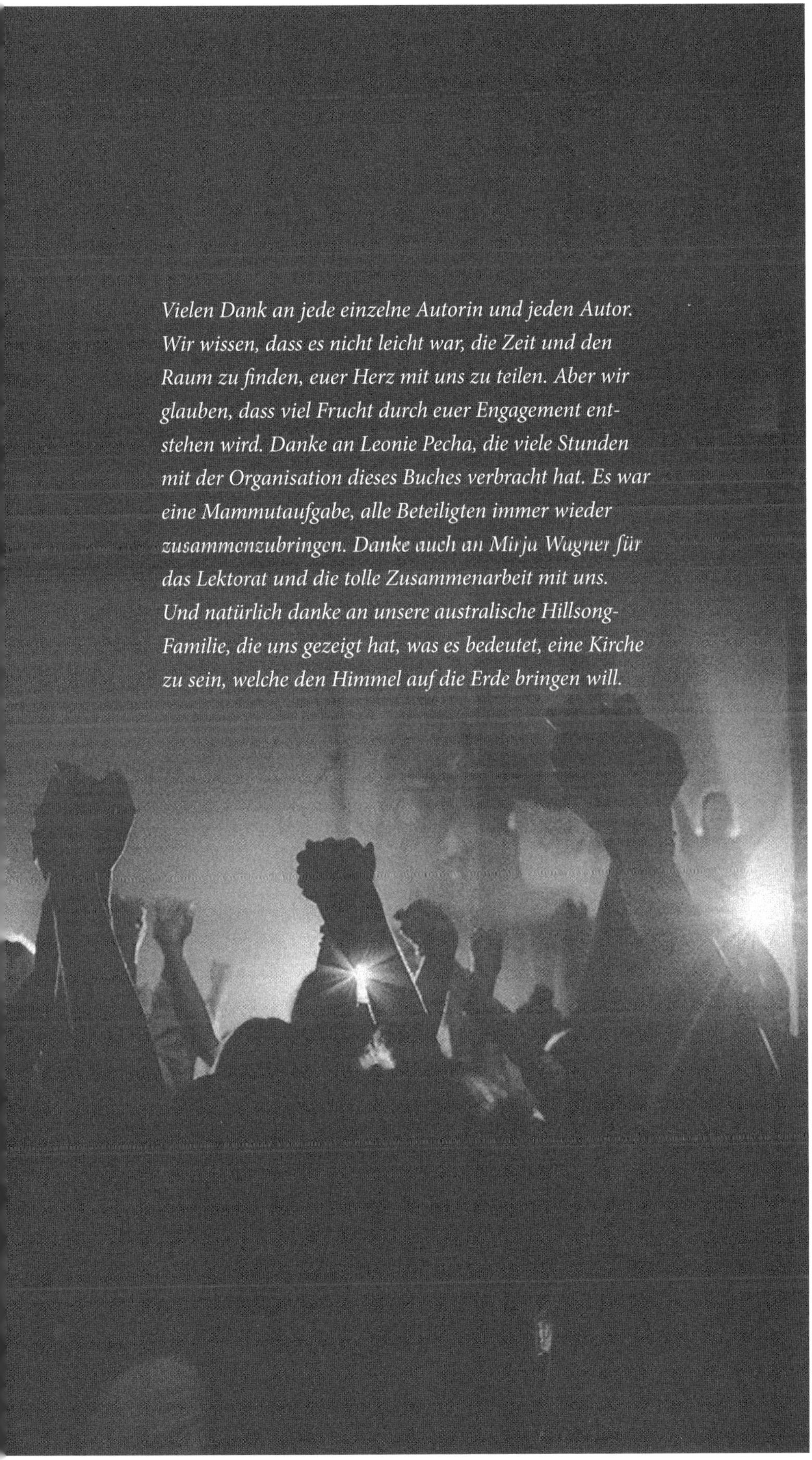

Vielen Dank an jede einzelne Autorin und jeden Autor. Wir wissen, dass es nicht leicht war, die Zeit und den Raum zu finden, euer Herz mit uns zu teilen. Aber wir glauben, dass viel Frucht durch euer Engagement entstehen wird. Danke an Leonie Pecha, die viele Stunden mit der Organisation dieses Buches verbracht hat. Es war eine Mammutaufgabe, alle Beteiligten immer wieder zusammenzubringen. Danke auch an Mirja Wagner für das Lektorat und die tolle Zusammenarbeit mit uns. Und natürlich danke an unsere australische Hillsong-Familie, die uns gezeigt hat, was es bedeutet, eine Kirche zu sein, welche den Himmel auf die Erde bringen will.

INHALT

EINLEITUNG: EIN WERKZEUG FÜR DICH

Als wir dieses Buchprojekt starteten, sagte Freimut: „Ich möchte an unsere Familie schreiben. Ich möchte, dass wir den Menschen in unserer Gemeinde etwas an die Hand geben, das ihnen hilft, ihre Beziehung mit Gott zu vertiefen, und sie aufblühen lässt. Das ihnen hilft, gute Entscheidungen zu treffen, auf die sie ihr Leben aufbauen." Das ist das Herzensanliegen hinter diesem Buch – es soll ein pastorales Werkzeug sein, das dich nach vorne bringt.

Die Bibel ist voller Bilder, die die Arbeit eines Hirten beschreiben. Seine Hilfsmittel waren und sind seine Stimme, sein Stab und sein Stock. Mit der ihnen vertrauten Stimme rief er seine Schafe, die damit beschäftigt waren – mit dem Kopf nach unten geneigt –, ihr Gras für den Tag zu futtern. So wussten sie jederzeit, in welche Richtung sie gehen sollten. Mit seinem Stock wehrte er wilde Tiere ab, die auf leichte Beute hofften. Er zählte seine Herde, sodass keines seiner Schafe verloren ging. Wenn eines in Gefahr war oder sich in eine Lage manövriert hatte, aus der es sich nicht selbst befreien konnte, rettete er es mit seinem Stab. Unser Hirte ist Jesus. Der gute Hirte. Wir beten dafür, dass du ihn durch dieses Buch erfahren kannst, auf eine Art und Weise, die dir hilft, ihm zu begegnen.

Dieses Buch ist wie ein Werkzeugkasten. Werkzeuge sind dazu da, dass man mit ihnen arbeitet, daher haben wir und die Autorinnen und Autoren dieses Buches einige Kapitel geschrieben, die dich unter Umständen herausfordern werden. Mit ihnen kannst du dich intensiv befassen: nachdenken, meditieren, Entscheidungen treffen. Es kann also sein, dass sie dir einiges abverlangen werden. Andere Kapitel hingegen werden dich erfrischen, inspirieren und erhellend für dich sein. Damit das Lesen und Arbeiten für dich abwechslungsreich und spannend bleibt, haben wir die Kapitel bewusst in drei unterschiedlichen Stilen geschrieben.

- **Andacht:** In diesen Kapiteln wirst du jeweils vier Andachten finden, die dich hoffentlich zu neuen und tiefen biblischen Offenbarungen führen und sich wie ein Festmahl für dich anfühlen werden.
- **Deep Dive:** So haben wir die Kapitel genannt, bei denen die Autorin oder der Autor nicht nur einen Überblick gibt, sondern dir Wissen vermittelt, auf dem du wirklich herumkauen kannst. Die Fragen sollen dir jeweils helfen, über das Gelernte nachzudenken und die Wahrheiten auf dein Leben anzuwenden.
- **Schatzsuche:** Jeder liebt eine gute Schatzsuche! Hier übernimmst du selbst das Suchen und Finden. Die Autorin oder der Autor wird dich auf deinem Weg zum Gold begleiten.
- Ein Kapitel ist ein besonderes: ein **Vier-Wochen-Coaching-Kurs**. Du findest es in der Mitte dieses Buches. Hier hast du die Möglichkeit, Bereiche zu identifizieren, die deine Aufmerksamkeit brauchen, und gemeinsam mit dem Heiligen Geist an dir zu arbeiten.

Du kannst dieses Buch ganz einfach von vorn bis hinten durchlesen oder dir ein Kapitel heraussuchen, das du in deiner aktuellen Situation am meisten brauchst. Joanna wird dir vor jedem Kapitel jede Autorin und jeden Autor sowie jedes Thema vorstellen und mit dir und für dich beten (außer bei ihrem eigenen Kapitel, da übernimmt Freimut die Einleitung).

Wir haben dieses Buch „Build" genannt (das bedeutet übersetzt: etwas bauen, errichten, konstruieren, herstellen), denn das ist es, was Gott tut: Er baut unser Leben und er baut seine Gemeinde. Als sein Volk sind wir lebendige Steine in seinen Händen.

Gott baut sein Haus! Er gebraucht uns alle – unabhängig davon, wer wir sind und wie wir hierhergekommen sind! Die Apostel und Propheten gebrauchte er, um das Fundament zu legen. Nun gebraucht er euch, fügt euch Ziegel für Ziegel, Stein für Stein ein, mit Christus Jesus als dem Eckstein, der alle Teile zusammenhält. Wir sehen, wie er Tag für Tag Gestalt annimmt – ein heiliger Tempel, von Gott gebaut, in dem wir alle eingefügt sind, ein Tempel, in dem Gott ganz zu Hause ist.

EPHESER 2,20-22;
FREI NACH DER ÜBERSETZUNG „THE MESSAGE"

Wir alle sind von Gott dazu berufen, ein Teil seines Plans zu sein. Es ist ein herrlicher Plan! Ein Plan, in dem wir Jesus in der ganzen Tiefe seiner Liebe erkennen werden. Ein Plan, in dem der Herr angebetet und verehrt wird. Ein Plan, in dem unsere Gebete erhört werden und er über unsere kühnsten Träume hinaus wirkt.

Also, liebe Freundin, lieber Freund, atme tief durch, sei offen und bereit, dich von Gott formen zu lassen. Du kannst jetzt damit starten – im ersten Kapitel oder wo auch immer du anfangen möchtest –, dein Leben zu gestalten und deine Berufung zu bauen, zu seiner Ehre.

JOANNA UND
FREIMUT HAVERKAMP

Eins

JESUS UND DU

Im Johannesbrief lesen wir von einer Offenbarung des Apostels Johannes, die in den letzten zwei Jahrtausenden bei zahllosen Christinnen und Christen Widerhall gefunden hat. Eine grundlegende Tatsache, die sich in unser Gedächtnis eingebrannt hat, eine Wahrheit, die viele von uns zitieren können:

Am Anfang war das Wort; das Wort war bei Gott,
und das Wort war Gott. Der, der das Wort ist,
war am Anfang bei Gott. Durch ihn ist alles entstanden;
es gibt nichts, was ohne ihn entstanden ist.
In ihm war das Leben, und dieses Leben
war das Licht der Menschen.
Das Licht leuchtet in der Finsternis,
und die Finsternis hat es nicht auslöschen können.
Er, der das Wort ist, wurde ein Mensch
von Fleisch und Blut und lebte unter uns.
JOHANNES 1,1-5.14A; NGÜ

Der Kern von Johannes' Offenbarung ist, dass alles mit Jesus begann. Genauso beginnt noch heute alles mit Jesus. Immer. Und so beginnt natürlich auch das erste Kapitel dieses Buches mit Jesus. Er ist der Eckstein, den der Baumeister an seinen Platz gelegt hat. David prophezeit es in Psalm 118:

Der Stein, den die Bauleute für unbrauchbar erklärten,
ist zum Eckstein geworden. Das hat der HERR getan,
und es ist ein Wunder in unseren Augen.
PSALM 118,22-23; NGÜ

Wenn man etwas bauen will, ist der Eckstein architektonisch von größter Bedeutung. Traditionell ist er der erste Stein, der gelegt wird, und alle anderen Steine werden nach ihm ausgerichtet.

Unser Gebet für dich ist es, dass deine Beziehung zu Jesus dein Bezugspunkt sein möge. Während du dabei bist, dein Leben zu bauen, mögen deine Augen auf deinen Erlöser fixiert sein. Er liebt uns mehr, als wir jemals begreifen können. Du wirst niemals zu kurz kommen, wenn du ihn an die erste Stelle setzt. Gib dich ihm also immer wieder hin. Lass dich von ihm führen. Lass dir zeigen, wer er wirklich ist und wer du in ihm wirklich sein kannst.

Dieses Kapitel ist eine Serie von Andachten. Nimm dir die nächste Woche Zeit und mache dieses Kapitel zu einem Teil deiner stillen Zeit. Sei ermutigt, Tagebuch zu führen, in der Bibel zu lesen, zu beten und Jesus zu begegnen.

LERNE DEN AUTOR KENNEN – JAN KOHLER

Lieblings-Bibelstelle:
2. Korinther 4,6

Meine Familie ist …
... mit meiner unglaublichen Frau Janina
(erfolgreiches Church-Dating)
und unserem Sohn Aiden James (AJ)
ein absoluter Jackpot. Beide bringen
so viel Spaß in unser Zuhause und
sind die größte Motivation.

Frage, die ich gern stellen würde,
wenn ich in den Himmel komme:
„Wer ist alles hier aus meinem Leben?“

Jan Kohler: liebevoll „Holy Kohly“ genannt, kam etwa 2009 als Student der Uni Konstanz mit einer tiefen Liebe zu Gott und vielen Fragen durch unsere Türen. Wir verliebten uns in diesen großen, wunderbaren, neugierigen jungen Mann und Freimut begann, sich jede Woche mit ihm zu treffen. Auf seinem Weg als Leiter hat Jan schon so viele verschiedene Teams und Dienste geleitet und ist derzeit Teil unseres Teams in München. Seine Leidenschaft ist es, dass Menschen Jesus begegnen. Seine Lieblingsorte sind Cafés, Barbershops – eigentlich überall, wo es offene Ohren gibt und die Menschen fragen, was es bedeutet, Christ zu sein und für Jesus zu leben. Als Freimut uns die Themen vorstellte, die er in diesem Buch behandeln wollte, war uns glasklar, dass dieses Kapitel an Jan gehen sollte.

JAN, WIR SIND SO DANKBAR FÜR DIE PERSON, DIE DU BIST – FÜR DEINE PERSPEKTIVE UND WEISHEIT IN UNSEREN MEETINGS, FÜR DEINE FREUNDSCHAFT, DEIN ENGAGEMENT UND DEINEN HUMOR. FÜR DEINE LIEBE ZU GOTT, SEINEM HAUS UND DEN MENSCHEN. DU BIST EIN GESCHENK UND WIR SIND GOTT DANKBAR FÜR DICH.

ANDACHTEN
JESUS
UND DU

ZURÜCK IN DIE ZUKUNFT – DEINE ERSTE BEGEGNUNG MIT JESUS

Einer der besten Filme aller Zeiten ist meiner Meinung nach „Zurück in die Zukunft". Marty McFly, Doc, der DeLorean und vor allem das Hoverboard. Ich träume noch immer davon, mal ein Hoverboard zu besitzen, und zwar genau so eines wie im Film – eines, das fliegen kann.

Das Konzept, in der Zeit zurückzureisen und damit gleichzeitig in die Zukunft zu gehen, widerspricht sich eigentlich, ergibt aber am Ende dann doch Sinn. Wenn ich an meine Beziehung zu Jesus denke, erkenne ich ähnliche Aspekte. Diese Beziehung entwickelt sich und wächst. Da gibt es Zeiten, in denen ich mich fühle, als ob es nach vorne geht, und es gibt Zeiten, da fühlt es sich gar nicht so an. Aber selbst dann weiß ich, dass Gott gerade am Arbeiten ist. In den letzten Jahren habe ich etwas Faszinierendes beobachtet, was mir dabei hilft, das zu glauben: Ich werfe einen Blick zurück, um wieder nach vorne zu gehen. Wie hat alles angefangen? Wie habe ich Jesus kennengelernt?

Für uns alle geht es darum, diese Beziehung in unserem Leben immer zentral zu halten. In jeder Lebensphase. Und das passiert nicht automatisch. Es ist wie beim Autofahren auf der Autobahn. Um geradeaus zu fahren, musst du das Lenkrad immer wieder ein bisschen anpassen. Dein Blick ist nach vorn gerichtet. Wenn du zu lange in den Rückspiegel schaust, wird es gefährlich. Aber immer wieder mal den Rückspiegel zu nutzen, ist kraftvoll.

Jesus hat seine individuelle Geschichte mit jedem einzelnen Menschen. So war es schon immer: Er begegnete der Frau aus Samarien am Brunnen, Paulus auf seiner Reise nach Damaskus, Zachäus hat er vom Baum heruntergerufen, Petrus beim Fischen getroffen …

Wo und wie hast du ihn kennengelernt?

Schau dir doch mal folgende Begegnungen in der Bibel an:

- Der verlorene Sohn: Lukas 15,20-24
- Die Frau aus Samaria: Johannes 4
- Zachäus: Lukas 19,1-10

Welche Dinge fallen dir an Jesus und an dem, wie er Leuten begegnet ist, auf?

Wenn Jesus uns begegnet, dann begegnen wir Gnade und Wahrheit in Person. Wir begegnen Gott selbst und seiner Liebe, begegnen unserer Bestimmung und dem Leben, für das wir geschaffen sind. Durch diese Begegnung kommen Wert, Anerkennung, Geborgenheit, Vergebung und neues Leben zu uns.

Gott hat seinen Sohn nicht in die Welt gesandt, um sie zu verurteilen, sondern um sie durch ihn zu retten.
JOHANNES 3,17; NGÜ

Das wirkliche Abenteuer unseres Lebens ist es, mit ihm zu leben. Es ist keine Fernbeziehung, in der man sich ab und zu trifft und ein paar Briefe austauscht. Gott sei Dank! Ich weiß, wovon ich rede. Meine Frau und ich hatten zwei Jahre eine Fernbeziehung mit 14 000 Kilometern zwischen uns (Konstanz–Sydney). Ruhe in Frieden, Fernbeziehung!

Die Beziehung zu Jesus ist eine tägliche Reise. Warum ist es kraftvoll, heute an den Anfang dieser Reise zu denken? Die Bibel sagt:

Wie ihr nun angenommen habt den Herrn Christus Jesus, so lebt auch in ihm [...].
KOLOSSER 2,6; LUT 2017

Wie hast du ihn angenommen? Unverdient. Er hat dich geliebt, als du noch nichts von ihm wissen konntest oder wolltest. Du hast all seine Liebe und Gnade empfangen, ohne etwas dafür zu tun. Die Bibel sagt hier, dass wir genau so, in der gleichen Art und Weise, unser Leben mit Jesus auch weiterhin gestalten sollen. Dort heißt es nicht, dass wir an den Anfang zurückkehren müssen, denn wir sind in der Zwischenzeit gewachsen und haben so viel über ihn gelernt. Aber wir dürfen auch weiterhin aus dieser Gnade des Anfangs, die uns geschenkt wurde, leben und sollen darauf achten, dass wir nicht damit beginnen, diese Beziehung auf unsere Schultern zu hieven und auf dem Fundament unserer Leistungen aufzubauen.

Um kontinuierlich nach vorne zu gehen, ist es gut, sich immer wieder an den Anfang zu erinnern. Deine Geschichte mit Jesus ist einzigartig. Und es ist kraftvoll für dich und andere, sie erzählen zu können. Vielleicht werden dich Leute fragen, was Jesus in deinem Leben verändert hat. In solchen Situationen ist es oftmals gar nicht so einfach, Worte zu finden.

Schreibe doch mal deine Geschichte mit Jesus in unter hundert Wörtern auf, so, wie du sie anderen erzählen könntest, damit sie verstehen, was Jesus in deinem Leben getan hat.

Folgende Fragen können dir dabei helfen:
- Wie sah dein Leben vor deiner Begegnung mit Jesus aus?
- Was hat dir gefehlt?
- Wie hast du ihn kennengelernt?
- Wie ist Jesus dir begegnet?
- Was hat dich an ihm fasziniert?
- Was hat sich dadurch verändert?

GEBET

Jesus, heute danke ich dir dafür, dass du in mein Leben kamst. Ich erinnere mich an alles, was du schon in mir getan hast. All die speziellen Momente mit dir, die Worte, die du in mein Leben gesprochen hast, die Offenbarungen, die du mir geben hast, und deine Treue in allen Situationen meines Lebens. Danke für die Geschichte, die du angefangen hast, mit mir zu schreiben, und danke, dass du noch so viele Kapitel mehr schreiben wirst. Ich will diese Beziehung zu dir weiter vertiefen und genießen. Öffne mein Herz für mehr von deiner Gnade und hilf mir, dich besser kennenzulernen! Amen.

PROFILBILD VON JESUS

Welches Profilbild hast du für deinen Instagram- oder Facebook-Account gewählt, für WhatsApp oder wo auch immer du unterwegs bist? Ich finde, das ist eine komplizierte Sache, oder? Dieses Foto soll am besten alles repräsentieren, was wir sind. Es soll zu uns passen. Ein Passfoto geht zum Beispiel gar nicht. Es muss die richtige Größe haben, der Background sollte stimmen, locker, aber nicht zu locker … fast schon „Mission: Impossible".

Wie würde wohl das Profilbild von Jesus aussehen? 71 Prozent (Bauchgefühl des Autors) vermuten „weißer Umhang, grüne Wiese, Schaf auf der Schulter". Gut, das ist jetzt nur meine Einschätzung und beruht nicht auf Fakten.

Aber wer ist Jesus?

Das ist die zentrale Frage. Sie wird schon seit Hunderten von Jahren gestellt, sogar schon zu Jesu Lebzeiten, und jeder reagiert auf sie anders. Diese Frage muss jeder Mensch für sich persönlich beantworten. Es geht nicht darum, was andere über Jesus sagen, sondern darum, was du über ihn sagst, wie du ihn bereits in deinem Leben kennengelernt hast.

In Kolosser 2,9 lesen wir, dass es Christus ist, in dem die ganze Fülle von Gottes Wesen in leiblicher Gestalt wohnt. Das Beste, was wir also machen können, um Gott besser zu verstehen, ist, Jesus in seiner Fülle kennenzulernen. Dabei gibt es unterschiedliche Aspekte, wer Jesus ist und wer er in unserem Leben sein will:

Jesus ist …
unser Herr,
unser Freund,
unser Retter.

Wir verpassen so viel, wenn wir Jesus nur von einer Seite sehen. Unsere Sichtweise wird eine direkte Auswirkung darauf haben, wie lebendig unsere Beziehung zu ihm ist.

JESUS IST UNSER HERR

Denn so wie bisher die Sünde über alle Menschen herrschte und ihnen den Tod brachte, so herrscht jetzt Gottes Gnade: Gott spricht uns von unserer Schuld frei und schenkt uns ewiges Leben durch Jesus Christus, unseren Herrn.
RÖMER 5,21; HFA

Wenn Jesus mein Herr ist, hat das weitreichende Konsequenzen für mein Leben. Er ist für mich dann nicht nur eine Inspiration oder hat ein paar hilfreiche Prinzipien für mich parat. Wenn Jesus mein Herr ist, dann gebe ich mein Leben in seine Hand. Er bestimmt, wo es hingeht. Sein Wille soll geschehen. Ich diene ihm und ordne mich ihm unter. Verliere mein Leben an ihn und gewinne es dadurch ganz neu. Wenn ich Jesus als meinen Herrn annehme, bedeutet das gleichzeitig, dass ich die Verantwortung für mein Leben nicht mehr allein tragen muss, sondern ihm die Kontrolle übergebe. Sehe ich ihn nur als Inspiration, trage ich immer noch selbst Verantwortung und Sorge für mein Leben. Aber wenn er mein Herr ist, dann bringt das eine ganz neue Freiheit mit sich.

Jesus als Herrn anzunehmen, gibt dir eine ganz neue Freiheit. Er bekommt dann alle Ehre, trägt aber auch die ganze Verantwortung. Er hat das komplette Bild deines Lebens vor Augen und weiß schon jetzt, was gut für dich ist. Er trägt dein Leben in seiner Hand – was für ein befreiender Gedanke! Er ist der beste Herr, den man sich vorstellen kann. Ein guter Hirte!

Was bedeutet es für deine Beziehung zu Jesus, dass er dein Herr ist?

JESUS IST UNSER FREUND

Eine der bekanntesten Storys aus der Bibel ist definitiv die über Jesus und Zachäus aus Lukas 19. Jesus hatte keinen Punktekatalog für Sünden. Er war bereit, jeden anzunehmen und zu lieben, selbst Zachäus, den Steuereintreiber. (Steuereintreiber waren keine netten Buchhalter, sondern eher gnadenlose Mafiabosse.)

Jesus verbrachte einen Nachmittag mit Zachäus. Wir wissen nicht, wie lange sie zusammen waren oder worüber sie gesprochen haben, aber wir wissen, dass diese Begegnung alles veränderte. In Vers 8 lesen wir:

Zachäus aber wandte sich an Jesus und sagte: „Herr, ich werde die Hälfte meines Vermögens an die Armen verteilen, und wem ich am Zoll zu viel abgenommen habe, dem gebe ich es vierfach zurück."
LUKAS 19,8; HFA

Was für eine Reaktion! Von einem nehmenden Mann wurde Zachäus zu einem gebenden Mann. Ich kann mir nur vorstellen, wie Zachäus in Jesu barmherzige Augen geblickt und Akzeptanz, Gnade und Freundschaft gefunden hat.

Jesus ist unser Freund – und egal, wo du in deinem Leben gerade stehst: Er möchte dir begegnen und das Leben aktiv mit dir teilen. Das ist unglaublich – der König aller Könige möchte dein Freund sein. Er will nicht nur eine oberflächliche Beziehung mit dir haben, sondern eine tiefe Freundschaft. Jesus sieht uns auch nicht als seine Diener, sondern spricht eine Einladung aus, um in unser Leben zu kommen und Zeit mit uns zu verbringen. Das ist eine kraftvolle Kombination. Jesus als unser Herr und Freund. Er will beides sein und noch mehr.

Welche Dinge helfen dir, die Freundschaft zu Jesus zu vertiefen?

JESUS IST UNSER RETTER

Durch Christus, der sein Blut am Kreuz vergossen hat, sind wir erlöst, sind unsere Sünden vergeben. Und das verdanken wir allein Gottes unermesslich großer Gnade.
EPHESER 1,7; HFA

Der Hauptgrund, warum Jesus zu uns kam, ist unsere Rettung. Wenn wir das erkennen und annehmen, wird das unsere Beziehung zu ihm mit Liebe und Leidenschaft füllen. Manchmal fragen wir uns: „Was hat Jesus für uns getan?", und denken dann an den Job, den er uns vor drei Jahren gegeben hat, und andere erhörte Gebete. Natürlich ist das genial. Wir dürfen aber nie, nie, nie vergessen, was er für uns am Kreuz getan hat. Ohne das wäre alles andere nie möglich gewesen. Wir waren nicht einfach nur unmotiviert und haben eine Ermutigung gebraucht. Wir waren nicht einfach nur planlos und haben Weisheit gebraucht. Wir waren tot durch unsere Schuld und er hat uns Leben gegeben. Wir wären nie aus eigener

Kraft aus dieser Situation herausgekommen. Aber in seiner großen Gnade hat er sein Leben für uns gegeben, sodass wir leben dürfen. Jesus hat die Strafe auf sich genommen, damit wir frei sind. Und wenn er dich vom Tod ins Leben gerettet hat, und wenn es sein Wesen ist, Retter zu sein, dann wird er dich auch aus all den anderen Dingen herausholen und retten, aus denen du nicht aus eigener Kraft rauskommst. Wenn er den Tod für dich überwinden konnte, was könnte dann noch vor dir liegen, was du mit ihm nicht schaffen könntest?! Jesus ist der Mann am Kreuz, dein Retter (Matthäus 27,32-54).

Was würdest du Jesus gern sagen, wenn du an das Kreuz denkst?

GEBET

Jesus, ich will dich als meinen Herrn, als meinen Freund und als meinen Retter kennen. Danke, dass du all das bist. Ich will dich so kennen, wie du wirklich bist, und nichts davon verpassen. Öffne meine Augen für mehr von dir. Zeig mir, wo mein Bild von dir unklar oder verwaschen ist. Du bist der Weg, die Wahrheit und das Leben. Schenke mir eine größere Offenbarung davon, was das bedeutet. Amen.

FACETIME MIT JESUS

Wie lebe ich meine Beziehung mit Jesus? Schon in 2. Mose 33,11 steht, dass Gott mit Mose „von Angesicht zu Angesicht" gesprochen hat, so wie Freunde miteinander reden (HFA). Und auch später, im Neuen Testament, versichert Jesus seinen Jüngern, dass sie seine Freunde sind (Johannes 15,14).

Seit jeher hat Gott sich danach gesehnt, mit dir in Beziehung zu treten. Jesus will alle großen und kleinen Momente mit dir teilen, und er sehnt sich danach, intensive Zeit mit dir zu verbringen. Du musst nicht einfach nur seinen Prinzipien oder einer Theorie von ihm begegnen, sondern Jesus wünscht sich eine persönliche Beziehung zu dir. Du kannst ihm begegnen, jetzt in diesem Moment. #Gänsehaut

Die Beziehung zwischen Gott und einem Menschen ist privater und intimer als jede mögliche Beziehung zwischen zwei Mitgeschöpfen.
C. S. LEWIS[1]

Die Beziehung zu Jesus hat genau wie eine menschliche Beziehung unterschiedliche Facetten und Elemente. Es gibt verschiedene Möglichkeiten, diese Beziehung zu intensivieren, einander besser kennenzulernen, mehr zu vertrauen und Zeit zusammen zu verbringen. In die drei zentralsten Elemente unserer Beziehung zu Jesus wollen wir in dieser Andacht eintauchen.

WORSHIP

Wir haben das unglaubliche Vorrecht, Gott auf verschiedene Arten und Weisen anzubeten. Erzbischof William Temple schrieb:

Anbetung ist die Unterordnung unseres ganzen Wesens unter Gott – Schärfung des Gewissens durch seine Heiligkeit, Nahrung für das Denken durch seine Wahrheit, Reinigung der Phantasie durch seine Schönheit, Öffnung des Herzens für seine Liebe und Unterordnung des Willens unter seine Absichten.

Wenn das alles in einer Haltung der Verehrung zusammenkommt, ist dies die höchste Form des Ausdrucks, zu dem wir Menschen fähig sind.[2]

In der Anbetung werden dein Herz, dein Verstand und deine Seele eins mit dem Willen Gottes, und du ordnest dich ihm ganz unter. Er ist im Zentrum und du drehst dich komplett um ihn. Anbetung ist die Himmelsperspektive, in dieser Haltung finden wir unsere Bestimmung.

Anbetung setzt den Grundstein für unsere Beziehung zu Gott. Sie ist ein Lebensstil und viel mehr als das Singen von Lobpreisliedern. Diese Momente, in denen du Jesus mit deiner Stimme lobst und feierst, sind ganz besondere Momente: sonntags, aber auch bei dir allein zu Hause. Diese Zeiten stärken deine Beziehung zu ihm und helfen dir, Dinge loszulassen und deine Seele zu füllen. Ich kann mich an so viele dieser Momente erinnern, in denen Jesus zu mir gesprochen oder mich neu ermutigt hat. Sie können ein Stück Himmel auf Erden für dich werden.

Wann hast du das letzte Mal einen Worship-Song angemacht und dir Zeit genommen, ihm zu begegnen? Wie hast du das für dich erlebt?

GEBET

Gebet kann verschiedene Formen haben und unterschiedlich ausgelebt werden. Jeder Dialog mit Gott, egal ob laut oder leise, ob kurz oder lang, ist ein Gebet. Und gerade weil Gebet so unterschiedlich aussehen kann, wollen wir uns drei Formen zusammen anschauen.

AUF EINEN KAFFEE TREFFEN

(Für den Fall, dass du lieber Tee trinken solltest: Ersetze „Kaffee“ einfach durch „Tee“.) Du kannst mit Jesus wie mit einer guten Freundin oder einem guten Freund bei einer Tasse Kaffee über Gott und die Welt und alles dazwischen reden. Vielleicht gehst du auch lieber mit ihm zusammen spazieren. Das Entscheidende ist jedoch, dass du ihm von deinen Sorgen erzählen und mit ihm über die absurden Dinge in deinem Leben lachen kannst. In diesen Momenten hast du Zeit und Ruhe, auf das zu hören, was er mit dir teilen möchte. Diese Kaffeepause, dieser Spaziergang darf der Platz sein, an dem du Dinge mit ihm teilst, die du noch mit keiner anderen Person bisher geteilt hast – du kannst zum Beispiel Träume aussprechen, die so groß sind, dass andere nur darüber lachen würden. Gott hat immer Zeit für diese Gespräche und ist jederzeit dazu bereit – das geht also ganz spontan. Und gleichzeitig ist es kraftvoll, sich diese Momente einzuplanen, genau so, wie wir es mit anderen wichtigen Treffen machen. In diesen Gesprächen mit Jesus darfst du ihn wissen lassen, wie du dich fühlst, was dich beschäftigt und wonach du dich sehnst.

Mach dir diese Woche doch einen Kalendereintrag für ein Treffen mit Jesus.

ALLTAGSGESPRÄCHE

Neben den Kaffeepausen-Gesprächen mit Jesus kannst du aber auch mit ihm reden, während du durch deinen Tag läufst. Dein Gebet geht nach dem Amen morgens weiter: während du das Mittagessen kochst, du auf dem Weg in das nächste Meeting bist, während du Auto fährst oder bei der Arbeit bist. Es ist fast so, als wenn du jemandem eine WhatsApp-Nachricht schickst. Du kannst Jesus jederzeit kurz sagen, was bei dir gerade los ist oder wie du dich fühlst. Du kannst ihn kurz um Kraft und Weisheit bitten, wenn du gerade einen schweren Moment hast. Oder du bittest ihn um Segen für eine Person, die dir begegnet. Wenn du frustriert bist, kannst du ihm das sagen. Er will in deinen Alltag involviert sein.

Lies dir das Gespräch, das Jesus mit den Jüngern in Lukas 24,13-34 führt, durch und schau dir an, wie er mit ihnen redet. Was nimmst du davon für dich mit?

PROKLAMATION

Ja, die Beziehung zu Jesus ist eine Liebesbeziehung, aber wir dürfen nicht vergessen, dass er auch der allmächtige Gott ist. Und weil du von ihm erwählt bist, hast du auch Zugriff auf seine Autorität und bist dazu berufen, sein Reich auf diese Erde zu bringen. Ein Gebet der Proklamation ist eine Möglichkeit, in Gottes Autorität zu handeln und zu erleben, wie sich die Hand Gottes bewegt, denn seine Autorität ist durch den Heiligen Geist in dir! Gottes Worte bewegen etwas, und wenn du in seiner Autorität sprichst, bewegst auch du etwas – durch ihn. Finde heraus, was Gottes Wille ist, und proklamiere in seinem Namen und in seiner Autorität. Entdecke Versprechen in seinem Wort, die du immer wieder neu über Situationen und über deinem Leben aussprichst.

Lies Psalm 135 und erlebe, wie David gebetet hat. Welche Elemente fallen dir auf? Was davon willst du mehr in deine Gespräche mit Gott hineinnehmen?

SEIN WORT

Die Bibel ist die Grundlage und das Fundament unseres Glaubens. Sie ist ein Liebesbrief von Jesus an dich, ein Wegweiser in jeder Lebenssituation, und sie ist wahrscheinlich die einfachste Art und Weise, wie du Gottes Stimme direkt hören kannst. Indem du die Bibel liest, lernst du Jesus und seinen Willen für dein Leben besser kennen.

Vielleicht hast du aber auch schon Situationen erlebt, in denen du ein tiefgründiges Kapitel in der Bibel gelesen hast und zwar wusstest, dass es großartig ist, du aber trotzdem das Gefühl hattest, den Wald vor lauter Bäumen nicht mehr zu sehen. In diesen Momenten fiel es dir womöglich schwer, wirklich zu verstehen, was da beschrieben wurde – du hat es zwar in deinem Kopf verstanden, aber nicht in deinem Herzen.

Manchmal ist Gottes Wort schwer für uns zu fassen, auch wenn es buchstäblich schwarz auf weiß vor uns liegt. Eine tolle Methode, die uns dabei helfen kann, Bibeltexte zu verstehen, ist die sogenannte SOAP-Methode. Sie ist sehr leicht anzuwenden, und du wirst garantiert davon profitieren, egal, wie wenig oder viel Zeit du in deinem Leben schon mit Bibellesen verbracht hast. Und so funktioniert es:

S = Scripture (Schrift): Wähle einen Bibelvers aus, der dich heute während des Bibellesens angesprochen hat.

O = Observation (Beobachtung): Was fällt dir an diesem Vers auf? Was denkst du, will Gott damit sagen? Gibt es Wörter, die für dich herausstechen? Zu wem spricht der Autor? In welchem kulturellen Kontext steht der Vers?

A = Application (Anwendung): Wie kannst du diese Wahrheit in deinem Leben anwenden? Gibt es Bereiche in deinem Leben, die nicht mit diesem Vers übereinstimmen? Wo hast du in diesem Bereich schon Wachstum erlebt?

P = Prayer (Gebet): Meditiere über den Vers und frage Gott, wie du ihn in deinem Leben realisieren und umsetzen kannst. Mache den Vers und was du daraus gelernt hast, zu deinem Gebet.

Lies Römer 8, wähle einen Vers von diesem unglaublichen Kapitel aus und wende die SOAP-Methode an! Notiere dir deine Gedanken.

GEBET

Jesus, ich danke dir, dass ich Zeit mit dir verbringen kann – egal wo und wann. Danke, dass ich freien Zugang zu dir habe. Du bist das Brot und das Wasser des Lebens. Danke, dass ich auftanken kann in deiner Gegenwart und erfrischt werde von dir. Zu wissen, dass ich dich treffen und mit dir Zeit verbringen kann, sprengt mein Denken. Danke, dass du dein Leben dafür gegeben hast, um das zu ermöglichen. Amen.

WWJD –
WHAT WOULD JESUS DO

Jesus ist nicht nur präsent, wenn du betest oder in der Kirche bist. Er ist bei dir, jeden einzelnen Tag. Wenn du dein Haus verlässt, wenn du ein Meeting leitest, wenn du eine neue Person kennenlernst, wenn du dich mit jemandem auf einen Kaffee triffst, wenn du deine Aufgaben am Schreibtisch abarbeitest oder du nach der Arbeit müde nach Hause kommst. Im Römerbrief wird dieser 24/7-Gottesdienst beschrieben:

Weil ihr Gottes reiche Barmherzigkeit erfahren habt, fordere ich euch auf, liebe Brüder und Schwestern, euch mit eurem ganzen Leben Gott zur Verfügung zu stellen. Seid ein lebendiges Opfer, das Gott dargebracht wird und ihm gefällt. Ihm auf diese Weise zu dienen ist der wahre Gottesdienst und die angemessene Antwort auf seine Liebe.
RÖMER 12,1; HFA

Das ist es, was dieses Leben mit ihm so spannend macht. Es gibt keine größere Bühne und keine größere Plattform als dein Leben. Wenn Jesus bei dir ist, kann jederzeit etwas Besonderes passieren, und jeder Moment ist kraftvoll. Alles ändert sich, wenn du aufhörst, auf Möglichkeiten zu warten, und anfängst, deinen Alltag, die Person, die gerade vor dir steht, und die Momente, die du mit Gott erlebst, als Möglichkeiten zu sehen. Du bist gerettet und berufen! Jesus will in dir und durch dich einen Unterschied machen. Es gibt niemanden, der überzeugter ist von dem Potenzial, das in dir steckt, als er. Er hat es in dich hineingelegt und will es entfaltet sehen. Aber er wartet nicht darauf, bis du fertig bist, um dich zu gebrauchen (denn das dauert vermutlich bei jedem von uns noch eine Weile). Zu viele Menschen drehen sich nur um sich selbst. Alles ändert sich, wenn du morgens mit dem Bewusstsein aufstehst: Jesus will heute durch mich einen Unterschied machen. Die Bibel spricht von diesem riesengroßen Geheimnis:

Ihnen wollte er zu erkennen geben, welch wunderbaren Reichtum für die nichtjüdischen Völker dieses Geheimnis umschließt. Und wie lautet dieses Geheimnis? „Christus in euch – die Hoffnung auf Gottes Herrlichkeit!"
KOLOSSER 1,27; NGÜ

JESUS IN DIR!

Ich habe vor Kurzem von einem Freund eines dieser WWJD-Armbänder geschenkt bekommen. Er verfolgt gerade die persönliche Mission, diese ganz neu bekannt zu machen. Ich habe deshalb wieder mehr über diese vier Worte nachgedacht.

What Would Jesus Do? Was würde Jesus tun? Und zwar jetzt? Diese Frage ist definitiv ein guter Kompass dafür, wie du auf Situationen und Menschen reagieren kannst. Allerdings geht es am Ziel vorbei, wenn wir Jesus als eine Art Lehrer sehen, der uns Dinge gezeigt hat, die wir nun versuchen, nachzumachen. Jesus hat nicht etwas vorgelebt, was du jetzt kopieren sollst. Jesus will es durch dich tun! In deiner Welt als Leiterin oder Leiter, als Mama oder Papa, als Freundin oder Freund, im Café und am Arbeitsplatz – als die Person, die du bist. Mit deinen Gaben, mit deinen Herausforderungen, mit deinen Möglichkeiten. Das ist ein riesiger Unterschied. Er will es durch dich tun, möchte durch dich zum Segen werden für andere. Durch dich Ermutigung bringen. Durch dich in einer schweren Situation auf ihn hinweisen. Durch dich anderen dienen – nicht aus deiner Kraft, sondern mit und durch seine Kraft. Jesus sagte über sich selbst, dass er nichts aus eigener Kraft getan hat und dass unser Leben genau so funktionieren soll, wie sein Leben funktioniert hat (Johannes 17).

Lies Johannes 15,1-8.
Was sagt diese Bibelstelle darüber aus,
wie dein Leben mit Jesus funktioniert?

Es gibt so viele Wahrheiten über dein Leben, die deinen Alltag so kraftvoll machen. Zum Beispiel:

- In dem Moment, in dem du einen Raum betrittst, betritt Gottes Gegenwart einen Raum (Johannes 17,21-23).
- Von dir gehen Ströme lebendigen Wassers aus (Johannes 7,38).
- Egal, welche Herausforderungen vor dir liegen – dieselbe Kraft, die Jesus von den Toten auferweckt hat, lebt in dir (Römer 8,11).

Suche dir fünf Versprechen aus der Bibel und formuliere diese als Sätze, die du über deinem Leben immer wieder aussprechen möchtest, bevor du in den Tag startest. Ein Beispiel: Ich handle mit mutigem Glauben für die Welt, um meine Generation zu verändern (Johannes 14,12).

Unser Leben mit Jesus ist ein absolutes Abenteuer. Gottesdienst ist jeden Tag. Dieses Leben darf sich nicht nur um uns selbst drehen. Jesus will durch dich einen Unterschied im Leben anderer machen. Wie kannst du Jesus heute sichtbar machen? #WWJD

GEBET

Ich will einen Unterschied machen mit meinem Leben. Andere sollen durch mein Leben sehen, wer du bist, Jesus. Ich danke dir, dass mein Leben eine so große Bestimmung hat. Ich danke dir, dass jeder Tag eine so große Bestimmung hat. Danke, dass nichts umsonst ist. Ich sehe nicht alles, was du tust. Hilf mir, zu erkennen, dass so viel mehr passiert als das, was ich sehen kann. Durch dich bin ich das Salz und das Licht der Welt. Wo immer ich hingehe, ist deine Gegenwart mit mir. Lass mich ein Segen sein für andere, und zeig mir die Möglichkeiten, die du in mein Leben gelegt hast. Amen

zwei

ZUM AUFBLÜHEN BERUFEN

Freimut wird oft gefragt: „Was bedeutet die 92, die auf deinen Arm tätowiert ist?" Seine Antwort: „Das ist die Anzahl der Enkelkinder, die ich haben möchte." Okay, das ist natürlich Quatsch. Es ist eigentlich eine Erinnerung an seine Lieblingsbibelstelle, eine, die in schweren Zeiten ein Anker war und ihn auch heute daran erinnert, warum er tut, was er tut:

Alle, die nach Gottes Willen leben, gleichen einer immergrünen Palme, einer mächtigen Zeder auf dem Libanon. Sie sind verwurzelt im Haus des HERRN, dort, in den Vorhöfen unseres Gottes, grünen sie immerzu. Selbst in hohem Alter sprießen sie noch, sie stehen in vollem Saft und haben immer grüne Blätter. Mit ihrem ganzen Leben verkünden sie: Der Herr hält sich an seine Zusagen. Ja, er ist mein Fels, kein Unrecht ist bei ihm zu finden.

PSALM 92,13-16; NGU

Zum Aufblühen berufen. Ich denke, unsere Vorstellung von einem blühenden Leben unterscheidet sich oftmals von dem, was Gott als blühend ansehen würde. Die fruchtbarsten Menschen, denen ich begegne, sind diejenigen, denen es an unserem persönlichen Standard gemessen vielleicht nicht gut zu gehen scheint. Aber – oh wow – ihr Geist ist reich und großzügig und ihr Leben gefüllt mit der Güte Gottes.

Erst neulich unterhielt ich mich mit einer Frau, die definitiv kein einfaches Leben hat, und trotzdem sagte sie: „Ich bin eine der 99, mir geht es gut. Ich bin gefunden, ich brauche nichts. Aber ich bin dankbar für deinen Anruf und ich liebe es, Teil einer Gemeinde zu sein, die dem Einen nachgeht." Was für ein großzügiger Geist! Sie hätte sich selbst bemitleiden können. Sie hätte Aufmerksamkeit fordern können und sicherlich hat sie diese auch verdient. Aber trotz ihrer schwierigen Umstände blüht sie auf, mit einem auf Gott ausgerichteten Herzen und mit Liebe und Verständnis für andere.

Wir leben in einer gefallenen Welt, und nicht jeder hat einfache Umstände. Mangel, Enttäuschung, eine falsche Abzweigung hier und da sind Teil dieses menschlichen Lebens, das wir alle hier auf der Erde leben. Deshalb ist unser Gebet für dich, dass du all die göttliche Weisheit, die das folgende Kapitel enthält, ergreifst, aber nicht mit einer Pinterest- oder Instagram-Version des Lebens vergleichst. Lerne, wende an, lebe dein bestes Leben – und verkünde die Güte des Herrn, egal, welche Biegungen und Kurven du erfahren wirst.

Wir beten auch dafür, dass du in sein Haus, seine Gemeinde, gepflanzt bist! Dieses Haus ist nicht perfekt, aber hoffentlich wirst du fruchtbaren Boden finden, der dich zum Aufblühen bringen wird, und selbst dazu beitragen, dass auch andere sich pflanzen und so zu den Personen werden können, zu denen Gott sie bestimmt hat.

LERNE DIE AUTORIN KENNEN – ANNA COWGILL

Pikant oder süß?
Pikant

Familie und Spaß:
Verheiratet mit Phil. Mama von drei Kindern – Lena, Noah und Liam. Funfact: Alle Kinder sind (geplanterweise) im Juni geboren. Die Idee war es, jedes Jahr nur einen großen Kindergeburtstag zu planen und später, wenn sie groß sind, zusätzlich zu Weihnachten einen weiteren Anlass zu haben, um als Großfamilie zusammenzukommen und alle Geburtstage zu feiern. Plan 1 ist leider nicht aufgegangen – aktuell gibt es jedes Jahr drei Kindergeburtstage im Juni. Plan 2 bleibt weiterhin ein Traum für die Zukunft.

Regelmäßiges Gebet:
Für Weisheit und Gottes Perspektive, damit ich in jeder Situation Gottes Herzschlag, seine Liebe, Gnade und Wahrheit erkennen, empfangen und mit den Menschen um mich herum teilen kann.

Ich erinnere mich noch daran, wie ich Anna eines Sonntagmorgens im Foyer unserer Gemeinde traf. Staunend hörte ich zu, wie sie mir erzählte, dass sie und ihre Familie gerade aus England hergezogen waren. Gott hatte zu ihnen gesprochen, in Konstanz Gemeinde zu bauen. In diesem Moment fühlte ich mich wie die am meisten gesegnete Pastorin der Welt – Gott schickt Menschen aus einem anderen Land, um uns zu helfen. Wow!!! Anna half mir dabei, Sisterhood, unsere Frauenarbeit, aufzubauen und ist jetzt Teil unseres Special-Events-Teams. Sie hat eine unglaubliche Fähigkeit, Details zu durchdenken und sie mit Schönheit und Freundlichkeit zu versehen. Wir haben Anna gebeten, dieses Kapitel zu schreiben, weil sie selbst erlebt hat, was es heißt, Gott zu folgen und seine Versorgung zu erfahren, auch wenn es schwer ist. Sie ist in erster Linie eine hingebungsvolle Nachfolgerin Jesu, so sehr, dass sie in ihren jüngeren Jahren davon träumte, Nonne zu werden. Und obwohl Gott sie einen anderen Weg geführt hat, ist diese Hingabe immer noch sehr offensichtlich. Sie ist eine Ehefrau, eine Mutter, eine Freundin, eine Coachin, eine Leiterin. Ich denke, ihr werdet ihren „Deep Dive" zu diesem Thema lieben.

ANNA, DU NIMMST NIE ETWAS ALS SELBSTVERSTÄNDLICH HIN, EIN DANKESCHÖN LIEGT IMMER AUF DEINEN LIPPEN UND DU TEILST GUTE NACHRICHTEN, ALS WÄREN SIE DAS WERTVOLLSTE ALLER GESCHENKE – UND DAS SIND SIE AUCH! DU MACHST UNS BESSER. DANKE!

DEEP DIVE

ZUM AUF-BLÜHEN BERUFEN

Stelle dir einen Sämann vor, der voller Erwartung auf eine reiche Ernte sein Samenkorn in fruchtbaren Boden pflanzt. Er ist sich zwar bewusst, dass die Ernte von Faktoren wie Regen, Temperatur und Sonnenlicht, die nicht in seiner Hand liegen, abhängig sein wird. Er weiß aber auch, dass es ohne sein Tun keine Ernte geben wird. Deshalb wählt er den besten Boden aus, bereitet ihn vor und sät dann den Samen. Von Anfang an bis zum Moment der Ernte tut er alles, was in seiner Macht liegt, um die besten Bedingungen für Wachstum zu schaffen. So kann ein Samenkorn wachsen und Früchte hervorbringen – *flourish*.

Die Definition des englischen Wortes *flourish* ist: „gesund oder kräftig wachsen oder sich entwickeln, insbesondere als Ergebnis einer besonders günstigen Umgebung".[3] *Flourish* beschreibt also einen Prozess, keine einmalige Aktivität, und dessen Resultat ist abhängig von mehreren Faktoren.

Mit unserem Leben ist es ähnlich. Wir sind der Sämann und unser Leben ist unser Samenkorn. Unser Vater im Himmel ermutigt uns, unseren Teil beizutragen, indem wir den Samen, den er uns geschenkt hat, säen und bewässern. Er hat uns sein Versprechen gegeben, uns mit allem zu versorgen, damit unser Leben aufblühen und eine reiche Ernte hervorbringen kann.

Meine Hoffnung und mein Gebet ist es, dass dir dieses Kapitel dabei helfen wird, Gottes Plan und Willen für dein Leben zu entdecken. Und ich hoffe, dir auch ein paar konkrete Schlüssel mitgeben zu können, die dir helfen werden, dein Leben in Fülle zu bauen.

GOTTES PLAN FÜR UNS

Dann sagte Gott: „Jetzt wollen wir den Menschen machen, unser Ebenbild, das uns ähnlich ist. Er soll über die ganze Erde verfügen: über die Tiere im Meer, am Himmel und auf der Erde." So schuf Gott den Menschen als sein Abbild, ja, als Gottes Ebenbild; und er schuf sie als Mann und Frau.

Er segnete sie und sprach:
„Vermehrt euch, bevölkert die Erde und nehmt sie in Besitz!
Ihr sollt Macht haben über alle Tiere: über die Fische,
die Vögel und alle anderen Tiere auf der Erde!"

1. MOSE 1,26-28; HFA

Es ist Gottes Plan und seine Sehnsucht, dass wir gesegnete, gesunde, fruchtbare und erfüllte Leben aufbauen, gestalten und genießen. Sein Plan basiert auf einer Partnerschaft mit ihm. Wir sind nicht dazu bestimmt, unser Leben einfach auf uns zukommen zu lassen, sondern er möchte, dass wir es aktiv bauen mit all dem, was er uns anvertraut hat.

Und obwohl sich der Mensch von seinem ursprünglichen Plan abgewendet hat, hat er nicht aufgegeben und durch Jesus den Weg wieder geebnet, damit wir in ihm und durch ihn die Fülle des Lebens entdecken können: „Ich aber bin gekommen, um ihnen Leben zu bringen – Leben in ganzer Fülle" (Johannes 10,10b; NGÜ).

Gott ist der größte und beste Architekt und Baumeister aller Zeiten. Ein Architekt besitzt die Fähigkeit, einen Plan zu erstellen, der die genauen Details der Anforderungen und Wünsche desjenigen, der den Bau in Auftrag gibt, perfekt mit der optimalen Nutzung des Bauplatzes und seiner Beschaffenheit kombiniert. Die Person, die den Bau in Auftrag gibt, kann dann wiederum frei entscheiden, ob sie den Plan genau so umsetzen und die empfohlene Bauweise und Materialen benutzen will oder nicht.

Genauso ist es auch mit unserem Leben. Gottes Wille für unser Leben ist der perfekte Plan. Durch unsere persönliche Beziehung mit ihm und durch sein Wort können wir seinen Willen für unser Leben erkennen, aber Gott möchte, dass wir uns frei entscheiden, ob wir nach seinem Plan bauen – oder auch nicht.

Allerdings kann man mit den unterschiedlichsten Materialien weiterbauen. Manche verwenden Gold, Silber, kostbare Steine, andere nehmen Holz, Schilf oder Stroh. Doch an dem Tag, an dem Christus sein Urteil spricht, wird sich zeigen, womit jeder gebaut hat. Dann nämlich wird alles im Feuer auf seinen Wert geprüft, und es wird sichtbar, wessen Arbeit den Flammen standhält. Hat jemand fest und dauerhaft auf dem Fundament Christus weitergebaut, wird Gott ihn belohnen.

1. KORINTHER 3,12-14; HFA

Der Bau des Lebens ist wie ein Hausbau ein Prozess, der nicht immer planmäßig verläuft. Das Leben kann uns Steine, Unwetter und andere Realitäten, wie eine Pandemie, Krankheit, Verlust eines geliebten Menschen oder Arbeitslosigkeit, bringen und unseren Bau verlangsamen oder sogar für eine gewisse Zeit stoppen.

Zudem beginnen manche von uns ihre Reise mit Gott erst später im Leben und treffen die bewusste Entscheidung, ein Leben nach Gottes Willen zu bauen, erst nachdem sie viele Jahre ohne Gott gelebt haben. Aber ganz egal, in welcher Phase wir uns gerade befinden oder wann wir mit dem Bau begonnen haben: Hier sind zwei Schlüssel, die uns dabei helfen können, an Gottes Plan für unser Leben festzuhalten:

1. VERLIERE DAS ZIEL UND DEN PLAN NIE AUS DEN AUGEN

Gottes Plan ist es, sein Reich hier auf Erden mitten unter uns zu bauen, indem er sich in unserem Leben verherrlicht und in uns und durch uns wirkt. Ja, sein Wort ist voller Versprechen und Zusagen für unser Leben – genau hier und jetzt. Und dennoch finden wir uns auch in der zerreißenden Spannung zwischen Himmel und Erde wieder – zwischen dem Himmel, der schon jetzt in unseren Alltag einzieht, und den Dingen, die dazu bestimmt sind, ihre volle Erfüllung erst in der Ewigkeit zu finden.

Mit welcher Perspektive wir Ewigkeit in unseren Alltag bringen und daraus leben, ist also immens wichtig. Wenn wir ohne Ewigkeitsperspektive leben, werden wir enttäuscht werden und Gefahr laufen, das wahre Ziel und den Plan aus den Augen zu verlieren. Denn manche Hoffnungen und Gebete bleiben hier auf Erden scheinbar unerhört und kommen erst in der Ewigkeit zur vollen Erfüllung.

Eine andere Realität, die uns als Gesellschaft immer mehr betrifft, ist die Gefahr der Ablenkung. Ablenkung durch Tausende von Möglichkeiten und Optionen, unser Leben zu leben. Ohne Plan und Ziel als Fokus ist es so leicht, von Gottes Plan für unser Leben abgelenkt zu werden, sich mit anderen zu vergleichen oder aufzugeben, wenn nicht alles so läuft, wie wir es uns erhofft haben.

Wenn du gerade das Gefühl hast, dein Ziel und Gottes Plan aus den Augen verloren zu haben, dann lass mich dein Herz ermutigen:

Gott ist dir schon vorausgegangen und ganz egal, was kommt: Sein Plan für dein Leben steht fest, und wenn du dein Vertrauen in seine Hände legst, wird er dich leiten und mit all den Dingen, die du dafür brauchst, versorgen.

Denn ich weiß, was für Gedanken ich über euch habe, spricht der HERR, Gedanken des Friedens und nicht des Unheils, um euch eine Zukunft und eine Hoffnung zu geben.

JEREMIA 29,11; SCHL

Das eine aber wissen wir: Wer Gott liebt, dem dient alles, was geschieht, zum Guten. Dies gilt für alle, die Gott nach seinem Plan und Willen zum neuen Leben erwählt hat.

RÖMER 8,28; HFA

Setzt euch zuerst für Gottes Reich ein und dafür, dass sein Wille geschieht. Dann wird er euch mit allem anderen versorgen.

MATTHÄUS 6,33; HFA

2. DER PLAN UND DAS ZIEL ÄNDERN SICH NICHT, ABER DIE METHODEN EVENTUELL SCHON

Ein weiterer Schlüssel, den uns ganz besonders die Pandemie gelehrt hat: Wir brauchen Offenheit und Bereitschaft, um neue Wege zu finden, wenn unsere herkömmlichen Arten und Weisen, wie wir Kirche, Freundschaften oder Beruf bauen, nicht mehr umsetzbar sind oder uns nicht mehr dienen. Wenn Umstände sich ändern und wir trotzdem versuchen, an alten Methoden festzuhalten, besteht die Gefahr, die Methode über das Ziel und den Plan zu stellen, und riskieren somit schlussendlich, unser Ziel zu verfehlen. Wie wunderbar aber, dass wir dank Jesus Zugang zum Heiligen Geist haben dürfen, der uns immer wieder befähigt, neue Wege zu finden, und uns in jeder Situation hilft, zu unterscheiden, was wirklich Gottes Wille ist.

Passt euch nicht den Maßstäben dieser Welt an, sondern lasst euch von Gott verändern, damit euer ganzes Denken neu ausgerichtet wird. Nur dann könnt ihr beurteilen, was Gottes Wille ist, was gut und vollkommen ist und was ihm gefällt.

RÖMER 12,2; HFA

EIN MEISTERWERK BRAUCHT ZEIT

In Europa sind wir mit unzähligen und wunderschönen architektonischen Meisterwerken gesegnet, die unseren Städten wahre Pracht verleihen. Doch keines dieser Bauwerke wurde von heute auf morgen gebaut. Die Kathedrale von York hatte eine Bauzeit von 250 Jahren und der Petersdom in Rom wurde erst nach 120 Jahren Bauzeit fertiggestellt.[4] Genauso wie es viele Jahre dauert, eine Kathedrale in all ihrer Schönheit und nach dem Plan der Architektin oder des Architekten zu errichten, braucht es eine lange Zeit und mehrere „Bauphasen“, um ein fruchtbares Leben nach Gottes Willen zu bauen.

Unserer Bereitschaft, seinem Plan und seinem zeitlichen Rahmen zu vertrauen, folgen Gottes Segen und Gunst. Darunter fallen der Segen seiner Versorgung, das Entdecken unserer wahren Identität und Berufung sowie das Erleben von echter Freude und tiefem Frieden.

Unser Teil der Partnerschaft mit Gott erfordert weise Entscheidungen, Vertrauen, Glaube, die Bereitschaft, zu wachsen und zu reifen, Widerstandsfähigkeit, Mut, Entschlossenheit und vor allem Durchhaltevermögen. Gottes Teil der Partnerschaft ist es, unsere ehrliche Bemühung, ein Leben nach seinem Willen zu leben, mit seiner unendlichen Gnade, Versorgung und übernatürlichen Gunst zu segnen.

Wie gut ist es, zu wissen, dass die Tiefe und Weite seiner Liebe und Gnade auch unsere Momente des Versagens einhüllt und er uns immer wieder mit offenen Armen empfängt. Die gute Nachricht ist, dass die Einladung, gemeinsam mit ihm ein Leben von Bestand und Bedeutung zu bauen, weder eine Anmeldefrist noch ein Ablaufdatum hat.

So wie im Bauwesen von verschiedenen Bauphasen gesprochen wird, bauen auch wir unser Leben in verschiedenen Phasen. Wenn ich an unser Leben denke, sehe ich drei verschiedene Lebensphasen (die Altersangaben der einzelnen Lebensphasen dienen hier eher zur Orientierung und sind nicht für jedes Leben direkt übertragbar):

1. Wachstumsphase (0–29 Jahre)
2. Intensive Bauphase (30–49 Jahre)
3. Erntephase und Investition in die nächste Generation (ab 50 Jahre)

In jeder Lebensphase gibt es einzigartige Möglichkeiten und wichtige Prozesse, die wir durchlaufen und die Stein für Stein unser Leben bauen. Der Schlüssel, um in jeder Lebensphase aufzublühen, liegt darin, die Essenz und Schönheit jeder Phase zu erkennen und zu genießen und unsere Erwartungen und unseren Fokus entsprechend anzupassen.

1. WACHSTUMSPHASE

In jüngeren Jahren tragen wir weniger Verantwortung für andere und verfügen somit über mehr Freiheit und Zeit, Ziele und Träume aller Art zu verfolgen. Die Fülle dieser Lebensphase liegt in unserer großen zeitlichen Kapazität für Ausbildung und berufliche Entwicklung, aber auch dafür, der Kirche zu dienen, Hobbys zu genießen, die Welt zu entdecken und eigene Fähigkeiten und Leidenschaften zu erkunden. All das sind wichtige Elemente und Bausteine für unsere Zukunft, die unser Leben bauen und bereichern.

Auch dürfen wir lernen, was es bedeutet, ehrliche, tiefe Beziehungen zu bauen, und dabei vielleicht sogar unsere zukünftige Partnerin beziehungsweise unseren zukünftigen Partner kennenlernen, was die Richtung und den Rest unseres Lebens nachhaltig bestimmen wird. Es ist so wichtig, diese Phase gesund und bewusst zu gestalten, sich Zeit zu nehmen und die eigenen Erwartungen und Überzeugungen zu definieren.

Wenn eine Lebenspartnerin oder ein Lebenspartner ein Herzenswunsch von dir ist, der noch nicht in Erfüllung gegangen ist, lass dich nicht dazu verleiten, dein Leben zu pausieren, oder davon abhalten, diese Phase trotzdem in all ihrer Fülle zu genießen. Diese Zeit ist so signifikant, denn alles, was du dir jetzt, komplett unabhängig von deinem Beziehungsstatus, aufbaust, wird deine Zukunft bereichern.

2. INTENSIVE BAUPHASE

In der mittleren Lebensphase, wenn wir anfangen, uns beruflich zu etablieren, und viele von uns auch Ehen eingehen und Familien gründen, füllt sich unser Leben mit mehr Verantwortung und Verbindlichkeiten, und wir haben viel weniger Zeit, über die wir frei verfügen können. Das bedeutet: Es wird notwendig, für uns herauszufinden, was unsere Prioritäten sind und auf welche Überzeugungen wir unser Leben bauen wollen. Das kann uns einerseits sehr herausfordern, weil wir vielleicht gern mehr Zeit, Geld und Freiheit für Hobbys, Interessen und andere Dinge hätten. Andererseits liegt aber genau in diesem Prozess auch die Fülle dieser Lebensphase.

Wenn wir unseren ganzen Fokus bewusst auf zwei bis drei große Lebensbereiche legen, gewinnen wir eine größere Offenbarung und Klarheit darüber, wer wir in Jesus sind und wozu er uns berufen hat. Das wiederum hilft uns, das, was Gott uns anvertraut hat, stark und solide zu bauen. Wenn wir versuchen, zu viele Dinge gleichzeitig nach vorn zu bringen, fügen wir unserem Haus viele kleine Türmchen anstatt solider Stockwerke hinzu.

Im Kontext von Kirche und dem Haus Gottes dürfen wir hier lernen, dass das Setzen von Prioritäten nicht eine Entscheidung ist, die allein darin sichtbar wird, wie viel Zeit oder Ressourcen wir dafür aufbringen können.

Ein Beispiel: Unsere Entscheidung, starke Freundschaften zu bauen, sieht in dieser Lebensphase anders aus als in jüngeren Jahren, da wir unsere Zeit bewusster planen müssen. Und doch ist das Bauen von Freundschaften ein ganz wichtiger und erfüllender Teil dieser Lebensphase. Auch unsere Entscheidung, ein aktiver Teil der lokalen Kirche zu sein, verändert sich oft, wenn wir familiär oder beruflich viel Verantwortung tragen. Wir können uns von anderen inspirieren lassen und neue Wege für uns finden, wie wir unser Herz für Gottes Haus bewahren, wie wir unser Geben, unser Dienen und unsere Überzeugung, aktiv am Leben der Kirche teilzunehmen, weiterhin zu einer klaren Priorität in unserem Leben machen können.

Ganz egal, wie das für dich aussehen mag, eine Sache ist gewiss: Nichts wird unser Leben nachhaltiger bauen und mehr bereichern, als im Haus Gottes gepflanzt und von einer starken Gemeinschaft umgeben zu sein.

3. ERNTEPHASE UND INVESTITION IN DIE NÄCHSTE GENERATION

In unseren reiferen Jahren liegt unglaublich viel Potenzial an Erfüllung und Schönheit. Es ist die Zeit, in der wir die Früchte unserer harten Arbeit, unserer Disziplin, unserer weisen Entscheidungen und unseres jahrelangen Kultivierens aller Bereiche und Beziehungen ernten dürfen. Oft stehen uns in diesen Jahren mehr Ressourcen, Zeit und Möglichkeiten zur Verfügung als je zuvor.

Die wahre Fülle dieser Phase liegt in der Freude, die wir erleben, wenn wir die nächste Generation Anteil haben lassen an unserem Lebenswerk, an unserer Lebenserfahrung, unserer Weisheit und unseren Erlebnissen mit Gott. Es ist unser Vermächtnis, das wir hinterlassen dürfen. Unser Zeugnis von Gottes Treue und Wirken in uns und durch uns stärkt, ermutigt und baut Glauben in den Herzen der nächsten Generation für die Werke, die für sie vorbereitet sind.

Eine Generation rühmt bei der nächsten deine Werke,
sie alle verkünden deine machtvollen Taten.

PSALM 145,4; NGÜ

SEINE GNADE IST IMMER GRÖSSER

Diese generelle Beschreibung unserer Lebensphasen betont das Potenzial an Fülle und Freude natürlich nur auf vereinfachte Art und beachtet nicht all die Komplexitäten und Herausforderungen, die das wilde Leben hier und jetzt in jedem Bereich mit sich bringt.

Wir dürfen jedoch zu jeder Zeit und in jeder Situation wissen, dass Gottes Plan für unser Leben ein guter Plan ist, dass wir mit jeder Herausforderung wachsen und reifen, dass wir auf seiner Verheißung stehen dürfen und dass seine Gnade immer größer ist.

Er [Gott] versprach Abraham:
„Du kannst dich fest darauf verlassen:
Ich werde dich überreich mit meinem Segen beschenken
und dir viele Nachkommen geben."
Abraham wartete geduldig; und schließlich ging in Erfüllung,
was Gott ihm versprochen hatte.

HEBRÄER 6,14-15; HFA[5]

Denn ich weiß, was für Gedanken ich über euch habe,
spricht der HERR, Gedanken des Friedens und nicht des Unheils,
um euch eine Zukunft und eine Hoffnung zu geben.

JEREMIA 29,11; SCHL

ENTSCHEIDUNGEN FÜR EIN LEBEN IN FÜLLE

1. WÄHLE JESUS ALS FUNDAMENT FÜR DEINE IDENTITÄT

Jedes Haus braucht ein starkes Fundament, um bestehen zu können. Allein Jesus kann uns dieses Fundament bieten, wenn wir ihn als unseren Retter und Herrn in unser Herz einladen. Er ist der Fels, auf dem wir bestehen können, wenn die Stürme des Lebens toben, und der Anker unserer Seele, der uns ewige Hoffnung und Freude schenkt.

Darum spricht Gott, der HERR: „Seht, ich lege in Zion den Grundstein für ein gutes Fundament. Es ist ein kostbarer Eckstein, der felsenfest steht. Wer auf ihn baut und ihm vertraut, braucht nicht zu fliehen."
JESAJA 28,16; HFA

Diese Hoffnung ist unsere Zuflucht; sie ist für unser Leben ein sicherer und fester Anker, der uns mit dem Innersten des himmlischen Heiligtums verbindet, dem Raum hinter dem Vorhang. Dorthin ist Jesus uns als Wegbereiter vorausgegangen – er, der für alle Zeiten Hoherpriester wurde, ein Hoherpriester von derselben priesterlichen Ordnung wie Melchisedek.
HEBRÄER 6,18B-20; NGÜ

Wisst ihr, mit wem ich einen Menschen vergleiche, der zu mir kommt, meine Worte hört und danach handelt? Er ist wie ein Mann, der sich ein Haus bauen wollte. Zuerst hob er eine tiefe Baugrube aus. Dann legte er die Fundamente seines Hauses auf felsigen Grund. Als aber ein Hochwasser kam und die Fluten gegen das Haus brandeten, konnten sie keinen Schaden anrichten, denn das Haus war gut und stabil gebaut. Wer sich meine Worte allerdings nur anhört und nicht danach lebt, der ist wie einer, der auf das Fundament verzichtet und sein Haus direkt auf die Erde baut. Bei einem Hochwasser unterspülen die Flutensein Haus, und es wird mit einem Mal einstürzen; kein Stein wird auf dem anderen bleiben.
LUKAS 6,47-49; HFA

Ein Aspekt unseres Lebens, der unsere Entscheidungen, Überzeugungen, Werte und Träume mehr als alles andere stark beeinflusst, ist unsere Identität. In Jesus haben wir eine wahre und göttliche Identität. Uns ihrer zutiefst bewusst zu werden und sie komplett anzunehmen, kann jedoch oft eine lange Reise sein.

So oft nehmen wir eine Identität an, die andere über uns ausgesprochen haben und die nicht der Wahrheit entspricht. Das Ziel der Welt ist es, sich selbst eine Identität zu schaffen, oft gebunden an Leistung, Einfluss, Aussehen oder Status in der Gesellschaft. Es ist der Kampf um Annahme und Zugehörigkeit, der Menschen oft komplett einnimmt und zerstört, da es ein vergängliches und unsicheres Fundament ist. Ich bin so dankbar, dass uns Jesus genau diesen zermürbenden und aussichtslosen Kampf erspart hat.

Mit Jesus als unserem Fundament erlangen wir eine neue Identität als Tochter oder Sohn des Allmächtigen, als Teil von Gottes Familie – errettet und berufen für eine Zeit wie diese, begnadet für die guten Werke und um sein Reich zu bauen.

Meine Identität bestimmt auch die Art und Größe meiner Träume. Sie formt, auf welchen Überzeugungen ich mein Leben baue, meine Einstellung und meine Erwartungen für mein Leben und wie ich die Welt, Menschen und Möglichkeiten wahrnehme.

Je mehr wir unsere wahre Identität annehmen und vertraut sind mit dem, was Gott über uns in seinem Wort ausspricht, desto klarer wird unser Verständnis von Gottes Willen für unser Leben, von unserer wahren Bestimmung und von unserem spezifischen Auftrag, den Gott für uns vorbereitet hat. Die Träume und die Vision für unser Leben und für unsere Zukunft werden immer klarer und Teil unserer Reise mit Gott.

Freue dich über den HERRN, und er wird dir geben, was du dir von Herzen wünschst.

PSALM 37,4; HFA

2. PFLANZE DICH IN EINER LOKALEN KIRCHE

Nur das, was gepflanzt ist, kann auch wachsen und aufblühen. Ich habe unsere Globale Senior Pastorin Bobbie Houston einmal sagen hören: „Du bist berufen, dort aufzublühen [*to flourish*], wo du gepflanzt bist, aber du trägst auch die Verantwortung, dich dort zu pflanzen, wo du aufblühen kannst."

Wenn ich diesen Satz lese, entbrennt in mir immer wieder eine Leidenschaft über die Wichtigkeit, dass wir uns bewusst in den Boden einer lokalen Kirche pflanzen, um unser Leben in Fülle entfalten zu können.

Der Gerechte [die NGÜ formuliert: „Alle, die nach Gottes Willen leben"] wird grünen wie ein Palmbaum, er wird wachsen wie eine Zeder auf dem Libanon. Die gepflanzt sind im Hause des HERRN, werden in den Vorhöfen unsres Gottes grünen. Und wenn sie auch alt werden, werden sie dennoch blühen, fruchtbar und frisch sein, dass sie verkündigen, dass der Herr gerecht ist; er ist mein Fels und kein Unrecht ist an ihm.

PSALM 92,13-16; LUT 2017[6]

Kirche ist Gottes Plan für uns. Jesus baut seine Kirche und wir sind Teil von ihr, seiner Braut, die ihren Ausdruck in der lokalen Kirche findet. Es ist der Ort, an dem sein Reich sichtbar wird, an dem wir Familie finden und an dem wir im Miteinander lernen dürfen, zu reifen und zu wachsen und Jesus immer ähnlicher zu werden.

Deshalb sage ich dir jetzt: Du bist Petrus, und auf diesen Felsen werde ich meine Gemeinde bauen, und das Totenreich mit seiner ganzen Macht wird nicht stärker sein als sie.
MATTHÄUS 16,18; NGÜ

Alles hat Gott ihm zu Füßen gelegt und ihn, den höchsten Herrn, zum Haupt seiner Gemeinde gemacht. Sie ist sein Leib: Der Schöpfer und Vollender aller Dinge lebt in ihr mit seiner ganzen Fülle.
EPHESER 1,22-23; HFA

3. BAUE ALLE BEREICHE DEINES LEBENS MIT INTENTION

Wenn Jesus unser Fundament ist und wir uns dazu entscheiden, uns in das Haus Gottes zu pflanzen, haben wir die besten Voraussetzungen dafür, ein großes und wirklich erfüllendes Leben zu bauen.

So wie ein Haus aus verschiedenen Bausteinen zusammengefügt ist, besteht unser Leben auch aus verschiedenen Bereichen, die Gott uns geschenkt und anvertraut hat. Wenn wir davon sprechen, dass Gott unser Leben segnen und aufblühen lassen möchte, beinhaltet das nicht nur unser geistliches Leben, sondern alles, was Teil von unserem Leben ist:

Baut euch Häuser und wohnt darin! Legt Gärten an und erntet ihre Früchte! Heiratet und zeugt Kinder! Wählt für eure Söhne Frauen aus, und lasst eure Töchter heiraten, damit auch sie Kinder zur Welt bringen. Euer Volk soll wachsen und nicht kleiner werden. Bemüht euch um das Wohl der Stadt, in die ich euch wegführen ließ, und betet für sie. Wenn es ihr gut geht, wird es auch euch gut gehen.
JEREMIA 29,5-7; HFA

Gott hat uns mit der Fähigkeit und der Gabe zum Träumen und Planen beschenkt, und wir dürfen unser Leben verwalten und eine Vision für jeden unserer Lebensbereiche haben. Um ein Leben in Fülle zu leben, ist es wichtig, dass wir uns regelmäßig Zeit nehmen, um eine kleine Bestandsaufnahme zu machen: Bete und reflektiere, wo du gerade in jedem Bereich stehst, wo du hinwillst, und bitte Gott, dir zu zeigen, wie du dein Ziel erreichen kannst.

Für manche kann das in Form eines wöchentlichen oder monatlichen „Planungsmeetings" geschehen, für andere wiederum kann es eine stille Zeit mit Gott im Gebet für die verschiedenen Lebensbereiche sein, und wieder andere entdecken vielleicht im Gespräch mit Freundinnen und Freunden oder Mentorinnen und Mentoren die nächsten Ziele für verschiedene Lebensbereiche. Es geht weniger um das Format als vielmehr um unsere Einstellung. Um Wachstum zu sehen, braucht es die Einstellung, wachsen und nach vorne gehen zu wollen, sich bewusst Ziele zu stecken und mit Intention gemeinsam mit Gott unser Leben zu bauen.

Vergiss dabei aber nicht, dass deine Ziele immer im Einklang sein sollten mit deiner aktuellen Lebensphase und Kapazität, damit du gesund bleibst. Das folgende Zitat von Bill Gates erinnert mich immer wieder daran, nicht zu kurzfristig zu denken oder zu ungeduldig zu werden, wenn es darum geht, meine Ziele erreichen zu wollen: „Die meisten Menschen überschätzen, was sie in einem Jahr erreichen können, und unterschätzen, was sie in 10 Jahren erreichen können."[7]

Am Ende des Kapitels findest du konkrete Fragen, die dich inspirieren sollen, in verschiedenen Lebensbereichen zu wachsen.

4. SEI EIN SEGEN FÜR ANDERE

Gottes Segen auf unserem Leben hat immer eine größere Bestimmung, als nur uns zu segnen. Sein Plan, sich in unserem Leben zu verherrlichen, dient dem Ziel, Menschen auf ihn aufmerksam zu machen, indem seine Liebe, Treue und Gnade in unserem Leben sichtbar werden und sich durch unser Zeugnis Herzen ihm gegenüber öffnen.

Gemeinsam als die eine Kirche sind wir berufen, unsere Welt positiv zu beeinflussen und sie zu einem besseren Ort zu machen. Das bedeutet: genau dort, wo Gott dich in die Welt gestellt hat, mit dem, was er in deine Hände gelegt hat, zu dienen und Licht und Segen zu sein. Das kann zu Hause bei der Familie sein, am Arbeitsplatz, in unserer Nachbarschaft oder dort, wo unser Einflussbereich ist. Als die eine Kirche sind wir nicht bestimmt, am Rande der Gesellschaft zu existieren, sondern in das Zentrum der Gesellschaft zu rücken, um dort zu wirken und Veränderung zu bringen. Bill Johnson hat einmal gesagt: „Das Ziel ist die

Transformation der Gesellschaft selbst, indem wir in unseren Städten Einfluss nehmen, um den Menschen zu dienen."[8]

Die positive Veränderung, die wir mit unserem Leben bewirken und beeinflussen dürfen, wird uns überleben und wie eine Saat sein, die Jahr für Jahr immer wieder Früchte hervorbringen wird. Eine reiche Ernte. Gott möchte durch uns auch noch die Generationen nach uns segnen und somit sein Reich immer größer werden lassen.

Es kommt eine Zeit, da wird der Berg, auf dem der Tempel des Herrn steht, unerschütterlich fest stehen und alle anderen Berge überragen. Die Völker strömen zu ihm hin. Überall werden die Leute sagen: „Kommt, wir gehen auf den Berg des Herrn, zu dem Haus, in dem der Gott Jakobs wohnt! Er soll uns lehren, was recht ist; was er sagt, wollen wir tun!" Denn vom Zionsberg in Jerusalem wird der Herr sein Wort ausgehen lassen.

MICHA 4,1-2; GNB

Doch die Gnade des HERRN ist immer und ewig über denen, die ihm in Ehrfurcht dienen. Und noch an ihren Kindern und Enkeln erweist er seine Treue. So handelt er an denen, die sich an seinen Bund halten, die an seine Weisungen denken und danach leben.

PSALM 103,17-18; NGÜ

Denn reich an Güte ist der HERR, ewig währt seine Gnade, und seine Treue gilt auch allen künftigen Generationen.

PSALM 100,5; NGÜ

Weil wir nun zu Christus gehören, hat Gott uns als seine Erben eingesetzt; so entsprach es von Anfang an seinem Willen. Und was Gott einmal beschlossen hat, das führt er auch aus. Jetzt sollen wir mit unserem Leben Gottes Herrlichkeit für alle sichtbar machen, wir, die wir schon lange auf unseren Retter gewartet haben.

EPHESER 1,11-12; HFA

WORT ZUM SCHLUSS

Hoffentlich haben die Seiten in diesem Kapitel deine Leidenschaft entfacht, Gottes Plan für dein Leben zu ergreifen, und bewusst dein Ja zu einer Partnerschaft, die er dir anbieten möchte, zu geben, um dein Leben in Fülle zu bauen.

Auch wenn du momentan nicht in einer starken Position bist oder dein Leben gerade nicht aktiv bauen kannst, lass dich von Gottes Versprechen und seinem Wort ermutigen und lege dein Vertrauen in seine Hände. Er wird dich leiten, dir seinen Segen schenken und eine gute Ernte hervorbringen, über die du staunen wirst. Das ist unser Gott!

Ein Mensch, der Gott treu bleibt, der wird von ihm gesegnet. Er ist wie ein guter Acker: Dieser nimmt den Regen auf, der immer wieder über ihm niedergeht, und lässt nützliche Pflanzen wachsen. Schließlich bringt er eine gute Ernte.

HEBRÄER 6,7; HFA

EINE STORY, DIE MUT ZUM TRÄUMEN MACHT

Zum Abschluss möchte ich mit dir noch die Geschichte von Nicole teilen. Meine Hoffnung ist, dass dich ihre Geschichte inspiriert und ermutigt, groß zu träumen. Ihr Leben ist ein Zeugnis davon, dass Gottes Pläne vielleicht manchmal anders sind, als wir es erwarten, aber sein Plan im Endeffekt der beste für unser Leben ist. Ihre Geschichte zeigt auch so wunderschön, dass mit unserem Ja zu seinem Plan auch Segen fließt, sowohl für uns persönlich als auch für die Menschen in unserem Wirkungskreis.

Hallo, mein Name ist Nicole, ich bin verheiratet mit meinem wunderbaren Mann Jan und wir haben gemeinsam drei Kinder.

Vor gut sechs Jahren, an einem Tiefpunkt in meinem Leben, kamen wir in die Hillsong Church nach Konstanz und wir wussten vom ersten Moment an, dass dies unser neues geistliches Zuhause sein würde. Anfänglich war ich überzeugt, dass Gott uns dazu berufen hat, eines Tages in Vollzeit Kirche zu bauen, da ich jahrelang die Gemeinde meiner Familie mitgeleitet hatte. Doch Gott hatte einen anderen Plan.

Als ich anfing, in der Church zu dienen, ergab es sich, dass ich immer wieder gebeten wurde, Essen in verschiedenen Bereichen und für verschiedene Teams vorzube-

reiten. Das geschah so oft, dass ich eines Tages zu Gott sagte: „Was mache ich eigentlich hier? Für was hast du mich nach Konstanz geholt? Um Essen zu machen? Das kann es doch nicht sein. Du hast doch viel mehr an Talenten in mich hineingelegt!“

Ich habe mit meiner Situation wirklich gehadert, bis Gott mir eines Tages zeigte, dass es eben nicht nur Essen ist, das ich machte: Ich schuf damit eine Atmosphäre, öffnete Herzen für die Botschaft, setzte Liebe in die Tat um und bewirkte mit dieser „Kleinigkeit“ Großes. Dieser Moment zeigte mir, dass Gastfreundschaft viel mehr ist, als wir uns manchmal bewusst sind. Und es war der Moment, in dem ich mich dafür entschied, Gott in diesem Bereich mit ganzem Herzen zu dienen.

Ab dem Zeitpunkt, an dem ich meine Vorstellungen und Träume zur Seite legte und einfach Gott vertraute, dass er mich in meine Bestimmung führen würde, öffneten sich neue Wege.

In einem Brainstorming für unser Sisterhood-500-Projekt mit meinem Mann, der übrigens von Beruf Koch ist, entstand unser Business – zuerst einfach nur in Gedanken und Träumen. Doch wenige Wochen später wurde aus dem Traum Realität. Wir hatten unseren ersten Auftrag! Wir konnten es kaum glauben! Wir starteten mit einem nebenberuflichen Kleingewerbe und es machte so viel Spaß. Es verband uns sogar als Ehepaar und brachte eine neue Frische in alles hinein. Wir hatten ein gemeinsames Ziel!

Dann schenkte mir Gott in einem Gottesdienst im November 2019 eine große Vision für unser Business und ich wusste ganz klar in meinem Herzen: Das ist Gottes Plan. Im Glauben und Vertrauen wurde aus unserem nebenberuflichen Kleingewerbe eine GmbH: Genussreise Bodensee GmbH wurde ein paar Tage vor dem ersten Lockdown beim Notar unterschrieben.[9] *Damals dachten wir: „Jetzt starten wir so richtig durch – wir steigen beide aus unseren Berufen aus und werden uns voll und ganz auf unser Business konzentrieren.“ Doch leider war die Realität eine andere – alle gebuchten Veranstaltungen wurden abgesagt. Das war nicht einfach und es verlangte echten Glauben und Gehorsam. Da waren Momente, in denen ich mich fragte, ob ich verrückt war, ob ich mir das alles nur eingebildet hatte, und in denen ich Tränen vergoss. Doch heute darf ich zurückschauen und sagen: Egal, was geschehen ist, egal, welche Rückschläge ich erlebt habe – es gehörte alles zu Gottes Plan. Ich weiß, dass ich abhängig bin von ihm. Ohne ihn kann ich all das niemals bewältigen!*

Gott tut Wunder um Wunder – das dürfen wir mit unserem Business immer wieder erleben. Er öffnet Türen, die wir nie hätten öffnen können. Als Familie und auch mit Genussreise Bodensee GmbH werden wir Reich Gottes bauen – als Kingdom Builders[10] *–, und zwar so, wie Gott es vorgesehen hat: nicht im vollzeitlichen Dienst in der Church, sondern dort, wo Menschen sind, die Gottes Liebe und Annahme brauchen. Und diese Liebe wollen wir in Taten weitergeben. Wir wollen Licht sein.*

Unsere Vision ist, dass unser Business auf die Region Bodensee einen positiven Einfluss nehmen und unser Überfluss dazu beitragen wird, dass ein neuer Campus gebaut werden kann. Wir wollen auf diese Art Teil von Gottes Plan sein und sein Reich bauen.

HALTE INNE UND REFLEKTIERE

Diese Fragen sollen dir ganz praktisch helfen, Gottes Willen für dein Leben zu erkennen, dein Leben aktiv zu bauen und für deine Zukunft zu träumen. Andererseits können sie dir auch dabei helfen, mit den Menschen um dich herum ins Gespräch zu kommen, um sie dazu zu ermutigen, ihr Leben zu bauen.

Hast du für dich bewusst definiert, was Gottes Wille und Auftrag für deine aktuelle Lebensphase ist? Wenn ja, was ist er?

Frage den Heiligen Geist, welche neuen Möglichkeiten er dir für dein Leben zeigen möchte, um dein Leben zu bauen. Möglichkeiten, die du bisher noch nicht wahrgenommen hast. Notiere deine Eindrücke und die Antworten, die du erhältst.

Hast du momentan Erwartungen an dich oder andere, die nicht stimmig sind mit deiner jetzigen Lebensphase? Welche sind dies konkret?

Schreibe fünf Dinge auf, die du dir für deine Zukunft erhoffst.

Welchen nächsten Schritt und welche Entscheidungen kannst du für jeden dieser fünf Träume heute schon treffen, sodass der Weg für sie geebnet wird?

Nimm dir etwas Zeit, um über deine Beziehungen nachzudenken, und wähle einen Bereich, auf den du in den nächsten drei Monaten bewusst deinen Fokus legen möchtest:

Meine Beziehung mit Gott – Wie möchte ich meine Beziehung mit Gott leben und gestalten?

- Raum für stille Zeit in seinem Wort
- Raum, um seine Gegenwart zu genießen (Lobpreis, in der Natur, Meditation …)
- Raum für Gebet
- Raum, um durch Lesen und Lernen zu reifen

Ehe/(Herkunfts-)Familie – Wie möchtest du das Leben mit deiner Herkunftsfamilie/deine Ehe/dein Familienleben gestalten?

- Raum für Momente, um bewusst Zeit miteinander zu verbringen
- Raum, um Traditionen aufzubauen und Spaß zu haben
- Raum und Zeit, um sich auszutauschen und einander zu genießen

Freundschaften – Wie möchtest du Freundschaften leben und erleben?

- Welche Freundschaften möchtest du bewusst vertiefen?
- Wie kannst du diese Freundschaften vertiefen?
- Gibt es Freundschaften, die vielleicht nicht mehr gesund sind? Wenn ja, was ist dein nächster Schritt?

Gemeinschaft /Kirche – Wie investierst du dich in Menschen, die dir anvertraut wurden?

- Was kannst du beitragen, um deine Kirche stark zu machen?
- Wie kannst du Großzügigkeit praktisch zum Ausdruck bringen?

Beruf/Aufgabe - Was kann dir helfen, leidenschaftlich zu bleiben für deinen Beruf oder deine Aufgabe?

- Hast du eine Vision für deinen Beruf oder deine Aufgabe aufgeschrieben? Wenn ja, welche?
- In welchen Aufgabenbereichen möchtest du wachsen?
- Welche Fähigkeiten möchtest du weiterentwickeln?
- Welche nächsten Schritte musst du dafür gehen?

Körper/Gesundheit – Teil von einem erfüllten Leben ist körperliche Gesundheit. Wie kümmerst du dich um deinen Körper?

- Bist du körperlich ausreichend aktiv? Was tust du konkret für deinen Körper?
- Gehst du regelmäßig zu Vorsorgeuntersuchungen? Welche sind das und gibt es vielleicht welche, die du bisher noch nicht wahrgenommen hast?

- Wie ernährst du dich? Ernährst du dich gesund? In welchen Phasen ernährst du dich vielleicht ungesund?
- Nimmst du dir bewusst und ausreichend Zeit für Schlaf, Ruhe und Erholung? Wie gestaltest du deine Ruhe- und Erholungszeiten?

Finanzen – **Die Bibel spricht so oft über Finanzen. Hast du Klarheit darüber, wie du dein Geld weise verwalten kannst?**

- Planst du dir einen Betrag für deinen monatlichen zehnten Teil, andere Opfer und Großzügigkeit anderen gegenüber ein? Wohin gibst du diesen Teil oder möchtest ihn in Zukunft geben?
- Hast du einen Budgetplan, der dir hilft, deine Einnahmen und Ausgaben gut zu verwalten? Falls nicht, wie könnte dieser aussehen?
- Hast du eine Investment- oder Altersvorsorgestrategie für deine Zukunft und deine evtl. Erbinnen und Erben? Wie sieht die konkret aus? Falls du keine hast, wie könnte sie aussehen?
- Hast du Unterstützung im Bereich Finanzen von Menschen, denen du vertraust und die die Expertise haben?

Zeitplanung – **Ein erfülltes Leben erfordert auch die Fähigkeit, seine Zeit weise zu planen. Gibt es einen Bereich, in dem du über die nächsten Wochen Veränderungen sehen möchtest?**

- Planst du deine Termine bewusst mindestens jeden Monat im Voraus, um Raum zu schaffen für die wichtigen Dinge wie Erholung, deine Gesundheit, Freundschaften, Abenteuer und Spaß? Falls nein, wie könnte so eine Planung konkret aussehen? Vielleicht planst du mal einen „Probemonat“.
- Dienen dir deine aktuellen Alltagsroutinen und Gewohnheiten immer noch? Wenn nicht, was würdest du gern ändern?
- Was sind deine vermeidbaren Zeitfresser?
- Wie kannst du anfangen, dich für die nächste Lebensphase vorzubereiten?
- Schreibst du deine Träume für die Zukunft auf? Falls nein, warum nicht? Und wenn ja, welche Schritte kannst du jetzt schon gehen, um sie Realität werden zu lassen?

DIVE DEEPER

Falls du noch tiefer in das Thema „Zum Aufblühen berufen“ eintauchen möchtest, kann dir diese Liste an Ressourcen dabei helfen.

- Craig Groeschel, Wohin? Ein völlig anderer Blick auf dein Leben, Gerth Medien, Aßlar 2010
- Brian Houston, Dafür lebe ich, SCM Hänssler, Holzgerlingen 2009
- Andy Mason / Janine Mason, Traum Kultur. Deine Träume zum Leben erwecken, Grain Press, Vaihingen/Enz 2012

Drei

HELFE MENSCHEN, ZU WACHSEN

Ende 2019, noch bevor wir wussten, wie sich das folgende Jahr entwickeln würde, wurde Freimut und mir bewusst, wie wichtig Klarheit ist. In den Gesprächen mit unserem Team stellten wir uns vor, wie kraftvoll es wäre, wenn jede Person, die Teil unserer Church ist, folgende Frage beantworten könnte: „Warum tun wir all das, was wir tun? Was ist der Sinn und Zweck – das Ziel all unserer Anstrengungen?“ Natürlich wäre die einfachste und klarste Antwort: „Weil wir Gott und die Menschen lieben!“ Ja, deine eigene Beziehung zu Jesus ist grundlegend wichtig, aber wenn wir ihn wirklich kennen, wird uns ziemlich schnell klar, dass es da noch um so viel mehr geht – dass es gilt, einen Auftrag zu erfüllen. Wir alle sind hier, um Menschen zu Jüngerinnen und Jüngern zu machen, und wir wollten unserer Gemeinde etwas mitgeben, das genau das widerspiegelt. So entstand unser Credo:

Wir sind hier, um Menschen dabei zu helfen, zu wachsen:

- in ihrer Offenbarung, wer Gott ist,
- in ihrem Verständnis davon, wer sie in Christus sind,
- in ihrer Leidenschaft für die Dinge, für die Gott leidenschaftlich ist.

Völlig unabhängig davon, in welchem Bereich wir unserer Gemeinde dienen oder an welchem Ort wir unserer Arbeit nachgehen: Wenn wir es schaffen, Menschen, für die wir Verantwortung tragen, in ihrem Wachstum zu unterstützen, dann können und werden sie aufblühen und als Nachfolgerinnen und Nachfolger Jesu reifen. Menschen, deren Offenbarung darüber, wer Gott ist, wächst, bleiben frisch. Sie bleiben voller Ehrfurcht. Sie vertrauen dem, der sie in ihrem Alltag begleitet. Sie tragen eine Gnade in sich, die sie weitergeben können, und haben eine Beharrlichkeit und Ausdauer, die nur ein echtes Verständnis der Ewigkeit hervorbringen kann. Wenn wir Jesus besser kennenlernen, werden wir befähigt, gute Entscheidungen zu treffen – wir werden vor der Sünde fliehen und das Leben wählen! Dankbarkeit wird unsere Norm sein, denn wir waren tot, aber jetzt sind wir lebendig, und alle Verheißungen in Jesus Christus sind „Ja und Amen"!

Trägheit hat keine Chance, wenn jemand eine Leidenschaft für die Dinge Gottes entwickelt! Leidenschaftliche Menschen haben den Wunsch, zu dienen, die nötige Veränderung zu sein und ihre Nächsten zu lieben.

Der Missionsbefehl wurde jedem von uns anvertraut – wir alle haben, egal wie fähig oder unfähig wir zu sein glauben, einen wichtigen Anteil an diesem Auftrag, und wir alle sind jemand anderem einen Schritt voraus. Unser Gebet für dich auf dieser Schatzsuche ist, dass du entdeckst, wie Jesus Menschen geholfen hat zu wachsen, und dass du, während du andere unterstützt, ebenso wachsen wirst.

LERNE DIE AUTORIN KENNEN – EVA BATAROW

Lieblingsreiseziel:
Mein Lieblingsreiseziel ist ein Abenteuer!
Deshalb haben mein Mann Daniel
und ich einen Lieferwagen gekauft und
zu einem Camper-Van ausgebaut.
Wir lieben es, neue Orte zu entdecken.
Da bleiben wir dann so lange,
bis ein neues Abenteuer ruft.

Wenn du achtzig bist:
Wenn ich achtzig bin, möchte ich glücklich,
gesund und verheiratet sein – und das Team
„Super Grannies for Jesus" leiten.

Lieblingsessen:
Ich kann mich nicht auf ein Essen beschränken –
ich liebe Essen und Kochen! Ich gehe gern in meinem Lieblingscafé
frühstücken (aber bestelle nicht gern zweimal das Gleiche)
oder gehe gern Vietnamesisch essen.

Eva ist das Mädel, von dem ich bereits gehört hatte, lange bevor ich sie traf. Ihr jetziger Ehemann war gerade Teil unserer Church geworden, und er konnte nicht aufhören, über sie zu reden. Als wir sie schließlich trafen, wussten wir genau, warum. Eva ist großartig! Sie ist lustig, sie ist ermutigend, sie hat eine Gabe des Glaubens, und wenn sie dich umarmt, weißt du, dass sie es ernst meint! Sie arbeitet hart, am meisten an sich selbst. Mitzuerleben, wie Eva in den letzten Jahren gewachsen ist, war unglaublich schön. Zurzeit ist sie Teil unseres Teams an unserem Standort in Düsseldorf, aber wir wissen, dass wir sie überall hinschicken könnten. Denn um ehrlich zu sein – sie würde einfach alles rocken! Warum? Weil sie in der Lage ist, das Gold in den Menschen hervorzuholen! Deshalb ist Eva die perfekte Wahl für dieses Kapitel.

EVA, DANKE, DASS DU STARK BIST UND AUF DEM WEG BLEIBST. DANKE, DASS DU BEI ALLEM, WAS DU TUST, GLAUBEN UND SPASS MITBRINGST. DANKE, DASS DU MIT EIFER DABEI BIST, MENSCHEN ZU UNTERSTÜTZEN, DAMIT SIE GEWINNEN. WIR LIEBEN DICH!

SCHATZSUCHE
HELFE MENSCHEN, ZU WACHSEN

Im Jahr 1999, als ich in der elften Klasse des Gymnasiums war, durfte ich die Leistungskurse für das darauffolgende Jahr auswählen. Obwohl ich immer sprachbegabt war und große Freude an Linguistik hatte, traf ich die Entscheidung, mich auf ein Abitur in Mathematik und Betriebswirtschaftslehre vorzubereiten.

Vielleicht fragst du dich jetzt, warum ich das getan habe – und genau diese Frage stellte auch ich mir die nächsten zwei Jahre immer wieder. Trotz großer Herausforderung und, um ehrlich zu sein, Qualen zog ich diese Entscheidung durch und konnte trotzdem einen guten Notendurchschnitt erreichen.

Zwanzig Jahre später muss ich gestehen, dass ich noch nie einen Vorteil davon hatte, mit so viel Fleiß und Anstrengungen ein Abitur in Mathematik geschrieben zu haben. Jedoch qualifizieren mich diese Jahre dazu, nun dieses Kapitel zu schreiben. In diesem Kapitel geht es nämlich darum, etwas zu vermehren, zu vergrößern, wachsen zu lassen – kurz gesagt: Es geht um Multiplikation.

Falls du schon länger nicht mehr die Schulbank gedrückt hast, brauchst du dir keine Sorgen zu machen. Die Rechenbeispiele werden nicht komplizierter sein als das kleine Einmaleins, das du in der Grundschule gelernt hast. Hier ist trotzdem eine kleine Auffrischung für dich:

Multiplikator • Multiplikand = Produkt

Einfaches Beispiel: 1 • 1 = 1

Negative Multiplikation: 1 • (–1) = –1

Positive Multiplikation: 1 • 2 = 2

Wenn man sich das einfache Beispiel des kleinen Einmaleins ansieht, sieht man, dass eine positive Vervielfältigung nur dann entsteht, wenn der Multiplikand einen positiven Wert einnimmt, also einen, der größer als Eins ist.

Lass uns das auf unser Leben übertragen: Wir reproduzieren ständig Teile von uns, unsere guten und unsere herausfordernden Seiten. Wir alle haben es vermutlich schon einmal erlebt, was passiert, wenn negative Eigenschaften, wie zum Beispiel ein harter Ton oder negative Aussagen, die Menschen um uns herum stauchen, kleiner machen und eine Atmosphäre kreieren, in der sie nicht aufblühen können.

Diesem Negativbeispiel gegenüber stehen Eigenschaften wie Ermutigung und Positivität, welche eine Atmosphäre schaffen, die von Vertrauen, Hoffnung und Freude geprägt ist, sodass Menschen dort förmlich aufblühen können.

Anders gesagt: Wir haben die Aufgabe, Multiplikand im Leben anderer Menschen zu sein. Wir können der entscheidende Faktor in der Multiplikation und im Wachstum von Menschen sein, die uns anvertraut werden.

Jesus ist das stärkste Vorbild, wenn es darum geht, Menschen dabei zu helfen, zu wachsen. Er hat dienende Leiterschaft vorgelebt! Innerhalb seines dreijährigen Dienstes auf der Erde unterstützte und half er Menschen dabei, sich in dem Maße zu entwickeln, sodass wir heute immer noch von den Früchten, die sie in dieser Zeit gebracht haben, leben und profitieren.

Wir alle – auch du – sind dazu berufen, Leiterinnen und Leiter zu sein. Selbst wenn du gerade kein Team leitest, will Gott dich dazu befähigen, Verantwortung zu übernehmen: in erster Linie für dein eigenes Leben und im nächsten Schritt für andere.

In diesem Kapitel wollen wir spezifisch die Zeit anschauen, in der Jesus auf der Erde gewirkt hat, und von ihm einige Eigenschaften lernen, die uns dabei helfen werden, andere Menschen darin zu unterstützen, ihr Leben groß zu denken und zum Aufblühen zu bringen.

FINDE DAS GOLD: SETZE POTENZIAL IN MENSCHEN FREI

Die vier Evangelien berichten hauptsächlich über den Zeitraum, in dem Jesus aktiv seinen Dienst auf der Erde verfolgt hat. Gerade deshalb ist es einfach für uns, zu vergessen, dass der Zeitraum, in dem er Himmel und Erde bewegte, um uns den Himmel auf Erden nahezubringen, eigentlich nur drei Jahre betrug.

In Matthäus 4 lesen wir, wie Jesus seinen Dienst begann:

Als nun Jesus am Galiläischen Meer entlangging,
sah er zwei Brüder, Simon, der Petrus genannt wird, und Andreas,
seinen Bruder; die warfen ihre Netze ins Meer;
denn sie waren Fischer. Und er sprach zu ihnen:
Kommt, folgt mir nach! Ich will euch zu Menschenfischern machen.
Sogleich verließen sie ihre Netze und folgten ihm nach.

MATTHÄUS 4,18-20; LUT 2017

Die Bedeutung des griechischen Wortes, das Jesus verwendet, um die Jünger aufzufordern, ihm nachzufolgen, ist viel kraftvoller als ein einfaches „Lauf mit". Das Wort *akoloutheō* bedeutet „begleiten".

Akoloutheō oder „Folge mir nach!" ist keine anonyme Aufforderung, sondern eine persönliche Einladung

- zu einer engen Beziehung,
- dazu, sich ihm anzuschließen,
- dazu, bei seiner Mission zu helfen
- und direkt von ihm zu lernen.

Diese Verse könnte man so leicht überlesen und hinnehmen, aber lasst uns einen Moment innehalten und überlegen, was die jungen Fischer im Moment ihrer Nachfolge aufgegeben haben.

Welche drei Sicherheiten fallen dir ein, die die jungen Männer aufgaben, um Jesus nachzufolgen?

Im Neuen Testament sind dreizehn Stellen verzeichnet, in denen Jesus andere Menschen direkt auffordert, ihm zu folgen. Schau dir diese drei Bibelstellen an und notiere, was dir im Vergleich zu den Versen in Matthäus 4 bei diesen Geschichten zum Thema „Nachfolge" auffällt.

- **Matthäus, der Zöllner:** Matthäus 9,9-13
- **Der reiche Jüngling:** Matthäus 19,16-30
- **Petrus:** Johannes 21,15-19

Was dachten wohl die Familien, Freundinnen und Freunde und die Menschen in der Nachbarschaft, als sie von der Berufung von Petrus und Andreas hörten? Sie kannten die Brüder schon lange und gut – es wäre ihnen doch sicher längst aufgefallen, dass da mehr in den zwei Männern steckte als hart arbeitende, raue Fischer? Warum sah Jesus mehr in ihnen, sagte ihnen sogar, dass er sie zu „Menschenfischern" (Matthäus 4,19) machen würde?

Aber der HERR sprach zu Samuel: Sieh nicht an sein Aussehen und seinen hohen Wuchs; ich habe ihn verworfen. *Denn es ist nicht so, wie ein Mensch es sieht: Ein Mensch sieht, was vor Augen ist; der HERR aber sieht das Herz an.*

1. SAMUEL 16,7; LUT 2017

Jesus sah das Potenzial, das in den Männern lag. Wie mit Gold, das verborgen liegt, nutzte Jesus die nächsten Jahre, um es ans Licht zu bringen, damit es für die ganze Welt sichtbar wurde – und das bis heute.

Am Beispiel von Petrus können wir sehen, wie Jesus ihm immer wieder half zu wachsen. Petrus war eigentlich ein geborener Leiter, aber Jesus sah noch mehr in ihm und half ihm, zu der Version von sich zu werden, die er sein konnte.

Welche Eigenschaften kannst du über Petrus aus den folgenden Bibelstellen herausfinden?

- **Eigenschaft 1:** Matthäus 15,5 / Matthäus 18,21
- **Eigenschaft 2:** Matthäus 4,18-20 / Matthäus 6,13-16
- **Eigenschaft 3:** Matthäus 17,1 / Matthäus 26,36-38

Petrus war voller Wissbegierde und wollte verstehen, wie das Königreich Gottes und diese neue Welt um ihn herum funktionieren. Er war immer als Erster zur Stelle, zeigte Initiative und war zutiefst involviert in Jesu Arbeit. Trotzdem hatte er auch einige Charakterschwächen und Jesus half ihm, an diesen zu arbeiten.

Finde heraus, wie Jesus seinem Jünger Petrus dabei half, zu wachsen. Lies dazu die folgenden Bibelstellen und beantworte die Fragen.

Jesus geht auf dem See: Matthäus 14,22-33
- Welche überraschende Stärke siehst du in Petrus?
- Warum beginnt Petrus zu sinken?
- Wie hilft Jesus ihm in einem Moment der Schwäche?
- Was hat Petrus durch diese Begebenheit für seine Zukunft gelernt?

Die erste Leidensankündigung: Matthäus 16,21-28
- Welche Ziele hatte Petrus mit seiner Antwort auf Jesu Offenbarung (Vers 22)?
- Warum denkst du, reagiert Jesus so streng?
- In Vers 24 erinnert Jesus alle Jünger an ihre Entscheidung, ihm nachzufolgen. Warum, denkst du, richtet er diese Worte nicht nur an Petrus?

Die Gefangennahme Jesu: Johannes 18,8-11
- Welcher Charakterzug von Petrus kommt hier ans Licht?
- Was konnte Jesus ihn in diesem Moment lehren?
- Wie bereitet Jesus Petrus an dieser Stelle auf das vor, was noch kommen würde?

ACTION STEPS:
WENDE AN, WAS DU ENTDECKT HAST

- Überlege dir drei positive Eigenschaften, die du durch dich und deine Leiterschaft vervielfältigt sehen möchtest. Wie kannst du diese Eigenschaften weitergeben und bestärken?
- Nimm dir Zeit und überlege dir drei Leute, die du gerade leiten darfst, egal in welchem Kontext, egal ob als Vater, Chefin oder in deiner Freizeit. Wo stehen sie gerade? In welchem Bereich ihres Lebens kannst du ihnen helfen, zu wachsen? Überlege dir eine Strategie und Ressourcen, die dir und ihnen dabei helfen können.
- Nimm dir Zeit, um dich und deine Nachfolge selbst zu reflektieren. Wie hat sich deine Hingabe seit dem Moment, an dem du dich entschieden hast, Jesus zu folgen, verändert? Welche Veränderung möchtest du sehen?

LEBEN TEILEN: SICH IN MENSCHEN INVESTIEREN IST MEHR ALS NUR EIN JOB

„Wenn man nicht aufblüht, warum sollte man gepflanzt bleiben?"

Diese Frage wurde mir in einer Klasse gestellt, als ich am Hillsong International Leadership College studierte. Nach wie vor finde ich diese Frage sehr herausfordernd. Sie konfrontiert mich, zwingt mich zur Selbstreflexion und inspiriert mich, eine bessere Leiterin zu sein. Diese Frage zeigt mir, dass ich als Leiterin eine größere Verantwortung trage, als nur mein Team dazu anzuleiten, eine Aufgabe zu erledigen oder ein Projekt zu meistern. Sie zeigt mir, dass ich mich aufrichtig und individuell um die Menschen kümmern muss, die mir anvertraut werden.

Letztendlich: Warum sollte jemand Teil von meinem Team bleiben, wenn er dadurch nicht gefördert wird und wachsen kann?

In den drei Jahren, in denen Jesus mit seinen Jüngern auf Mission war, zeigt er uns, wie man diese Balance zwischen „gemeinsam etwas stemmen" und „sich ehrlich um jemanden sorgen" meistert, und ist uns damit ein Vorbild, nach dem wir uns richten können.

JESUS ZEIGT UNS DEN WERT, ECHTE BEZIEHUNG ZU LEBEN

Die Beziehung zwischen Jesus und den Jüngern basierte nicht auf einem Programm, sondern auf Beziehungen. Nicht ein Buch oder ein Kurs zum Thema „Jüngerschaft auf Mission im Jahr null" verband die Männer, sondern wertvolle gemeinsame Zeit. Jesus teilte Leben mit ihnen, und zwar mit Absicht.

Schau dir diese Bibelstellen an und mach dir ein Bild davon, wie das gemeinsame Leben ausgesehen hat und wie Jesus mit den Jüngern interagierte.

- **Das Vaterunser:** Lukas 11,1
- **Die Emmausjünger:** Lukas 24,29-31
- **Speisung der Fünftausend:** Markus 6,30-32

Die jungen Männer verbrachten viel Zeit miteinander. Jesus gab alles von sich preis. Er lehrte sie, indem er ihnen zeigte, wie man dieses berufene Leben lebt. Vieles wurde weitergegeben, während man die Einfachheit eines gemeinsamen Abendessens genoss. Jesus war in das Leben der Jünger involviert und wusste, wie es ihnen ging und was sie brauchten; deshalb konnte er ihnen helfen, ein gesundes, berufenes Leben zu leben. Sie teilten Leben miteinander, und so fand Wachstum ganz natürlich statt.

JESUS ZEIGT UNS DIE KRAFT DER DIENENDEN LEITERSCHAFT

Im ersten Abschnitt dieses Kapitels haben wir Petrus besser kennengelernt und wissen jetzt, dass er jemand war, der neugierig und selbstbewusst durchs Leben ging.

Jedoch gibt es eine Bibelstelle, in der wir erleben, wie er durch Jesu Taten peinlich berührt wurde. Lies diese Geschichte in Johannes 13,1-17 und genieße den Augenzeugenbericht.

Warum war es Petrus unangenehm, dass Jesus ihm die Füße wusch? Was denkst du?

In der damaligen Zeit war es normal, dass nicht jüdische Sklavinnen und Sklaven die Füße der Gäste wuschen, da Menschen oft lange Strecken zu Fuß über staubige Straßen gehen mussten.

Jesus zeigt uns drei Dinge, indem er seinen Nachfolgern die Füße wäscht. Finde in dem Bibeltext die Verse, welche die nächsten Schlussfolgerungen unterstreichen.

1. Obwohl er alle Gründe dafür gehabt hätte, dachte Jesus an diesem besonderen Abend nicht an sich selbst.
2. Jesus freute sich an dem Ritual der Fußwaschung und daran, seinen Nachfolgern dienen zu können. Er genoss es.
3. Um seine Liebe und Fürsorge gegenüber den Jüngern zu zeigen, brach er die Regeln der Kultur.

JESUS ZEIGT UNS DIE WICHTIGKEIT VON FÜRBITTEGEBET

In den Evangelien liest man immer wieder davon, dass Jesus sich einen einsamen Ort suchte, um zu beten. Viele Inhalte dieser Gebete sind nicht wörtlich in der Bibel festgehalten, aber man kann sicherlich davon ausgehen, dass er oft für seine Jünger betete (z. B. Johannes 14,16-17 und Lukas 22,32).

Ein Gebet, welches im Johannesevangelium 17 aufgezeichnet wurde, zeigt uns sein Herz für sie. Damit du die Bibelstelle ein wenig besser einordnen kannst, hier der Kontext:

- Das Fürbittegebet spricht Jesus, nachdem er mit den Jüngern das letzte Abendmahl gefeiert und sie noch einmal auf die kommende Zeit vorbereitet hat.
- Das gesamte Gebet ist in drei Teile aufgeteilt: Erst betet Jesus für sich selbst, dann für seine Jünger und schließlich für alle Gläubigen.
- Kurze Zeit nach dem Gebet wird Jesus gefangen genommen, verurteilt und gekreuzigt.

Lies Johannes 17,6-19 und markiere dir in dem Text folgende Stellen:

- jede, in der von der Beziehung zwischen Jesus und seinem Vater gesprochen wird,
- jede, in der man die Beziehung zwischen Jesus und den Jüngern erkennt,
- jede, in der gezeigt wird, was sein Anliegen für seine Nachfolgerinnen und Nachfolger ist.

Kreuze an, welche der Aussagen auf die Verse des Gebetes zutreffen (mehr als eine Aussage ist möglich).

( ) Mit diesem Gebet beendet Jesus die Ausbildung der Jünger während seines Dienstes auf Erden.

( ) Dieses Gebet ähnelt dem Vaterunser, mit dem Jesus die Jünger lehrte, wie sie beten sollen.

( ) Das Gebet ist voller Empathie und Fürsorge für die Nachfolgerinnen und Nachfolger Jesu.

( ) Jesus möchte keine Verantwortung mehr für das Leben der Jünger übernehmen.

( ) Das Gebet zeigt die Notwendigkeit der Rolle des Heiligen Geistes, der gebraucht wird, um die Mission, die Gott seinen Nachfolgerinnen und Nachfolgern gegeben hat, zu erfüllen.

( ) Mit dem Gebet bereitet sich Jesus selbst darauf vor, dass die Jünger nun auf sich selbst gestellt sein werden.

( ) Jesus ist froh, dass die Ausbildung der Jünger nun endlich vorbei ist.

ACTION STEPS:
WENDE AN, WAS DU ENTDECKT HAST

- Überlege, was im Vordergrund steht, wenn du mit Menschen zu tun hast, die du leitest oder mit denen du arbeitest: das Erledigen von Aufgaben oder die wertvolle Zeit, die ihr miteinander verbringt? Wie kannst du eine gute Balance darin schaffen?
- John Maxwell hat einmal gesagt: „Es kümmert Menschen wenig, wie viel du weißt, wenn sie wissen, wie viel du dich um sie kümmerst."[11] Überlege dir, wie du die Leute, die du leitest, regelmäßig wissen lassen kannst, dass du aufrichtig an ihrem Leben interessiert bist.
- Mache Gebet für dein Team zu einem festen Bestandteil deiner stillen Zeit. Wie kann das für dich aussehen?

WACHSTUM DURCH VERTRAUEN: DIE WICHTIGKEIT VON KLARHEIT, VERANTWORTUNG UND AUTORITÄT

Während des ersten Lockdowns der Pandemie haben viele Menschen begonnen, Sauerteigbrot zu backen. Wir auch – mehr oder weniger erfolgreich.

Ein Sauerteigbrot zu backen ist eigentlich keine Kunst, aber trotzdem ist es eine Wissenschaft für sich, selbst aus so einfachen Zutaten wie Wasser und Mehl etwas Essbares zu erschaffen. Man beginnt damit, mit Wasser und Mehl eine Starterkultur anzusetzen. Diese Mischung lässt man dann für mehrere Tage reifen, bevor man mit ihr ein Brot backen kann. Während des Reifeprozesses muss man die Mischung regelmäßig auffrischen und dann einfach nur (oder auch nicht) warten.

Während des Wartens nimmt die Natur ihren Lauf und die Mehl-Wasser-Mischung reichert sich selbst mit Hefekulturen an, die ganz natürlich in der Luft vorkommen. Sobald das geschieht, wird der Starter zum Leben erweckt und beginnt zu wachsen, zu blubbern und zu fermentieren – was dem Sauerteigbrot seinen besonderen Geschmack gibt. Erst jetzt kann man damit backen. Diese Starterkultur ist nicht schwer herzustellen, und doch gelingt es nicht vielen. Der Prozess von Wachstum und Reife, der mit dem menschlichen Auge nicht zu sehen und auch nicht beeinflussbar ist, ist für viele eine Herausforderung und Geduldsprobe.

Mit den besten Intentionen wollen wir dem Teig auf die Sprünge helfen – mehr Mehl, weniger Wasser, einen wärmeren Ruheort … und meistens verpatzen wir es dadurch nur.

Anhand dieses einfachen Sauerteig-Beispiels können wir etwas über zwei verschiedene Leiterschaftsstile lernen: freisetzende Leiterschaft und Mikromanagement. Eine bewährte Leiterschaftsweisheit bringt die Unterschiede der beiden Arten von Leiterschaft auf den Punkt: „Man kann entweder Wachstum haben oder die Kontrolle."

Welche Art von Leiterschaft können wir von Jesus lernen?

Lies die folgende Bibelstelle und unterstreiche:

- … die klare Anweisung, die Jesus an die Jünger gab.
- … jede Beschreibung davon, wie er sie in ihrer Aufgabe begleitete.
- … das Resultat der Arbeit der Jünger.

Jesus rief die Zwölf zusammen und gab ihnen Kraft und Vollmacht, alle bösen Geister auszutreiben und Krankheiten zu heilen. Er sandte sie aus mit dem Auftrag, das Kommen der Herrschaft Gottes zu verkünden und die Kranken gesund zu machen. Er sagte zu ihnen: „Nehmt nichts auf den Weg mit, keinen Wanderstock, keine Vorratstasche, kein Brot, kein Geld und auch kein zweites Hemd! Wenn jemand euch aufnimmt, dann bleibt in seinem Haus, bis ihr von dort weiterzieht. Wo sie euch nicht aufnehmen wollen, da verlasst den Ort und schüttelt den Staub von den Füßen, damit die Bewohner gewarnt sind.“ Die Zwölf machten sich auf den Weg und wanderten durch die Dörfer. Sie verkündeten überall die Gute Nachricht und heilten die Kranken.

LUKAS 9,1-6; GNB

Markiere, welche Elemente du in dieser Bibelstelle findest (mehr als ein Element ist möglich).

( ) Jesus gab den Jüngern eine klare Aufgabe.
( ) Jesus gab jedem ein Handbuch mit auf die Reise, an das er sich halten musste.
( ) Jesus bereitete die Jünger auf mögliche Komplikationen und Herausforderungen vor.
( ) Jesus gab den Jüngern die Verantwortung, eine wichtige Aufgabe zu erfüllen.
( ) Er gab ihnen nur einen einzigen Weg vor, wie sie die Aufgabe erfüllen sollten.
( ) Jesus gab den Jüngern Autorität, die nötigen Entscheidungen zu treffen, um zum gewünschten Ergebnis zu kommen.
( ) Die Jünger schafften es, den Auftrag erfolgreich zu erledigen.

Es war bestimmt aufregend für die Jünger, das erste Mal allein im Auftrag des Himmels unterwegs zu sein, doch Jesus setzte sein Vertrauen in sie, er hatte Vertrauen in ihre Fähigkeiten.

Er kannte sie, hatte sie in sein Team geholt, Leben mit ihnen geteilt, sie ausgebildet, Fehler machen lassen, Feedback gegeben und korrigiert. Durch die Freisetzung und Übertragung von Verantwortung und Autorität half er ihnen, weiter zu wachsen, da sie in ihrer neuen Aufgabe innovativ und kreativ sein mussten, Gelerntes anwenden und diese Aufgabe zu ihrer eigenen machen konnten.

Wir können Menschen helfen zu wachsen, indem wir ihnen Vertrauen in ihre Fähigkeiten schenken, Klarheit zu dem gewünschten Ziel geben und ihnen den Freiraum geben, ihre eigenen Schritte zu gehen.

ACTION STEPS:
WENDE AN, WAS DU ENTDECKT HAST

- Ist es deiner Meinung nach möglich, Verantwortung ohne Autorität zu haben? Welche Risiken/Gewinne siehst du, wenn du deinem Team Verantwortung und Autorität für einen Bereich gibst?
- Reflektiere deinen eigenen Leiterschaftsstil. Welche Elemente eines freisetzenden Leitungsstils möchtest du für deine Leiterschaft übernehmen?
- Welche Schritte kannst du gehen, um dein Team besser für eine Aufgabe vorzubereiten, sodass es daran wachsen kann?

ERTEILE DIE ERLAUBNIS, GROSSARTIG ZU SEIN: LASS DICH VON DEINEM TEAM ÜBERHOLEN

Wahrlich, wahrlich, ich sage euch: Wer an mich glaubt, der wird die Werke auch tun, die ich tue, und wird größere als diese tun; denn ich gehe zum Vater.

JOHANNES 14,12; LUT 2017

Diese Bibelstelle ist Teil eines Gesprächs, das Jesus mit seinen Jüngern kurz vor seiner Festnahme und Kreuzigung geführt hat. In dieser Konversation ist es Jesus also wichtig, sie so gut wie möglich auf die kommende Zeit von Verwirrung und Verfolgung vorzubereiten, aber auch auf den Auftrag, den sie erhalten werden: die Mission aller Völker.

Welche Gedanken gingen den Jüngern wohl durch den Kopf, als Jesus diese Erlaubnis/Erwartung aussprach?

Mit diesem Satz gibt Jesus nicht nur die Erlaubnis, dass die Jünger größere Werke tun werden als er, er spricht auch die Erwartung aus, dass es genau so passieren wird. Wenn du an die Werke denkst, die Jesus getan hat, welche drei Geschehnisse fallen dir als erste ein?

Ich bin immer fasziniert von den Zeichen und Wundern, die Jesus getan hat. Meine Favoriten sind auf jeden Fall: die Geschichte, in der Jesus Wasser zu Wein verwandelte (Johannes 2), die Situation, in der er über das Wasser ging (Matthäus 14,22-33), und das Wunder, als Jesus den Sklaven des römischen Hauptmanns durch Glauben heilte, ohne in seiner Nähe zu sein (Lukas 7,1-10).

Jesus hat in seiner Zeit auf der Erde unzählige wunderbare Werke getan, weshalb wir zuerst an Zeichen und Wunder denken, wenn wir an seine Werke denken. Jedoch spricht die Bibelstelle in Johannes 14 nicht ausschließlich von übernatürlichem Wirken. Das Wort „Werke" im Urtext ist das griechische Wort *ergon*. Seine Bedeutung ist umfassender als „Zeichen und Wunder", auch wenn diese auf jeden Fall miteingeschlossen sind.

Ergon bedeutet:

- die Tätigung des Arbeitens,
- einer Beschäftigung nachgehen,
- die Unternehmung einer Sache,
- das Werk der Hände,
- eine erbrachte Leistung.

Schreibe mit diesem Hintergrundwissen im Kopf fünf Werke auf, die Jesus getan hat und die wir nicht klassisch als Zeichen und Wunder bezeichnen würden.

Ich kann mir gut vorstellen, dass die Jünger in dem Moment (Johannes 14,12) erst einmal dachten, dass niemand auf der Erde jemals größere Dinge tun könnte als Jesus. Wie geht es dir, wenn du diese Bibelstelle und dieses Versprechen liest? Denkst du ähnlich?

Unabhängig davon, was die Jünger damals dachten: Es dauerte nicht lange und sie realisierten, dass Jesu Worte tatsächlich wahr waren.

Lies Apostelgeschichte 2 und markiere dir jeden Vers, in dem du etwas darüber liest, dass Petrus größere Werke tat, als Jesus auf der Erde getan hatte. Welche Werke waren das? Denkst du, Petrus musste an Jesu Worte in Johannes 14,12 denken, als er an Pfingsten seine erste Predigt vor 3000 Menschen hielt (Apostelgeschichte 2,14-37)?

An diesem Tag wurden die Worte aus der Bibelstelle Realität: Die Kirche wurde geboren, der Heilige Geist ausgegossen und mehr Menschen errettet als zur Zeit Jesu auf Erden. An diesem Tag zeigte sich, dass die Bedeutung von „größeren Werken" nicht nur unglaubliche Zeichen und Wunder beinhaltete.

Die Auswirkung und der Umfang von Evangelisation, Lehre und Taten geprägt von Gnade und Barmherzigkeit machten weltweit einen Unterschied und veränderten das Leben von Einzelnen sowie ganze Kulturen und Gesellschaften zugleich. Und das bis heute.

Lasst uns für einen Moment zurück zu unserem einfachen Beispiel des „kleinen Einmaleins" gehen.

Multiplikator • Multiplikand = Produkt

Dort wurde deutlich, dass wir, wenn wir ein positives Produkt erzeugen wollen (= als Multiplikanden), einen Wert einnehmen müssen, der größer als Eins ist.

1 • 2 = 2

Dieses Beispiel zeigt uns aber auch: Je größer der Multiplikator (= Mitmenschen/ Team) ist, desto größer wird das Produkt sein.

2 • 2 = 4 oder 3 • 2 = 6

An diesem einfachen Rechenbeispiel können wir sehen, dass es nicht nur wichtig ist, dass eine Leiterin beziehungsweise ein Leiter in den eigenen Fähigkeiten wächst, sondern auch, dass Team-Mitglieder aktiv ermutigt werden sollten, zu wachsen, dass sie sogar die Erlaubnis bekommen müssen, besser zu werden als ihre Leiterin beziehungsweise ihr Leiter. So wie Jesus es getan hat.

ACTION STEPS:
WENDE AN, WAS DU ENTDECKT HAST

- Selbstreflexion: Wie fühlst du dich, wenn jemand anderes besser ist als du? Warum ist das so?
- Welche praktischen Möglichkeiten kannst du anderen Menschen bieten, damit sie in ihren Fähigkeiten wachsen können? (Beispiel: Wenn du ein Team leitest, Kurzlehrgänge oder ein Mentoring mit einer erfahreneren Person für deine Mitarbeitenden.)
- Wie kannst du eine Kultur um dich herum etablieren, die persönliche Fortschritte feiert?

vier

KOMMUNIKATION, DIE PRÄGT

Die Dinge, die ich gesehen, gehört, gefühlt und erlebt habe, haben mein Leben geprägt. Meine Erinnerungen, meine Weltsicht, die Dinge, die ich glaube, die Wünsche, die ich habe, die Vision, die ich trage, meine Sicht davon, wer Gott ist – all das wurde durch viel Kommunikation geformt. Und ich bin sicher, dass es bei dir genauso ist.

Kommunikation, das ist unsere Körpersprache, unser Tonfall, unsere Schrift, unsere Zuneigung. Kommunikation ist auch die Atmosphäre, die wir schaffen. Sie ist ein reicher und komplexer, nie endender Klang, der nicht nur mit den Ohren gehört, sondern mit der Seele gefühlt und in unserem Verstand verarbeitet wird. Kommunikation formt uns zu der Person, die wir sind.

Am Anfang formte Gott das Universum durch sein gesprochenes Wort – welche Macht er in seinem Mund hat! Die Schöpfung lässt mich immer wieder in Ehrfurcht vor unserem Gott erstarren. Eine der großen Verantwortungen, die wir als Menschen, die nach seinem Ebenbild geschaffen sind, haben, ist unsere eigene Fähigkeit, mit unseren Worten etwas zu kreieren. Als Christinnen und Christen ist uns die unglaublichste Nachricht von allen gegeben worden:

Denn Gott hat der Welt seine Liebe dadurch gezeigt, dass er seinen einzigen Sohn für sie hergab, damit jeder, der an ihn glaubt, das ewige Leben hat und nicht verloren geht.
JOHANNES 3,16; NGÜ

Wenn wir also unsere Worte nutzen können, um Dinge entstehen zu lassen und zu formen, dann lasst uns Jüngerinnen und Jünger „schaffen", die ihm nachfolgen. Lasst uns die erlösende Gnade Gottes kommunizieren. Lasst uns seine Weisheit für das Leben weitergeben. Lasst uns die Liebe Jesu durch die Art, wie wir Fremde anlächeln oder uns Zeit nehmen, um zuzuhören, aufleben lassen. Lasst uns den Menschen den

Weg zeigen, der weniger bereist ist. Lasst uns in dem Einflussbereich leuchten, in den Gott uns gestellt hat. Denn warum sollten wir unser Licht verstecken?

Unser Gebet ist, dass du in diesen nächsten vier Andachten neuen Mut findest, deine Fähigkeiten stärkst und deine persönliche Kunst der Kommunikation verfeinerst. Wenn uns allen dies gelingt, werden unsere Arbeit, unser persönliches Leben und die Welt um uns herum von der Botschaft profitieren, die Gott uns anvertraut hat.

Nun ist es aber doch so: Den Herrn anrufen kann man nur, wenn man an ihn glaubt. An ihn glauben kann man nur, wenn man von ihm gehört hat. Von ihm hören kann man nur, wenn jemand da ist, der die Botschaft von ihm verkündet. Und die Botschaft kann nur verkündet werden, wenn jemand den Auftrag dazu bekommen hat. Genau das ist ja auch geschehen, denn es heißt in der Schrift: „Was für eine Freude ist es, die kommen zu sehen, die eine gute Nachricht bringen!“ Aber nicht alle haben das Evangelium angenommen. Schon Jesaja sagt: „Herr, wer hat unserer Botschaft geglaubt?“ Wie wir gesehen haben, setzt der Glaube das Hören der Botschaft von Christus voraus.

RÖMER 10,14-17; NGÜ

LERNE DEN AUTOR KENNEN – FREIMUT HAVERKAMP

Lieblingshund:
Den kriege ich erst noch.
(Joanna weiß davon noch nichts …)

Das perfekte Date:
Ein warmer Abend, ein gutes Essen,
ein Glas Wein und meine Frau!!!

Was du am meisten daran liebst, ein Vater zu sein:
Hugs for life!!!

Freimut Folkert Karl Wilhelm Otto Haverkamp. Ja, das ist wirklich sein voller Name, und ich musste ihn bei unserer Hochzeit tatsächlich genau so sagen: „Ich nehme dich, Freimut Folkert Karl Wilhelm Otto Haverkamp, zu meinem rechtmäßig angetrauten Ehemann …" Es war echt sehr lustig! Im romantischsten Moment unseres Lebens lachten wir uns, zusammen mit der voll besetzten Kirche in England, kaputt. Ich glaube, wir haben es irgendwo auf Video.

Freimut ist lustig. Er ist fürsorglich. Er ist ein guter Ehemann und ein großartiger Vater. Und obwohl er so viel Verantwortung trägt, schafft er es irgendwie immer, das Gute und die Freude im Leben zu finden. Ich werde diesen einen Moment in den frühen Tagen unserer Pionierarbeit nie vergessen. Wir hatten etwa drei Jahre zuvor die Gemeinde gegründet, waren sehr jung und wurden ständig von Leuten herausgefordert und infrage gestellt. Auf dem Weg zu einem Gespräch mit einem recht schwierigen Ehepaar fing ich an zu weinen, so niedergeschlagen war ich. Freimut hielt das Auto an und sagte: „Joanna, wir können das hier beenden und etwas anderes machen. Ich glaube, wir sind berufen, diese Gemeinde zu bauen, aber wir werden es nicht tun, wenn es dich so unglücklich macht!" Dass er mir in diesem Moment die Freiheit gab, mich zu entscheiden, war so heilsam und tröstlich! Aber natürlich wollte ich diese Gemeinde genauso wie er – das ist unsere gemeinsame Berufung. Und so fuhren wir weiter und gaben unser Bestes, diesem Paar zu dienen – so wie jeder anderen Person, die Gott uns seitdem anvertraut hat.

In den ersten Tagen der Gemeindegründung brauchten wir Stunden, um zu kommunizieren und zu erklären, was die Vision war, und wie und warum wir es genau so haben wollten. Heutzutage beobachte ich, dass Freimut mit solch präziser und liebevoller Kommunikation leitet – und das macht mich stolz!

FREIMUT, DANKE, DASS DU TÄGLICH ANDERE ÜBER DICH SELBST STELLST. NIEMAND WEISS WIRKLICH, WAS DU TRÄGST UND WELCHES LEBEN DU FÜHRST. ABER ICH WEISS ES, UND ICH BIN DANKBAR FÜR DEINE HINGABE AN UNS ALLE. DU BIST EIN BRILLANTER LEITER UND BEGNADETER KOMMUNIKATOR. UNSERE GEMEINDE IST SO DANKBAR FÜR DICH.

ANDACHTEN

KOMMUNIKATION, DIE PRÄGT

VOM HÖREN – GOTT WILL ZU DIR SPRECHEN

Und Gott schuf den Menschen als sein Bild, als Bild Gottes schuf er ihn; als Mann und Frau schuf er sie.
1. MOSE 1,27; ELB

Wenn wir über Kommunikation nachdenken, müssen wir ganz am Anfang beginnen. Gott ist ein Gott, der es liebt, mit uns zu kommunizieren. Im Zentrum von Gottes Plan und Bestimmung für unser Leben steht seine Sehnsucht nach einer Beziehung mit uns. Und da wir als sein Ebenbild geschaffen sind, hat er auch uns dazu berufen, in Beziehung zu ihm und zu anderen zu leben!

Erst dann, wenn wir in einer wahren Freundschaft mit Gott leben, werden wir Freude, Hoffnung und Erfüllung finden. Er möchte uns zeigen, wer er ist und was er tut, wie sehr er uns liebt und welche Pläne er für uns hat. Der Gedanke, dass der Gott, der das Universum geschaffen hat, sich für uns interessiert und mit uns reden möchte, ist unglaublich.

Wenn man die Geschichte von Adam und Eva liest und betrachtet, wie die Sünde in unsere Welt kam und was die erste Konsequenz ebendieser Sünde war, kann man sehr schnell erkennen, dass als Erstes unsere Freundschaft und unser Gespräch (unsere Kommunikation) mit Gott angegriffen wurden.

Und sie hörten die Stimme des HERRN, Gottes, der im Garten wandelte bei der Kühle des Tages. Da versteckten sich der Mensch und seine Frau vor dem Angesicht des HERRN, Gottes, mitten zwischen den Bäumen des Gartens. Und der HERR, Gott, rief den Menschen und sprach zu ihm: Wo bist du?
1. MOSE 3,8-9; ELB

Adam und Eva versteckten sich vor Gott, anstatt seine Nähe zu suchen. Sie trauten sich nicht mehr in seine Gegenwart und wollten nicht mehr mit ihm sprechen. Wenn wir nicht aufpassen, kann uns sehr schnell genau das Gleiche passieren. Wir fühlen uns schuldig und schämen uns für unsere Sünde, und statt Gott nachzulaufen, laufen wir vor ihm weg. Anstatt seine Güte, Gnade und Vergebung zu suchen, versuchen wir, unser Leben irgendwie allein und aus eigener Kraft auf die Reihe zu bekommen.

Wie mutig bist du, Gottes Gegenwart zu suchen?

Abgesehen von Schuld und Scham, was kann uns noch davon abhalten, Zeit mit Gott zu verbringen?

Wir müssen wissen, dass Jesus den Preis für unsere Sünde bezahlt hat, dass wir frei sind, dass uns vergeben ist und wir uns Gott durch seine Gnade in vollem Vertrauen nähern können.

Lasst uns nun mit Freimütigkeit hinzutreten zum Thron der Gnade, damit wir Barmherzigkeit empfangen und Gnade finden zur rechtzeitigen Hilfe!
HEBRÄER 4,16; ELB

Gott liebt dich und möchte, dass du ihm nachläufst. Du kannst sicher sein, dass du nicht von Gott abgelehnt werden wirst, sondern dass er dich in seiner Gnade annehmen, mit dir sprechen und dich lieben wird.

Gott spricht viele verschiedene Sprachen. Wenn ich das sage, dann meine ich nicht (nur) tatsächliche Sprachen. Wir müssen verstehen, dass Gott auf viele verschiedene Arten und Weisen zu uns spricht. Ich habe noch nie die hörbare Stimme Gottes gehört. (Auch wenn ich ein paar Menschen kenne, die das erlebt haben.) Aber Gott spricht auf verschiedene Weise zu mir: durch sein Wort, durch Gedanken, die in meinen Verstand kommen, durch ein Gefühl von Frieden in meinem Herzen, durch Träume oder durch andere Menschen.

In der Theologie spricht man von zwei Hauptformen der Offenbarung:

Die allgemeine Offenbarung: Das ist Gott, der sich durch seine Schöpfung und durch unsere moralische Erfahrung offenbart (Römer 1,20-21; Römer 2,14-16). Seine Schöpfung spricht für sich selbst. Wie kann man die Natur in all ihrer Pracht und Schönheit betrachten und leugnen, dass es einen Gott gibt, der alles erschaffen hat und im Zentrum von alldem steht? Das ergibt einfach keinen Sinn. Gleichzeitig scheinen wir Menschen einen eingebauten Sinn für einen moralischen Kodex zu haben. Wir wissen, was gut und schlecht ist, ohne dass es uns jemand sagt. Es ist ein eingebautes Gewissen, das zu uns spricht.

Wie ist das möglich, wenn nicht Gott selbst es in uns hineingelegt hat?

Nimm dir einen Moment Zeit und überlege dir, wie und wo du Gott schon einmal durch die Form der allgemeinen Offenbarung begegnet bist.

Die spezielle Offenbarung: Das ist Gott, der sich durch Jesus, dem sichtbaren Abbild des unsichtbaren Gottes, und durch sein Wort (unsere Bibel) offenbart (Johannes 1,14; Philipper 2,7-8; 2. Timotheus 3,16). Jesus kam, um uns nahe zu sein. Er verkörperte Gott, zeigte sich der Welt, wohnte mitten unter uns … eine größere Offenbarung gibt es wohl nicht. Zusätzlich haben wir die Heilige Schrift – Gottes Wort, das von Menschen durch den Heiligen Geist festgehalten wurde. Worte der Weisheit, Worte des Lebens, die uns Kraft geben und die uns trösten.

Wie hat Gott schon einmal durch Jesus (und sein Handeln) und durch sein Wort zu dir gesprochen?

All das zeigt deutlich Gottes Sehnsucht, mit uns zu kommunizieren und zu sprechen. Wir dienen einem Gott, der uns nahe sein und in einer Beziehung mit uns leben möchte!

Zum Abschluss denke noch einmal darüber nach, wie Gott mit dir kommuniziert und wie du darin wachsen könntest, seine Stimme zu hören.

GEBET

Danke, Gott, dass du zu mir sprichst! Danke, dass du mir nahe sein möchtest und dich nach einer Beziehung zu mir sehnst. Hilf mir, dich zu sehen, dich zu erkennen und immer wieder neue Offenbarungen von dir zu bekommen. Ich sehne mich nach dir und nach deiner Stimme in meinem Leben. Amen.

VOM REDEN – GOTT WILL DIR ZUHÖREN

Kommunikation ist keine Einbahnstraße. Es geht nicht nur um das Sprechen, sondern auch um das Zuhören. Sie ist kein Monolog, sondern ein Dialog. In der ersten Andacht haben wir gesehen, dass Gott zu uns sprechen möchte, sich uns offenbaren will. Gleichzeitig lädt er aber auch uns ein, mit ihm zu sprechen. Wir sind nicht als Roboter geschaffen, die blind Anweisungen befolgen. Er ermutigt uns, ein Gespräch mit ihm zu führen. Dein Gespräch mit Gott ist wohl das wichtigste Gespräch, das du jemals führen wirst. Er ist bereit, dir zuzuhören – und wird es immer sein.

Fühlst du dich wohl dabei, mit Gott zu sprechen?
Was erzählst du ihm?

Was sind die Dinge, die du ihm vielleicht vorenthältst, und warum?

In dieser zweiten Andacht wird es nun um vier verschiedene Arten gehen, wie du mit Gott reden kannst. Natürlich gibt es noch viel mehr, und wir sollten unser Gespräch mit ihm nicht in feste Formen zwängen. Meine Hoffnung ist aber, dass du hier Anregungen findest und ermutigt wirst, ihn zu suchen und mit ihm zu sprechen!

UNSERE SORGEN TEILEN

In der gesamten Bibel lesen wir Geschichten über Menschen wie du und ich, die nach Gott schrien. Sie befanden sich in Not, in ausweglosen Situationen, waren verzweifelt, krank, bedrückt. Und in ihrem Schmerz und inmitten von ihren Sorgen wandten sie sich an Gott. An den, von dem sie wussten, dass er sie hören wird. Genauso möchte Gott, dass auch wir uns nach ihm ausstrecken und mit ihm über die Dinge sprechen, die uns Sorgen oder Probleme bereiten.

Kommt zu mir, ihr alle, die ihr euch plagt und von eurer Last fast erdrückt werdet; ich werde sie euch abnehmen. Nehmt mein Joch auf euch und lernt von mir, denn ich bin gütig und von Herzen demütig. So werdet ihr Ruhe finden für eure Seele. Denn das Joch, das ich auferlege, drückt nicht, und die Last, die ich zu tragen gebe, ist leicht.
MATTHÄUS 11,28-30; NGÜ

Er möchte dir Frieden schenken. Er möchte dich trösten und durch sein Wort und seine Gegenwart stärken. Die Frage ist nicht: „Wird Gott uns zuhören?“ Die Frage ist: „Sind wir bereit, ihm zu sagen, was uns wirklich bedrückt und wie es uns wirklich geht?“

UM WEISHEIT BITTEN

Ich weiß ja nicht, wie es dir geht, aber ich fühle mich nicht selten, als würde ich feststecken. Ich habe keine Antworten auf so viele Probleme und Fragen. Ich neige dazu, sie selbst und aus eigener Kraft zu lösen, obwohl ich in Wirklichkeit einen Gott an meiner Seite habe, der mehr als bereit ist, mir zu helfen und seine Weisheit mit mir zu teilen.

Wenn es aber einem von euch an Weisheit fehlt, bitte er Gott darum, und sie wird ihm gegeben werden; denn Gott gibt allen gern und macht dem, der ihn bittet, keine Vorhaltungen.
JAKOBUS 1,5; NGÜ

Ich kann mich an eine Situation erinnern, in der ich über Tage hinweg darüber nachgedacht hatte, was ich am Sonntag wohl predigen sollte. Dann schließlich, am Sonntagmorgen um zwei Uhr, schrieb ich einem Freund und bat um Hilfe. Seine Antwort war: „Frag Gott, was die Menschen brauchen. Er wird es dir zeigen.“ Hört sich ja eigentlich logisch und simpel an! Im ersten Moment war ich nicht so begeistert, denn ich wollte eigentlich ein Predigtkonzept von ihm – aber im Endeffekt war es eine wichtige Lektion für mich. Als ich Gott dann endlich fragte, sprach er auch zu mir. Ich schlief nicht viel in dieser Nacht, aber Gott war treu! Wir müssen lernen, ihn viel früher in unsere Probleme einzuladen und ihn zu bitten, uns durch seine Weisheit in unserem Alltag zu helfen, anstatt uns selbst den Schlaf zu rauben.

FÜR VERSORGUNG BETEN

Darum sage ich euch: Bittet, und es wird euch gegeben; sucht, und ihr werdet finden; klopft an, und es wird euch geöffnet. Denn jeder, der bittet, empfängt, und wer sucht, findet, und wer anklopft, dem wird geöffnet. Ist unter euch ein Vater, der seinem Kind eine Schlange geben würde, wenn es ihn um einen Fisch bittet? Oder einen Skorpion, wenn es ihn um ein Ei bittet? Wenn also ihr, die ihr doch böse seid, das nötige Verständnis habt, um euren Kindern gute Dinge zu geben, wie viel mehr wird dann der Vater im Himmel denen den Heiligen Geist geben, die ihn darum bitten.

LUKAS 11,9-13; NGÜ

Ich liebe diese Verse, weil sie Gottes Herz so gut beschreiben! Gott ist ein Gott, der versorgt, der uns nicht allein lässt und uns gibt, was wir brauchen. Die Herausforderung ist nur manchmal, dass es einen Unterschied gibt zwischen dem, was wir wollen, und dem, was wir wirklich brauchen. Hier geht es schlussendlich darum, Gott zu vertrauen – und in jeder Lage das Gespräch mit ihm zu suchen!

IHM DANKEN

Es liegt so viel Kraft in unserem Lobpreis! Ein dankbares Herz und eine dankbare Haltung zu haben, verändert alles. Gott hat unser Lob so sehr verdient. Nach allem, was er für uns getan hat, ist es nur richtig, dass wir unserer Dankbarkeit ihm gegenüber Ausdruck verleihen! Dankbarkeit kann nicht still bleiben. Wenn jemand etwas für uns tut oder wir etwas Schönes erleben, ist es unser Wunsch, alle um uns herum lautstark wissen zu lassen, was uns Gutes widerfahren ist. Genauso soll unsere Dankbarkeit gegenüber Gott ihren Ausdruck in Lobpreis und Anbetung finden. Unser Lobpreis verändert die Atmosphäre und zieht Gottes Gegenwart an.

**Du bist doch heilig, du wohnst dort,
wo dein Volk Israel dir Loblieder singt.**

PSALM 22,4; NGÜ

Schaue dir diese vier Bereiche der Kommunikation mit Gott in deinem eigenen Leben einmal an. Stelle dir folgende Fragen:

- Wo trage ich meine Sorgen allein, anstatt sie mit Gott zu teilen?
- Wo versuche ich, allein Probleme zu lösen, anstatt Gott zu fragen?
- Wo bin ich vielleicht unzufrieden mit dem, was ich habe, anstatt Gott zu vertrauen, dass er mir genau das geben wird, was ich brauche, und ihn darum zu bitten?
- Wofür könnte ich Gott danken?

GEBET

Danke, Gott, dass du mich hörst! Dass du ehrliches Interesse hast an mir und an dem, was in mir und um mich herum passiert. Ich will mir die Zeit nehmen, dir zu danken, meine Anliegen vor dich zu bringen und deiner Versorgung zu vertrauen. Ich will mit dir reden, mein Herz teilen und gemeinsam mit dir durch mein Leben gehen! Danke für deine Liebe und Treue mir gegenüber. Amen.

VOM LEITEN – DIE KRAFT DEINER KOMMUNIKATION

Wir haben gelernt, dass unsere Kommunikation eine entscheidende Rolle in unserer Beziehung zu Gott spielt. Es geht darum, zuzuhören und zu verstehen, und es geht darum, zu sprechen und auszudrücken, was in uns vorgeht. Es geht darum, einen lebendigen Dialog mit ihm zu führen. Wenn wir in unserer Kommunikation zu ihm wachsen, wird auch unsere Beziehung zu ihm wachsen. Sie wird enger, gesünder, tiefer und stärker werden.

Das gilt allerdings nicht nur für unsere Beziehung zu Gott. Wie ich bereits in der ersten Andacht erwähnt habe: Wir sind für die Beziehung mit Gott, aber auch für die Beziehung zueinander geschaffen. Je mehr wir lernen, gut zu kommunizieren, desto stärker werden unsere Freundschaften und unsere Ehen, desto besser wird unser Miteinander mit unseren Familien und Arbeitskolleginnen und -kollegen, desto effizienter und klarer wird die Begegnung mit uns für die Menschen, die uns leiten, unsere Chefs oder unsere Teamleitenden, und desto fruchtbarer werden wir die Menschen leiten können, für die wir verantwortlich sind – unsere Mitarbeitenden oder Teammitglieder.

Wenn du die verschiedenen Beziehungen und ihre Dynamiken in deinem Leben betrachtest: Wie sehr werden diese durch gute oder mangelnde Kommunikation beeinflusst? Kannst du dich an bestimmte Situationen erinnern, in denen schlechte Kommunikation zu Problemen und gute Kommunikation zu Lösungen geführt hat?

Egal, ob du gerade eine leitende Funktion hast – beruflich, in einem Team in der Gemeinde oder in der Familie – oder nicht: Die Prinzipien, die wir im Folgenden anschauen werden, kannst du auf deine Kommunikation in allen Beziehungen übertragen.

LEITERSCHAFT

Vielleicht denkst du dir: Das hört sich ja alles toll an, aber hat das wirklich so viel mit meiner Leiterschaft zu tun? Ist meine Kommunikation wirklich so entscheidend? Absolut!!! Deine Fähigkeit, zu kommunizieren, zuzuhören und zu sprechen, wird sich auf deine Beziehungen auswirken. Beziehungen basieren auf Vertrauen und Verständnis. Anders ausgedrückt: Warum sollte dir jemand folgen und mit dir an etwas bauen, wenn er dich nicht kennt oder dir nicht vertraut? Wie können Menschen dich kennen oder dir vertrauen, wenn du keine Beziehung zu ihnen hast? Und wie kannst du eine Beziehung zu ihnen haben, wenn du nicht gut mit ihnen kommunizieren kannst? Ich denke, du verstehst, worauf ich hinauswill …

John Maxwell schreibt: „Die Maßeinheit für Führungskompetenz ist Einfluss – nicht mehr und nicht weniger.“[12] Das ist so wahr. Und jetzt möchte ich dich darum bitten, gut aufzupassen: In unserer Leiterschaft geht es nicht darum, Menschen Aufgaben zu geben und sie dazu zu bringen, das zu tun, was wir wollen. Es geht darum, Menschen auf eine Reise mitzunehmen, ihnen zu helfen, sie zu ermutigen und sie zu beeinflussen, damit sie zu all dem werden, zu dem Gott sie berufen hat.

Im Folgenden wollen wir drei Aspekte unserer Leiterschaft betrachten und lernen, welchen Einfluss sie auf unsere Beziehungen haben.

LEITEN UND ZUHÖREN

Denkt daran, meine lieben Geschwister: Jeder sei schnell bereit zu hören, aber jeder lasse sich Zeit, ehe er redet, und erst recht, ehe er zornig wird. Denn der Zorn des Menschen bewirkt nicht, was vor Gott recht ist.

JAKOBUS 1,19-20; NGÜ

Eine der wichtigsten Qualitäten einer Leiterin beziehungsweise eines Leiters ist das Zuhören! Das hat mehrere Gründe.

Zum einen: Wie wollen wir Menschen leiten, die wir nicht kennen, von denen wir nicht wissen, wo sie in ihrem Leben stehen, was sie denken, was sie beschäftigt? Wie können wir Menschen in ihre Berufung hineinführen, wenn wir keine Ahnung haben, was in ihrem Herzen vor sich geht? Erst wenn wir zuhören und hinhören und ernsthaftes Interesse an den Menschen haben, die Gott uns anvertraut hat – erst dann können wir damit beginnen, ihnen eine Richtung zu geben, sie zu leiten und mit auf die Reise zu nehmen. Erst dann können wir ihnen helfen, zu wachsen und Schritte nach vorne zu machen.

Der zweite Grund ist ein ganz einfacher: Zusammen mit anderen bist du schlauer als allein!

Der Weise höre und mehre die Kenntnis,
und der Verständige erwerbe weisen Rat [...].
SPRÜCHE 1,5; ELB

Warum versuchen wir so oft allein, auf die Antwort zu kommen oder das Problem zu lösen? Ist es unser Stolz, ist es unsere Angst davor, dass jemand vielleicht mehr weiß als wir selbst? Die Qualität einer guten Leiterin beziehungsweise eines guten Leiters liegt nicht darin, selbst alles zu wissen und zu können, sondern Menschen um sich herum zu sammeln, die besser sind als sie beziehungsweise er selbst, um dann gemeinsam mit ihnen Ziele zu erreichen und Visionen und Träumen nachzueifern.

Der dritte Grund, warum wir lernen sollten, auf andere zu hören, ist ein ganz wichtiger: Wir brauchen Feedback! Wir sollten die Menschen um uns herum darum bitten, uns Rückmeldung zu geben. Oft haben wir gewisse Schwachpunkte – Dinge, die wir selbst nicht sehen und erkennen. Es gibt viele Bereiche, in denen wir als Leitende noch wachsen können. Frage dein Team, frage deine Kolleginnen und Kollegen, frage deine Chefin oder deinen Chef, deine Leiterin oder deinen Leiter: Wo kannst du noch wachsen? Was sehen sie in dir? Das wird dir helfen, besser zu leiten, und dich zu einer stärkeren Leiterin beziehungsweise zu einem stärkeren Leiter machen.

In welchem Bereich des Zuhörens kannst du dich noch verbessern?
Was wirst du tun, um in diesem Bereich zu wachsen?

LEITEN UND SPRECHEN

Und der Herr antwortete mir und sagte:
„Was ich dir jetzt enthülle, sollst du öffentlich auf Tafeln schreiben,
in deutlicher Schrift, damit alle es lesen können!"
HABAKUK 2,2; GNB

Ich weiß, hier steht „schreiben" und „lesen". Aber im Grunde ist es genau das Gleiche wie sprechen und hören – nur in einem anderen Format. Mein eigentlicher Punkt ist, und das ist auch der Punkt, den Gott hier macht: Alle sollen hören beziehungsweise lesen können, was kommuniziert wurde! Warum? Damit sie es selbst verstehen und umsetzen können.

Unsere Ansprache entscheidet darüber, ob Menschen uns folgen werden oder nicht. Hier ist der Grund:

- Sie wollen dein Herz hören. Sie wollen herausfinden, wer du bist, was du fühlst, wie du tickst. Sie wollen dich kennenlernen.
- Sie wollen wissen, wohin du willst. Was ist das Ziel? Wohin geht die Reise? Was ist die Vision?
- Sie wollen verstehen, warum du dort hinwillst. Was sind deine Beweggründe, deine Motive, deine Überzeugungen?
- Sie wollen wissen, wie sie ein Teil davon sein können. Was können sie bringen? Wie können sie helfen und sich einbringen?

Wenn du es schaffst, diese Fragen den Menschen, die du leitest, auf gute und immer wieder neue und frische Art und Weise zu kommunizieren, werden sie dir gern folgen und es lieben, Teil von deinem Team oder Teil deiner Organisation zu sein!

**Denke darüber nach: Bist du klar in deiner Ansprache?
Hören Menschen dein Herz und lernen dich kennen?
Verstehen sie das Wohin, das Warum und das Wie?
In welchem dieser Bereiche könntest du noch wachsen?**

LEITERSCHAFT UND VERTRAUEN

Das ist der ultimative Leiterschaftstest. Vertrauen dir die Menschen, die du leitest? Denn wie ich anfangs bereits erwähnt habe: Wenn sie es nicht tun, warum sollten sie dir folgen?

Als Jesus am See von Galiläa entlangging, sah er zwei Fischer, die auf dem See ihr Netz auswarfen. Es waren Brüder, Simon, auch Petrus genannt, und Andreas. Jesus sagte zu ihnen: „Kommt, folgt mir nach! Ich will euch zu Menschenfischern machen." Sofort ließen sie ihre Netze liegen und folgten ihm.

MATTHÄUS 4,18-20; NGÜ

Die Jünger folgten Jesus, weil sie ihm vertrauten. Sie spürten, dass er es ernst und gut mit ihnen meinte. Natürlich ist dieser Vergleich ein wenig unfair – denn er war Jesus –, aber dennoch: Wenn du es als Leiterin, als Leiter schaffst, durch dein Hören und Reden, durch deine Kommunikation, eine Vertrauensbasis mit denen zu schaffen, die du leitest, dann wirst du zu einer besseren Leiterin beziehungsweise zu einem besseren Leiter werden!

GEBET

Danke, Gott, dass du mich dazu berufen hast zu leiten. Danke, dass du mir hilfst, gut und klar zu kommunizieren. Danke für deine Weisheit und deine Führung. Du siehst die Herausforderungen, die vor mir stehen. Hilf mir, stark zu leiten, und durch meine Kommunikation gute und starke Beziehungen zu bauen, die auf Vertrauen basieren. Amen.

VON DER REALITÄT – ENTSCHEIDENDE GESPRÄCHE

Was ist ein entscheidendes Gespräch? Laut dem Buch „Heikle Gespräche" ist ein solches Gespräch eines, bei dem viel auf dem Spiel steht und die Emotionen hochkochen.[13] Ich beschreibe ein entscheidendes Gespräch als eines, das den Ausgang einer jeglichen Situation erheblich verändern oder beeinflussen kann.

Das könnte in deiner Ehe oder bei der Arbeit mit deinem Chef, deiner Chefin oder deinen Kolleginnen und Kollegen sein. Es könnte mit einem Familienmitglied oder einem Teammitglied sein. Normalerweise sind es diese Konversationen, die dich entweder aufgeregt oder nervös machen, die du entweder nicht erwarten kannst oder die du versuchst, zu vermeiden. Entscheidende Gespräche sind wichtig, und wie gut du mit ihnen umgehst, wird einen großen Einfluss auf dein Leben und das Ergebnis deines Dienstes haben.

**Fällt dir ein entscheidendes Gespräch ein,
das du in letzter Zeit geführt hast?
Wie ist es gelaufen, gut oder schlecht,
und was, denkst du, hat das Ergebnis bestimmt?**

VERANTWORTUNG ÜBERNEHMEN

Wenn es um Leiterschaft geht, müssen wir die Tatsache akzeptieren, dass wir entscheidende und schwierige Gespräche führen müssen. Solltest du wie ich dazu tendieren, negative Gefühle oder jegliche Art von Spannungen zu vermeiden, wirst du wahrscheinlich oft Dinge vor dir herschieben und große Chancen verpassen, etwas voranzubringen oder besser zu machen. Wenn du schwierige Situationen umgehst, wirst du sie tatsächlich noch schlimmer machen oder am Ende Menschen verletzen. Aber wenn du andererseits zu vorschnell bist oder unvorbereitet und nur mit deiner eigenen Perspektive an Gespräche herangehst, kannst du ebenfalls viel Schaden und Verletzungen verursachen. Unsere Haltung in diesen Konversationen ist so entscheidend.

Bist du bereit dazu, Verantwortung für entscheidende Gespräche zu übernehmen?

Was hält dich davon ab, ein solches Gespräch zu führen?

Warst du schon einmal zu voreilig und hast die Konversation geführt, ohne vorher zu reflektieren? Was war das Ergebnis?

Wenn ich mich auf Gespräche vorbereite, erinnere ich mich immer an folgende Dinge:

- **Gott ist mit mir:** Ich bin von Gott berufen und ich bin von Gott für diese Aufgabe ausgerüstet. Vielleicht fühle ich mich unzulänglich, vielleicht bin ich frustriert. Aber Tatsache ist: Gott hat mich an diesen Platz gestellt und er glaubt an mich. Ich erinnere mich in solchen Momenten immer an die Worte, die Gott zu Josua sprach, als er ihn berief, Israel aus der Wüste zu führen: „Sei stark und mutig, denn ich bin mit dir" (vgl. Josua 1,9). Ich bin zuversichtlich, dass Gott auch mit mir sein wird.
- **Ich möchte eine Win-win-Situation schaffen:** Besonders wenn ich jemanden in schwierigen Gesprächen mit etwas konfrontieren muss, muss meine Motivation absolut klar sein. Ich will das Beste für die Situation, und ich will das Beste für die andere Person. Das Beste zu wollen, ist nicht immer einfach. Es führt nicht immer zu angenehmen und netten Gesprächen. Aber wenn ich gebetet, um Rat gefragt und in meinem Herzen entschieden habe, die Person auf der anderen Seite des Tisches ehren und lieben zu wollen, habe ich schon mehr als die Hälfte geschafft.

Wie kannst du in einem bevorstehenden Gespräch eine Win-win-Situation schaffen? Wie kannst du Gott in diese Situation miteinbeziehen?

VORBEREITUNG IST ALLES

Ich denke, dass wir viel zu oft die richtigen Gespräche zum falschen Zeitpunkt führen. Wir sind nicht vorbereitet oder müde oder emotional. Wir müssen gut darin sein, die richtigen Momente auszuwählen und zu kreieren, und stark genug, ein Gespräch, das ins Leere läuft, zu stoppen oder zu verschieben. Wie kannst du also den richtigen Moment schaffen? Hier sind vier Schlüssel:

1. **Energie:** Stelle sicher, dass du einen Zeitpunkt wählst, an dem du physisch und emotional genug Energie hast, um dein Bestes zu geben. Lasse genügend Freiraum, damit du nicht unter Druck kommst. Stelle sicher, dass du ausgeruht und stark bist.
2. **Emotionen:** Lass dich nicht von Emotionen leiten. Triff die Entscheidung, nicht eingeschnappt zu sein und Dinge nicht persönlich zu nehmen. Sei dir bewusst, dass deine Perspektive sehr subjektiv sein kann, und sei offen, der anderen Person zuzuhören.
3. **Einfühlungsvermögen:** Versuche, dich in die Lage der anderen Person zu versetzen und sie wirklich zu verstehen. Gib ihr Raum, ihre Gefühle ausdrücken zu können.
4. **Erläutern, erklären, betonen, hervorheben:** Sei darauf vorbereitet, zu erklären, was dein Ziel ist und was du dir von dem Gespräch erhoffst. Stelle sicher, dass du ein Ziel und einen Plan im Kopf hast, bevor du das Gespräch beginnst.

Wie kannst du dich mithilfe dieser Punkte bestmöglich auf dein nächstes entscheidendes Gespräch vorbereiten?

Ich will dich am Ende dieser letzten der vier Andachten ermutigen: Wer auch immer du bist und wo auch immer du dich befindest – Gott hat dich dazu berufen, eine Leiterin oder ein Leiter zu sein und ihn auf dieser Welt zu repräsentieren. Du bist berufen und dazu geschaffen, zu kommunizieren – das heißt, zuzuhören, zu sprechen und Brücken zu anderen Menschen zu bauen. Du hast alles, was es braucht, um deine Berufung zu erfüllen, und wenn du bereit und willens bist, in deinen Kommunikationsfähigkeiten zu wachsen, wird deine Leiterschaft stärker, göttlicher und nahbarer werden. Gott ist auf deiner Seite.

GEBET

Gott, ich komme zu dir mit all den wichtigen Gesprächen, die diese Woche vor mir liegen. Du kennst mein Herz und das der Anderen – und ich bitte, dass du uns in Einheit zusammenführst und wir gute und gemeinsame Wege finden. Danke für deine Weisheit und deinen Geist, der mich in jedem Gespräch leiten wird. Amen.

Fünf

FREI, UM ZU EHREN

Ehre ist ein Geschenk. Ich sage das, weil Ehre nicht eingefordert, erzwungen oder genommen werden kann. Ehre ist etwas, das gegeben wird. Sie ist ein Geschenk, an das Gott seinen Segen knüpft, eine Gabe, die einer Person Gewicht und Bedeutung verleiht – ohne diese Gabe könnte sie als gewöhnlich beurteilt werden. Ehre gebührt wirklich nur Gott selbst, und doch wünscht er sich, dass wir sie uns gegenseitig erweisen – unseren Eltern, unseren Leiterinnen und Leitern, unserer Ehepartnerin, unserem Ehepartner und im Leib Christi.

In meiner Vorbereitung zu diesem Kapitel stellte ich mir die Frage, wann ich Ehre zum ersten Mal in Aktion erlebt hatte. Ich kann mich an Zeiten erinnern, in denen meine Mutter meinem Vater bei Entscheidungen, die unsere Familie zu treffen hatte, den Vortritt ließ. Meistens waren sie sich einig, aber wenn nicht, sagte meine Mutter: „Ich vertraue dir, John." Wenn ich an meine ersten Erlebnisse in unserer Church in Australien denke, weiß ich noch genau, wie überrascht ich war, als die Gemeinde aufstand und applaudierte, als der Prediger die Plattform betrat. Ich war verwundert, aber es fühlte sich richtig und gut an, und die Erwartungshaltung im Raum war spürbar – das Wort, das gepredigt wurde, wurde nicht als gewöhnlich angesehen.

Ich erinnere mich an das erste Mal, als wir zu einer Hillsong-Konferenz gingen. Wir waren eine junge Pionierin und ein junger Pionier mit wenig Ressourcen, ich war mit zwei Babys zu Hause und Freimut arbeitete Vollzeit in einem Möbelhaus. Wir waren voller Vision, aber ziemlich erschöpft. Auf dieser Konferenz wurden wir in die Network-Lounge eingeladen und mit Erfrischungen begrüßt. Die Leute dort nahmen sich Zeit, um Fragen zu stellen, und hatten ehrliches Interesse an uns. Obwohl die Konferenz mit all ihren Vorträgen und Impulsen unglaublich war, war es diese kleine „Lounge der Ehre", die mein müdes Herz erfrischte und mich bereit dafür machte, nach Hause zu gehen und weiterzudienen.

Ich bin so froh, dass du dieses Kapitel lesen wirst, denn ich möchte, dass du Folgendes weißt: Ehre zu geben hat nichts damit zu tun, dass jemand anderes wertvoller ist oder einen höheren Status hat. Es ist ein Geschenk, das Gott verherrlicht.

Ich habe mich oft gefragt, ob Menschen keine Ehre geben oder zeigen wollen, weil sie dann das Gefühl haben, selbst weniger wert zu sein. Diese Gefühle und Gedanken sind vielleicht real, aber sie sind nicht wahr. „So werden die Letzten die Ersten und die Ersten die Letzten sein" (Matthäus 20,16; LUT 2017). Das ist die Ordnung im Königreich Gottes.

Ehre ist ein Geschenk, das wir nicht zurückhalten sollten. Unser Gebet für dich ist, dass dein Bild von biblischer Ehre völlig erneuert und erfrischt wird. Möge dein Herz dadurch frei sein, die Menschen um dich herum als etwas Besonderes und Wertvolles zu behandeln, frei zu dienen und andere zu erheben, wie es der König der Könige tat.

LERNE DEN AUTOR KENNEN – JONAS ROCKHOFF

Lieblingssort:
Ein gemütlicher Teeladen in einer Seitenstraße Istanbuls

Top-3-Werte:
Integrität, Authentizität und Tiefgründigkeit

Eis oder Kuchen?
Ganz klar: Ben & Jerry's Half Baked

2013 veranstalteten wir unseren zweiten Gottesdienst an unserem brandneuen Standort – Hillsong Düsseldorf. Es war das erste Mal, dass wir einen Campus außerhalb von Konstanz gegründet hatten, und wir waren aufgeregt und motiviert, die Menschen in dieser Stadt zu erreichen. Freimut war ein paar Jahre zuvor bei einem Hillsong-United-Konzert im Düsseldorfer ISS DOME gewesen und überrascht, zu sehen, wie circa neunzig Prozent der Menschen ihre Hand beim Altaraufruf hoben. Er kam nach Hause und sagte mir: „Joanna, ich glaube nicht, dass diese Menschen dort keine Christinnen und Christen waren, sondern dass sie es vielleicht nicht gewohnt waren, die greifbare Gegenwart Gottes zu erleben." Das machte ihn traurig. Und es brachte uns dazu, in Düsseldorf einen Campus zu gründen.

Wir hofften auf eine gesunde Gemeinde voll der Gegenwart Gottes, doch unsere Unerfahrenheit darin, einen neuen Standort zu gründen, ihn dann auch noch aus der Ferne zu leiten, sowie das exponentielle Wachstum bedeuteten für uns eine ziemlich holprige Fahrt! Jonas war damals zwanzig Jahre alt und es waren Menschen wie er, die sich entschieden hatten, dabeizubleiben, an das Beste zu glauben und mit uns zu wachsen. Diese Menschen haben Hillsong Düsseldorf zu einem Ort des Feierns, der Familie und der Anbetung gemacht.

JONAS, WIR SIND SO STOLZ AUF DICH UND DIE REISE, DIE DU MIT UNS GEMEINSAM UNTER NOMMEN HAST. DU BIST EIN MANN DER EHRE. WIR LIEBEN DEINE LEIDENSCHAFT UND DEIN HERZ FÜR ANDERE, DIE TRÄUME, DIE DU FÜR DEINE GENERATION TRÄUMST, DIE FRAGEN, DIE DU STELLST, UND DIE SORGFALT, DIE DU AN DEN TAG LEGST. DANKE, DASS DU LEBST, WAS DU SAGST!

FREI, UM ZU EHREN

An einem Sabbat war Jesus bei einem Gelehrten, einem Pharisäer, zum Abendessen eingeladen. Im Laufe des Abends bemerkte er, wie sich einige der Gäste um die Plätze weit oben am Tisch drängten. Jeder von ihnen wollte am obersten Ende der Tafel sitzen, weil diese Plätze als besonders ehrenvoll galten – sie waren für die Ehrengäste reserviert. Als Jesus das bemerkte, lehrte er die Pharisäer und alle anderen Anwesenden über das Herz von Ehre und Demut. Er fasste die Kernaussage präzise in einem Satz zusammen:

**Jeder, der sich selbst ehrt, wird gedemütigt werden;
aber wer sich selbst erniedrigt, wird geehrt werden.**
LUKAS 14,11; HFA

Aber was bedeutet es, geehrt zu werden? Wie sieht die Ehrung einer anderen Person eigentlich aus? Wer verdient unsere Ehre? Und: Was bedeutet der Begriff „Ehre" überhaupt?

In diesem Kapitel wollen wir uns tiefer mit dem Herz von Ehre beschäftigen und versuchen, den Begriff nicht nur zu beleuchten und zu verstehen, sondern auch Bereiche in unserem Leben zu identifizieren, in denen wir das Prinzip von Ehre ganz praktisch anwenden können. Wie sieht die Frucht eines Lebens voller Ehre aus?

Mein Gebet ist es, dass dein Verständnis von Ehre im Laufe dieses Kapitels erneuert und gefestigt wird und du erkennen wirst, dass das Ehren Gottes sowie deiner Mitmenschen einen natürlichen Bestandteil eines lebendigen Christseins darstellt. Mein größter Wunsch ist es, dass du in deiner Beziehung zu Gott gestärkt und dazu befähigt wirst, Gott auf eine neue Art und Weise anzubeten und nachzufolgen, deine Mitmenschen wertzuschätzen, deinen Einflussbereich positiv zu verändern und Salz und Licht zu sein, so wie Jesus es sich von uns gewünscht hat.

WAS BEDEUTET EHRE EIGENTLICH?

Die Bedeutung des Begriffs „Ehre" wird wie folgt definiert: „Ansehen aufgrund offenbaren oder vorausgesetzten Wertes" oder „Wertschätzung durch andere Menschen".[14]

Hier wird schon sehr deutlich, dass Ehre zum Einen etwas mit einem Wert, den eine Person besitzt, oder dem Ansehen, das sie genießt, zu tun hat. Ehre ist zum Anderen etwas Aktives, etwas, das einen wahrhaftigen Ausdruck in Bezug auf eine Person sucht: Wenn ich jemandem Ehre erweise oder einer Person gegenüber Ehre ausdrücke, so bezeuge ich dieser Person meine Wertschätzung und erkenne das Ansehen dieser Person an.

Der Ausdruck sowie das Verständnis von Ehre können dabei sehr unterschiedlich sein und sich von Kultur zu Kultur unterscheiden. In asiatischen Kulturen hat der Begriff „Ehre" oft eine umfassendere Bedeutung als in westlichen Kulturen. Trotz der Vielfalt im Verständnis des Begriffs sind wir uns aber alle einig: Jemandem Ehre zu erweisen, bedeutet, jemanden wertzuschätzen und – sinngemäß – zu erheben. Wie wir miteinander umgehen, zeugt in der heutigen Zeit oft nicht von Ehre. Und dennoch hat Ehre für uns nicht an Gewicht und Bedeutung verloren, sondern erweist sich gerade jetzt als wichtiger Bestandteil unseres Christseins.

Wenn wir uns die Bedeutung im biblischen Kontext anschauen, stellen wir schnell fest, dass ein großer Segen darauf liegt, eine Person zu ehren, und dass Jesus Christus genau diesen Lebensstil – nämlich einen Lebensstil der Ehre – vorgelebt hat.

WAS SAGT DIE BIBEL ZUM BEGRIFF „EHRE"?

Zuerst einmal wollen wir festhalten: Die Bibel ist das Wort Gottes. Im Hebräerbrief wird sie als lebendig und wirksam beschrieben (Hebräer 4,12). Sie ist der Maßstab und die Wahrheit, nach der wir leben. In der Bibel finden wir Leben und Licht, das die Finsternis erhellt. Wir finden in ihr die Gnade und Güte Gottes und erkennen, dass das Wort Gottes durch Jesus in unsere Welt gekommen ist (Johannes 1,1-18). Sie offenbart uns Gottes Charakter, sie unterrichtet in der Wahrheit, deckt Schuld auf, bringt uns auf den richtigen Weg und erzieht uns zu einem Leben nach Gottes Willen (2. Timotheus 3,16). Deshalb ist es so spannend und essenziell, zu schauen, was die Bibel zum Thema „Ehre" sagt, und zu lernen, was Gott uns hierzu beibringen möchte.

Im Alten Testament wird für Ehre das hebräische Wort *kabod* verwendet, was „Schwere“ oder „Gewicht“ bedeutet und bildlich ausdrückt, welche Bedeutung einer Person zugeschrieben wird. So gebührte beispielsweise Königinnen und Königen, religiösen Autoritäten oder Eltern aufgrund ihrer Autorität oder ihres Status Ehre. Dadurch ist Ehre aber auch verbunden mit dem Verhalten eines Menschen und kann durch Fehler oder durch schlechtes Verhalten verloren gehen. Die Ehrerbietung der Menschen wurde Gott im Alten Testament vor allem durch den Gottesdienst im Tempel erwiesen.

Im Neuen Testament wird der Begriff „Ehre“ mit den griechischen Wörtern *timē*, das für „Wert“ oder „Ansehen“, und *dóxa*, das für „Herrlichkeit“ steht, beschrieben. Somit wird auch mit dem griechischen Ehrbegriff Macht und Autorität verbunden. Im Neuen Testament, dem Neuen Bund, den Gott mit der Menschheit schließt, wird die Ehre, die Gott gebührt, auf Jesus Christus übertragen (Johannes 5,23; Johannes 7,18) und von Gott selbst verliehen (Johannes 8,50).

DIE QUELLE VON AUTHENTISCHER EHRUNG IST DAS HERZ

Jesus als der Sohn Gottes ist für uns als Christinnen und Christen zentraler Bestandteil unseres Glaubens. Durch ihn dürfen wir in Gnade leben und verbunden sein mit Gott (Johannes 3,16). Jesus besitzt die gleiche Ehre, die auch Gott besitzt: Deshalb gebührt ihm unser Lobpreis und unsere Anbetung (Johannes 5,23). Aber woher kommt ein authentischer und angemessener Ausdruck von Ehre?

John Bevere schreibt in seinem Buch „Der Lohn der Ehre“, dass wahre Ehrung einem Herzen entspringt, das in Ehrfurcht vor Gott lebt.[15] Die Quelle von authentischer Ehrung ist also unser Herz. Deshalb ist es wichtig, dass wir unser Herz schützen und behüten, sodass wir in der Lage sind, Gott die Ehre zu bringen, die er verdient:

Mehr als alles andere behüte dein Herz;
denn von ihm geht das Leben aus.
SPRÜCHE 4,23; SCHL

Und nicht nur Gott: Wir werden später noch mehr dazu erfahren, wen wir ehren sollen.

Das Gegenteil von Ehrung – also der Wertschätzung einer Sache oder Person – ist es, einer Person Wert abzusprechen, sie als etwas Gewöhnliches, Gängiges oder sogar Wertloses zu behandeln. Im engeren Sinne ist das Gegenteil von Ehrung, Schande über eine Person zu bringen oder sie zu demütigen.

WARUM EHREN WIR?

An dieser Stelle wird Gottes ehrender Charakter besonders deutlich: Er hat Jesus auf die Welt gesandt, um genau die Menschen zu rufen, die gedemütigt wurden, die der Sünde verfallen sind und nun durch echte Umkehr in Einheit mit dem Vater leben wollen (Lukas 5,31-32). Wenn wir diese Umkehr anstreben, dann gibt Gott uns ein neues Herz und einen neuen Geist (Hesekiel 36,26). Damit sind wir in der Lage, unserer Ehrung einen echten und authentischen Ausdruck zu verleihen. Wir ehren, weil Gott es liebt, zu ehren und wertzuschätzen. John Bevere beschreibt es folgendermaßen: „Wir ehren andere Menschen nicht nur, weil wir Lohn erhalten wollen, sondern weil dies ein Herzensanliegen Gottes und uns eine große Freude ist."[16] Wir ehren, weil wir Jesus mit unserem Leben reflektieren wollen. Genauso wollen wir seine uneingeschränkte und bedingungslose Liebe allen Menschen gegenüber ausdrücken, sogar dann, wenn Menschen uns nicht auf die gleiche Art und Weise behandeln (1. Petrus 2,17).

An diesem Punkt wird auch der Unterschied zwischen Respekt und Ehre deutlich: Respekt verdient sich ein Mensch durch seine Taten und wird oftmals nach außen sichtbar getragen. Oft respektieren wir Menschen, die in unseren Augen etwas Großes geleistet haben und dafür Anerkennung verdienen. Außerdem besitzt Respekt eine subjektive Komponente: Ich respektiere eine Person nur, wenn sie etwas tut oder sich so verhält, wie es meiner persönlichen Auffassung entspricht oder wenn ihr Verhalten oder ihre Werte mit meinen übereinstimmen.

Die Motivation der Ehre ist eine andere, sie ist selbstloser. Wenn wir jemanden ehren, dann muss das nicht gleichzeitig bedeuten, dass wir diese Person auch respektieren. Hier wird der selbstlose Charakter der Ehrung sichtbar und sehr deutlich: Wir ehren, obwohl von außen betrachtet vielleicht kein offensichtlicher Grund dafür besteht, wir aber die Ehre einer Person anerkennen. Die Motivation dahinter ist, den gottgegebenen Wert einer Person anzuerkennen und hervorzuheben, damit an uns die gute Botschaft Gottes sichtbar wird. Das kann und muss für uns als Christinnen und Christen auch dann gelten, wenn die Person, die wir ehren, nicht unbedingt das tut, was wir respektieren.

Am Beispiel von König David können wir dieses Prinzip des Respektierens und der Ehrung gut nachvollziehen: Obwohl David von Saul gehasst und fast ermordet wurde, ehrte David die Autorität des Königs, auch wenn er offensichtlich nicht Sauls Taten ihm gegenüber respektierte und es selbst wahrscheinlich anders gemacht hätte. Dennoch kannte David die göttliche Autorität, die auf König Sauls Leben lag, und hob diese hervor. Selbst dann, als er die Möglichkeit hatte, ihn zu töten, ehrte er die Autorität, die der König von Gott übertragen bekommen hatte (1. Samuel 24,18-26).

Jetzt fragen wir uns vielleicht: Wie kann ein guter Gott grausame Menschen mit Autorität ausstatten, die diese dann missbrauchen? John Bevere beantwortet diese Frage wie folgt:

Die Antwort ist einfach: Gott ist der Ursprung jeder Autorität, aber nicht der Ursprung von Rücksichtslosigkeit und Brutalität. Der Mensch ist für sein rücksichtsloses Handeln verantwortlich, nicht Gott. Alle Obrigkeit ist von Gott, aber nicht jeder, der Autorität besitzt, ist gottesfürchtig.[17]

Wir wollen uns nun etwas mehr damit beschäftigen, wer überhaupt Ehre besitzt.

WER BESITZT EHRE?

Zuallererst gebührt Gott uneingeschränkt und in allen Facetten die Ehre. Diese Ehre hat er auch seinem Sohn Jesus Christus zuteilwerden lassen und ihn mit Ehre und Herrlichkeit gekrönt. Wir ehren Jesus, indem wir uns anderen Menschen gegenüber so verhalten, wie er es getan hätte. Indem wir Jesus ehren, wird auch der Vater geehrt (Johannes 5,23).

Jesus, als Kopf des Körpers (oder der Kirche), gebührt eine besondere Ehre. Alles, was wir tun, soll in erster Linie zur Ehre Gottes geschehen (1. Korinther 10,31). Wenn wir uns die Kirche anschauen, dann sagt die Bibel, dass sie die Braut Jesu ist oder ein Leib mit Jesus als Kopf (Epheser 5,21-29). Ein Körper besteht aus vielen verschiedenen Teilen. Dabei ist es spannend zu sehen, dass gerade die als unwichtig erscheinenden Körperteile besonders geehrt werden sollen, sodass ein Gleichgewicht und eine untrennbare Einheit im Leib Christi (der Kirche) entstehen können (1. Korinther 12,24). In „herzlicher Liebe“ (Römer 12,10; HFA) sollen wir als Christinnen und Christen miteinander verbunden sein und gegenseitige Ehrung soll unser Zusammenleben bestimmen.

Gleichzeitig hat Gott jeden Menschen mit „Ruhm und Ehre“ gekrönt (Psalm 8,6; HFA). Uns allen wurde also eine gottgegebene Ehre, eine Würde, geschenkt, die besagt, dass wir vor Gott alle gleich sind aufgrund der Tatsache, dass wir als Ebenbild Gottes erschaffen wurden (1. Mose 1,27). Ebenso sind wir, wenn wir an Jesus glauben und ihn als Retter erkannt haben, eins und werden nicht mehr durch unsere Vergangenheit bestimmt (Galater 3,28). Jedem Menschen wurde Ehre geschenkt, und gerade innerhalb der Kirche, die aus Menschen besteht, die bereits Jesus nachfolgen, sind wir dazu angehalten, einander zu ehren.

Wir halten also fest: Gott gebührt die größte Ehre, und diese hat er auch auf Jesus übertragen. Darüber hinaus hat Gott uns Menschen durch den Akt der Schöpfung Ehre verliehen. Spannenderweise fordert uns die Bibel auch klar dazu auf, unterschiedliche Autoritäten neben Gott besonders zu ehren und wertzuschätzen. Welche Autoritäten das sind, werden wir uns jetzt näher anschauen.

WEN EHREN WIR?

Es gibt unterschiedliche Instanzen oder Autoritäten im Königreich Gottes, die eine besondere Ehre besitzen und somit auch besonders geehrt werden sollten. Wir können vier verschiedene Bereiche definieren, die unsere besondere Aufmerksamkeit verlangen.

1. Als Erstes sollen wir Gott ehren. In den Sprüchen heißt es: „Ehre den HERRN mit dem, was du hast; schenke ihm das Beste deiner Ernte" (Sprüche 3,9; HFA). Wir ehren also zuallererst Gott selbst.
2. Als Zweites sollen wir unsere Eltern ehren. Das fünfte Gebot, das Mose von Gott auf dem Berg Sinai bekam, lautet: „Ehre deinen Vater und deine Mutter, dann wirst du lange in dem Land leben, das ich, der HERR, dein Gott, dir gebe" (2. Mose 20,12; HFA).
3. Als dritte Gruppe, die besondere Ehre verdient, werden diejenigen erwähnt, die ein Amt mit Autorität bekleiden: „Gebt jedem das, was ihr ihm schuldet: Zahlt dem, der Steuern einzieht, die Steuern, zahlt dem Zollbeamten den Zoll, erweist dem Respekt, dem Respekt zusteht, und erweist dem Ehre, dem Ehre zusteht" (Römer 13,7; NGÜ). Zu diesen Menschen mit Autorität gehören auch die Ältesten und Leiter einer Gemeinde: „Die Ältesten, die der Gemeinde gut vorstehen, die halte man zwiefacher Ehre wert, besonders, die sich mühen im Wort und in der Lehre" (1. Timotheus 5,17; LUT 1984). Auch Leiter mit weltlicher Autorität sollten in besonderem Maß geehrt werden (1. Petrus 2,17). Deshalb ehren wir unsere Regierung und erkennen das besondere Maß an Autorität und Verantwortung an, das auf unseren Politikerinnen und Politikern liegt.

4. Als vierte Gruppe können wir diejenigen identifizieren, die bereits älter sind: „Ehrt und respektiert ältere Menschen“ (3. Mose 19,32a; NLB).

Diese vier Gruppen verdienen unsere besondere Ehre, denn sie besitzen eine besondere göttliche Autorität.

Auch wenn sich aus dieser biblischen Beleuchtung eine einfache Hierarchie erstellen lässt, so sind wir doch dazu bestimmt, über alle Ebenen hinweg unsere Mitmenschen zu ehren. Wir wollen Gott durch unser Verhalten ehren und dies tun wir, indem wir unser Leben nach den Maßstäben leben, die Jesus uns vorgelebt hat: einander lieben und dienen, in selbstloser und demütiger Hingabe.

SICHTBARE EHRE

Jetzt, wo wir uns intensiv damit auseinandergesetzt haben, was Ehre eigentlich bedeutet und wen es zu ehren gilt, stellt sich zum Schluss die Frage, wie wir ganz praktisch in unserem Alltag unsere Mitmenschen ehren können. Wie wird Ehre sichtbar?

Eins steht fest: Ehre erfordert einen angemessenen Ausdruck. Wenn du wirklich jemanden ehren willst, dann suchst du nach diesem Ausdruck, denn er offenbart deine wahre Absicht, dein Motiv und im engeren Sinne dein Herz hinter deinem Verhalten. Authentische Ehre einer Person gegenüber versucht stets, einen angemessenen Ausdruck zu finden.

Ich habe bereits erwähnt, dass wahre Ehrung selbstlos ist und keine persönliche Agenda verfolgt. Authentische Ehrung ist darüber hinaus in dem, wie sie ausgedrückt wird, exzellent, denn wir versuchen, unserer Ehrung so gut wie möglich Ausdruck zu verleihen und somit die Person, die wir ehren, angemessen wertzuschätzen. Authentisch wird die Ehre dadurch, dass unser Herz und unser Handeln im Einklang sind. Wenn unser Motiv nicht selbstloser und dienender Natur ist, wird das unser Tun beeinflussen. Authentisch ehren wir dann, wenn unser Herz (unsere Motive) und unser Handeln (unsere Taten) dieselbe selbstlose und wertschätzende Sprache sprechen.

Es ist wie mit der Liebe: Liebe ohne Taten ist eine tote Liebe (1. Johannes 3,18). Unsere Liebe drückt sich durch unser Handeln aus. Sie muss sichtbar werden, damit unser Gegenüber sich geliebt fühlt. Ihre Motivation ist selbstlos. Genauso ist es mit der Ehrung: Sie braucht einen Ausdruck und muss kommuniziert werden. Ehrung ohne Ausdruck ist nutzlos.

DIENEN ALS LEBENDIGER AUSDRUCK VON EHRE

Eine besonders praktische und von Jesus am meisten vorgelebte Form der Ehrung ist das Dienen: Jesus kam nicht, um sich dienen zu lassen, sondern um zu dienen (Markus 10,45). Wir sehen über alle Evangelien hinweg, wie Jesus immer wieder seinem direkten Umfeld, unabhängig von Klasse oder sozialem Status, diente.

So wusch er beispielsweise seinen Jüngern die Füße und forderte sie danach auf, das Gleiche zu tun und sich genauso zu verhalten, wie er es ihnen gerade vorgelebt hatte (Johannes 13). Auch die Art und Weise, wie Jesus geehrt wurde, wird an einer Stelle in der Bibel deutlich, als eine Frau, die eine Sünderin war, zu einem Abendessen dazukam, um Jesus unter Tränen zu dienen, seine Füße zu säubern und sie anschließend mit kostbarem Öl zu salben (Lukas 7,36-50). Wir lesen auch im Alten Testament, dass wir dazu beauftragt sind, unserem Gott mit unserem Besitz zu dienen und ihm das Beste unserer Ernte zu schenken (Maleachi 3,10; Sprüche 3,9).

Dienen ist also ein lebendiger Ausdruck von Ehre. Wir ehren den Sohn Jesus Christus, indem wir ihm und anderen Menschen dienen, wodurch auch der Vater geehrt wird.

DAS HERZ VON EHRE UND DESSEN FRUCHT

Wenn wir Gott, unsere Mitmenschen und Menschen in ihrer gottgegebenen Autorität ehren, dann ist das Ergebnis eine übernatürliche Frucht, und Segen geht mit unserer Ehrung einher. Die Bibel gibt uns viele Beispiele, in denen durch die Ehrung Gottes oder die Ehrung der göttlichen Autorität einer Person eine übernatürliche Frucht entstand oder Segen ausgeschüttet wurde.

STÄRKUNG

Im Lukasevangelium lesen wir, wie Jesus am Ölberg betete und zu Gott sagte:

Vater, wenn du willst, dann lass diesen Kelch des Leides an mir vorübergehen. Doch ich will deinen Willen tun, nicht meinen.
LUKAS 22,42; NLB

Jesus ehrte seinen Vater, weil er bereit war, sich selbst aufzugeben und den Willen des Vaters zu befolgen. Er war ihm gehorsam und ehrte die Autorität des Vaters.

Als Reaktion auf seine demütige, gehorsame und dienende Haltung gegenüber Gott erschien ein Engel und stärkte ihn.

KÖRPERLICHE HEILUNG

Im Matthäusevangelium lesen wir, wie der Glaube eines römischen Offiziers Jesus dazu veranlasste, dessen Diener zu heilen. Der Zenturio erkannte die Autorität Jesu als Sohn Gottes an und ehrte ihn:

Ach Herr, ich bin es nicht wert, dass du in mein Haus kommst. Sprich nur einfach ein Wort, und mein Diener wird gesund!

MATTHÄUS 8,8; NLB

Jesus war erstaunt über den Glauben und die Demut des Offiziers und erwiderte: „Ich versichere euch: Einen solchen Glauben habe ich bisher in ganz Israel noch nicht erlebt!" (Matthäus 8,10b; NLB). Im Anschluss heilte Jesus den Diener des römischen Offiziers. Wir können also sehen, dass die Anerkennung von göttlicher Autorität und Ehrerbietung nicht nur zu einem dienenden, sondern auch zu einem glaubenden Herzen führen können und im Anschluss das Potenzial für ein echtes Wunder mit sich bringen.

VERSORGUNG

In Matthäus, Kapitel 10, und in Sprüche, Kapitel 3, wird über das materielle Geben gesprochen.

Und wer dem geringsten meiner Nachfolger auch nur ein Glas kaltes Wasser reicht, darf sicher sein, dafür belohnt zu werden.

MATTHÄUS 10,42; NLB

Wir erinnern uns: Wir ehren aus selbstloser und demütiger Haltung heraus, weil wir Jesus repräsentieren wollen. Wir ehren nicht aus persönlicher Agenda heraus oder weil wir etwas Bestimmtes wie materielle Versorgung erwarten. Dennoch kann dies das Ergebnis einer ehrenden Haltung sein. Wir sollen Gott mit unserem ganzen Besitz ehren und ihm das Beste geben, das wir haben, dann wird er uns versorgen (Sprüche 3,9). Auch hier geht es nicht in erster Linie darum, versorgt zu werden, sondern darum, unsere Abhängigkeit von Gott zu erkennen und ihm zu dienen. Es geht um unser Herz: Wir dürfen darauf vertrauen, dass er uns versorgen will und sich um uns kümmert.

EINHEIT UND FREUDE

Im ersten Korintherbrief, Kapitel 12, lesen wir über die Vielfalt der Gemeinde. Die Ehrung der eher unwichtig erscheinenden Teile hält die Gemeinde zusammen, und so sorgen alle Glieder in gleicher Weise füreinander.

Gott hat den Körper so gefügt, dass den benachteiligten Gliedern besondere Ehre zukommt. Auf diese Weise kommt keine Spaltung im Leib zustande, sondern alle Glieder sorgen in gleicher Weise füreinander. Wenn eines leidet, leiden alle anderen mit, und wenn eines geehrt wird, freuen sich alle anderen mit. So bildet ihr gemeinsam den Leib von Christus, und jeder Einzelne gehört als ein Teil dazu.

1. KORINTHER 12,24B-27; NLB

Die gegenseitige Wertschätzung und Ehrung haben also zur Konsequenz, dass Einheit entsteht: Wenn ein Teil des Körpers leidet, leiden alle. Wenn ein Teil sich freut, so freut sich der gesamte Körper.

WIEDERHERSTELLUNG DER EIGENEN EHRE

Aus Gnade sind wir von Schuld und Schande befreit. Das zu erleben, ist das ultimative Geschenk. Unsere Ehre wird wiederhergestellt durch den Tod Jesu am Kreuz. Dass wir in Freiheit von Sünde und Scham und voller Selbstlosigkeit wiederum andere Menschen wertschätzen und ehren können, ist nur möglich, weil uns unsere Schuld vergeben wurde. Die Bibel spricht davon, wie Gott in seiner Barmherzigkeit unsere Schuld ins tiefe Meer wirft und uns vergibt.

Wo ist ein Gott wie du, der die Sünden vergibt und die Missetaten seines Volkes verzeiht? Der nicht für immer an seinem Zorn festhält, sondern der sich freut, wenn er barmherzig sein kann? Er wird sich wieder über uns erbarmen, alle unsere Sünden zertreten und alle unsere Verfehlungen ins tiefe Meer werfen!

MICHA 7,18-19; NLB

Ab sofort dürfen wir in Gnade leben und, indem wir Jesus nachfolgen, eine wiederhergestellte Ehre besitzen.

EHRE – ECHT UND LEBENDIG

Wir ehren aus dem Verständnis heraus, dass Gott jedem Menschen um uns herum Würde und Wert zugesprochen hat. Er hat jeden gekrönt mit Herrlichkeit und Ehre. In unserem authentischen Ausdruck von Ehre erkennen wir diese ursprüngliche Würde, diesen göttlichen Wert unserer Mitmenschen, unserer Leiterinnen und Leiter und unserer Familien, an. Wir erkennen, dass zuerst Gott all unsere Ehre verdient hat, denn er befreite dich und mich aus der Herrschaft der Schuld und der Bürde des Gesetzes, wodurch wir nun in Gemeinschaft mit ihm leben dürfen – allein durch Gnade. Wir sind dazu berufen, Gott zu ehren. Eine besondere Ehre wird den Menschen entgegengebracht, die eine göttliche Autorität zugeschrieben bekommen haben, wie unseren Pastorinnen und Pastoren, unseren Eltern oder unserer Regierung. Wir wollen Gott also ehren, indem wir ein Leben führen, das selbstlos und demütig anderen Menschen dient und sie dadurch ehrt.

Ehre lässt sich unterschiedlich ausdrücken, zum Beispiel durch unsere Taten, Worte oder unsere Gedanken. Aber entscheidend ist unser Herz: Wenn unser Herz in Ehrfurcht vor und in Anerkennung von Gott lebt und überfließt mit Dankbarkeit für das, was Jesus für uns und jeden einzelnen Menschen getan hat, dann wird unser Ausdruck von Ehre echt und lebendig sein.

HALTE INNE UND REFLEKTIERE

Was bedeutet Ehre für dich? Such dir einen ruhigen Platz und nimm dir Zeit, um über die folgenden Fragen nachzudenken. Ein Leben, das ehrt, verändert – dich und deine Mitmenschen.

Was bedeutet der Begriff „Ehre" für dich?

Auf welche Art und Weise kannst du Ehre Ausdruck verleihen? Wie könntest du zum Beispiel ganz konkret deine Eltern ehren? Wie deine Mitarbeitenden? Wie kannst du anfangen, deine Mitmenschen zu ehren? Versuche, die Frage so praktisch wie möglich zu beantworten.

Aus welcher Motivation heraus ehrst du deine Mitmenschen?

Was passiert, wenn du eine Person ehrst? Was denkst du, wie die Reaktion deines Gegenübers aussehen wird?

Schau noch mal in das Kapitel: Machst du persönlich einen Unterschied zwischen Respekt und Ehre?

Was hält dich gerade davon ab, dein Umfeld auf eine neue Art und Weise zu ehren?

Was würdest du sagen, sind die Feinde von Ehre? Und umgekehrt: Was, glaubst du, hilft dir, ein Leben voller Ehrung zu führen (Lukas 14,11)?

Was bedeutet für dich die Aussage: Authentische Ehre passiert dann, wenn dein Herz (deine Motive) und deine Hand (deine Taten) die gleiche selbstlose und wertschätzende Sprache sprechen?

Auf Basis deines Verständnisses von Ehre: Welche Person in deinem Umfeld könntest du für die nächsten sieben Tage besonders ehren?

Was hast du über Ehre gelernt? Zeichne eine Mindmap und skizziere deine wichtigsten Erkenntnisse.

DIVE DEEPER

Wenn du dich noch intensiver mit dem Thema „Ehre“ beschäftigen möchtest, lohnen sich folgende Medien:

Video: Wenn du noch etwas tiefer in das Thema der „Frucht der Ehre“ einsteigen willst und dich fragst, was deine Gedanken mit Ehrung zu tun haben, dann kannst du über folgenden Link eine richtig gute Predigt von John Bevere dazu anschauen: https://youtu.be/FpE9grOAs1A?t=1

Begriffserklärungen: Hier lohnt sich ein Blick auf folgende Seite der Deutschen Bibelgesellschaft: www.die-bibel.de/lightbox/basisbibel/sachwort/sachwort/anzeigen/details/ehre-ehren/

Eine gute und prägnante Erklärung des Begriffs „Ehre“ sowie eine tiefere theologische Sichtweise gibt es hier: Alexa Wilke, Ehre/Herrlichkeit (AT), 2010: www.bibelwissenschaft.de/stichwort/16932/

Buch: John Bevere, Der Lohn der Ehre. Der biblische Weg, Gottes Segen zu empfangen, Adullam Verlag, 2008

sechs

RWECKUNG LIEGT IN DER LU
HEILUNG
GEHEILTE
BEZIEHUNGEN
FINANZ
VERSOR

IN JEDER HINSICHT – GUT

Ich liebe diesen Titel, denn er beschreibt das Wesen Gottes. Er ist immer, auf jede nur erdenkliche Art und Weise und zu jeder Zeit gut! Bill Johnson sagt: „Gott ist gut. Ich halte diese Wahrheit für den Eckpfeiler unserer Theologie."[18] Ich liebe das. Wenn diese Wahrheit unser Fundament ist, dann können wir in jeder Lebensphase immer nach dem Guten suchen. Wir können immer hoffen und werden stets in jeder Lebenslage Zufriedenheit in ihm finden.

Paulus schrieb den Philipperbrief aus einer Gefängniszelle heraus. Das Verrückte daran ist, dass dieser Brief als der Brief der Freude bekannt ist. Wie hat er das geschafft? Woher kam diese Freude?

Freut euch, was auch immer geschieht; freut euch darüber, dass ihr mit dem Herrn verbunden seid! Und noch einmal sage ich: Freut euch! Macht euch um nichts Sorgen! Wendet euch vielmehr in jeder Lage mit Bitten und Flehen und voll Dankbarkeit an Gott und bringt eure Anliegen vor ihn. Dann wird der Frieden Gottes, der weit über alles Verstehen hinausreicht, über euren Gedanken wachen und euch in eurem Innersten bewahren – euch, die ihr mit Jesus Christus verbunden seid. Und noch etwas, Geschwister: Richtet eure Gedanken ganz auf die Dinge, die wahr und achtenswert, gerecht, rein und unanstößig sind und allgemeine Zustimmung verdienen; beschäftigt euch mit dem, was vorbildlich ist und zu Recht gelobt wird. Ich sage das nicht etwa wegen der Entbehrungen, die ich zu ertragen hatte; denn ich habe gelernt, in jeder Lebenslage zufrieden zu sein. Ich weiß, was es heißt, sich einschränken zu müssen, und ich weiß, wie es ist, wenn alles im Überfluss zur Verfügung steht. Mit allem bin ich voll und ganz vertraut: satt zu sein und zu hungern, Überfluss zu haben und Entbehrungen zu ertragen. Nichts ist mir unmöglich, weil der, der bei mir ist, mich stark macht.

PHILIPPER 4,4.6-8.11-13; NGÜ

Das Leben kann hart sein, aber Paulus beweist, dass unser Wohlergehen und das Befinden unserer Seele nicht von unseren äußeren Umständen abhängen müssen. Die Wellen des Lebens brauchen uns nicht hin- und herzuwerfen.

Dieses Kapitel ist anders als alle anderen, deshalb haben wir es hier in der Mitte des Buches platziert. Es ist ein Vier-Wochen-Coaching-Kurs, mit dem Ziel, das zu lernen, was Paulus lernen musste. Du wirst Bereiche identifizieren, die deine Aufmerksamkeit brauchen, und Werkzeuge an die Hand bekommen, um gemeinsam mit dem Heiligen Geist an dir zu arbeiten. Wir beten um Gottes Segen für deine Zeit, deine Gedanken und dein Handeln, während du dir Zeit nimmst, deine äußere und innere Welt genauer zu betrachten. Immer in dem Wissen, dass dieser gute, gute Gott mit dir ist.

LERNE DIE AUTORINNEN UND AUTOREN KENNEN – NASTASSIA UND LYSANDER FUCHS SOWIE REBEKKA UND BEN HAAS

Lieblingsfarbe:
Türkis, Navy Blau, Rot, Schwarz

Lieblingsessen:
Vegetarisches Curry, Fleisch, ein gutes Steak, Sushi

Lieblingsperson:
Bekky, Linni, Stass, meine 3 Jungs

(Rate mal, welche Antwort zu wem gehört.)

Was für eine „Gang"! Ich muss einfach lächeln und staunend den Kopf schütteln, weil ich immer wieder erkenne, wie reich gesegnet unsere Kirche ist! Im Jahr 258 n. Chr. verlangte Kaiser Valerian, dass alle Kirchenschätze innerhalb von drei Tagen zu ihm gebracht werden sollten. Ein Diakon namens Lawrence tauchte daraufhin mit einer Menschenmenge bei ihm auf und sagte: „Das ist unser Schatz." Der Kaiser empfand diese Aussage als Frechheit und ließ Lawrence töten. Aber er hatte tatsächlich eine sehr wahre Aussage gemacht.[19]

Die Goldschätze unserer Kirche sind ihre Menschen. Diese beiden Paare haben sich in unserer Gemeinde kennengelernt und verliebt. Sie haben bereits auf viele verschiedene Arten gedient. Ich habe gesehen, wie jeder von ihnen die unterschiedlichsten Lebensphasen meisterte: die guten, harten, schmerzhaften und enttäuschenden. Und doch sind sie stark geblieben, haben gelernt, das Beste aus dem zu machen, was das Leben ihnen bringt. Ihre Freundschaft ist inspirierend und ich glaube, sie haben mit diesem Vier-Wochen-Coaching-Kurs ein Werkzeug geschaffen, das uns zum Segen werden wird.

***STASS, BEKKY, LYSANDER, BEN,
IHR SEID MEHR WERT ALS GOLD.
DANKE, DASS IHR DEM LEBEN
ERLAUBT HABT, EUCH ZU FORMEN
UND ZU VERFEINERN. DANKE,
DASS IHR SÄULEN SEID, DIE TRAGEN,
UND GUTE BEISPIELE FÜR ANDERE,
DENEN SIE FOLGEN KÖNNEN.
WIR LIEBEN EUCH, UND
WIR DANKEN GOTT FÜR EUCH.
IHR MACHT UNS BESSER!***

VIER-WOCHEN-
COACHING-KURS
in jeder
Hinsicht
– gut

Es ist mein Wunsch, dass du gesund bleibst und dass es dir in jeder Hinsicht gut geht – so gut, wie das im Hinblick auf deinen Glauben der Fall ist.

3. JOHANNES 2; NGÜ

Ein Leben, in dem wir uns wohlfühlen – genau darum soll es in diesem Kapitel gehen. Wie können wir ein Leben führen, das „ganz" und „gesund" ist? Ein Leben, das es uns ermöglicht, unsere Bestimmung in ihrer Fülle auszukosten? Ein Leben, in dem es uns in jeder Hinsicht gut geht?

Vielleicht bist du der Ansicht, dass du für so ein Leben nur Jesus brauchst und dass alles andere doch eigentlich unwichtig ist, wenn nur deine Beziehung zu Jesus stimmt. Das ist sicherlich richtig: Ohne die Beziehung zu Jesus hat alles andere nur wenig Wert (Philipper 3,8-10). Und doch stimmt diese Sichtweise so auch nicht. Ist es nicht interessant, dass Johannes in der Bibelstelle am Anfang des Kapitels den Wunsch ausspricht, dass es seinem Freund „in jeder Hinsicht gut geht – so gut, wie das im Hinblick auf deinen Glauben der Fall ist"?

Worauf Johannes hier hinauswill, ist Folgendes: Wir Menschen stehen nicht nur in Beziehung zu unserem Schöpfer, sondern auch in Beziehung zu unserer Umwelt. Wir prägen sie und werden von ihr geprägt. Gott hat uns von Anfang an die Verantwortung übertragen und die Möglichkeit gegeben, unsere Umwelt zu gestalten und zu prägen. Indem wir diese Aufgabe annehmen, haben wir die Möglichkeit, unsere Welt immer mehr zu einem Ort zu machen, an dem es uns und unseren Mitmenschen in jeder Hinsicht gut geht. Und auch wenn uns dies vielleicht mal besser und mal schlechter gelingt, so ist es doch eine Aufgabe, der es sich anzunehmen lohnt.

AUF DEM WEG

DIE BEWEGUNG IST ENTSCHEIDEND

Jeder von uns befindet sich an einem anderen Punkt im Leben. Jeder von uns hat sich ein anderes Umfeld geschaffen oder wurde von den Umständen des Lebens an einen anderen Punkt befördert. Doch entscheidend ist nicht, wo wir jetzt gerade stehen, sondern was wir mit dem machen, was wir aktuell in unserer Hand halten dürfen.

Was die nächsten Seiten in diesem Buch nicht sein können, ist ein allumfassender Ratgeber für jeden Bereich deines Lebens. Vielmehr wollen wir dir einen Weg eröffnen, auf dem du die richtigen Werkzeuge und Schlüssel an die Hand bekommst, um in Bewegung zu kommen. (Natürlich kannst du diesen Weg auch gemeinsam mit deiner Partnerin/deinem Partner oder deiner Familie gehen.) Hier geht es nicht um Richtig oder Falsch, sondern darum, dir dabei zu helfen, dich auf das Leben in Fülle zuzubewegen, das Gott für dich vorbereitet hat.

DEINE INNERE UND DEINE ÄUSSERE WELT

Dein Leben besteht im Groben aus zwei ineinander verwobenen Bereichen: deiner inneren und deiner äußeren Welt. In deiner inneren Welt befinden sich deine Gedanken, Emotionen, deine Gebete, deine Überzeugungen (über dich selbst und andere) und vieles mehr. Deine äußere Welt setzt sich aus deinem Umfeld, deinen Beziehungen und den Umständen, in denen du dich aktuell wiederfindest, zusammen. Manche davon hast du vielleicht mit Sorgfalt aufgebaut, gepflegt und dir hart erarbeitet. Andere Umstände wurden dir vielleicht von früheren Generationen ohne deine Zustimmung vererbt oder dir durch Schicksalsschläge aufgezwungen.

Beide Bereiche stehen in einer wechselseitigen Beziehung und greifen wie zwei Zahnräder ineinander: Sind die Beziehungen unserer äußeren Welt reichhaltig und lebensspendend, hat das einen positiven Einfluss auf die Gefühle und Gedanken unserer inneren Welt. Genauso ist es auch andersherum: Haben wir gute, hoffnungsvolle Gedanken und Gefühle, wird sich das positiv auf die Qualität unserer Beziehungen auswirken.

Wenn wir uns jedoch anschauen, wie die beiden Bereiche zusammenhängen, wird schnell klar, dass wir unterschiedliche Herangehensweisen benötigen, um sie positiv zu beeinflussen und gute Verwalterinnen und Verwalter unseres Lebens zu sein.

PROJEKTE FÜR UNSERE ÄUSSERE WELT

Die äußere Welt kannst du dir wie ein Haus vorstellen. Wir haben die einzelnen Räume eingerichtet oder von unserem Umfeld übernommen. In manchen Räumen waren wir vielleicht lange nicht mehr und wenn wir uns so umblicken, würden wir am liebsten alle Räume gleichzeitig renovieren. Aber wie in einem Haus aus Stein und Beton ist es auch in unserer äußeren Welt so, dass wir effektiver sind, wenn wir uns einen Bereich unseres Lebens vornehmen und diesen Stück für Stück renovieren. Deshalb werden wir uns über die nächsten vier Wochen auch nur einen spezifischen Bereich anschauen. Welcher das für dich sein wird, das darfst du selbst entscheiden: deine Finanzen, deine Beziehungen, deine physische Gesundheit, dein Kalender oder deine persönliche Entwicklung. Nach den vier Wochen hast du dann vielleicht sogar Lust bekommen, auch andere Bereiche deines Lebens zu „renovieren", weil du festgestellt hast, dass du tatsächlich in der Lage bist, deinen Status quo zu verändern. Du kannst dieses Kapitel also nach Herzenslust immer wieder zur Hand nehmen und mit einem weiteren „Raum" starten.

DIE INNERE WELT PFLEGEN

Unsere innere Welt ist wie ein Garten – sie ist unergründlich, an manchen Stellen unwegsam und verwildert, an anderen blühend und voller herrlicher Früchte. Manchmal ist sie für uns unverständlich, oftmals merkwürdig verzahnt und selten ist uns vollständig bewusst, was in ihr geschieht. Sigmund Freud hat sie auch als einen Eisberg beschrieben, bei dem wir nur die oberste Spitze sehen können, während der große Rest unter der Wasseroberfläche verborgen liegt.[20] Unsere innere Welt wird täglich von dem, was wir erleben, beeinflusst: wie wir Situationen wahrnehmen und interpretieren, was wir denken und was wir glauben.

Insofern benötigt deine innere Welt deine bewusste Aufmerksamkeit und fordert dich heraus, dir selbst bedeutsame Fragen zu stellen. Wie ein Garten braucht sie regelmäßig deine Pflege. Über die nächsten vier Wochen hinweg werden wir uns vier Bereiche deiner inneren Welt ansehen: deine Gedanken, deine Gefühle, deine Gebete und deine Glaubenssätze. Wir werden dir konkrete Praktiken an die Hand geben, mit denen du deine innere Welt nicht nur aufräumen, sondern auch positiv, nach Gottes Willen, beeinflussen kannst, damit es dir in „jeder Hinsicht gut geht".

DU BIST NICHT ALLEIN

Veränderungen und Wachstumsprozesse können manchmal anstrengend oder sogar schmerzhaft sein. Es geht nicht darum, möglichst viel in diesen vier Wochen zu erreichen, also setze dich bitte selbst nicht unter Druck und scheue dich auch nicht, dir Rat und Unterstützung bei einer Vertrauensperson zu suchen (z. B. bei einer Leiterin/einem Leiter, einer Mentorin/einem Mentor, einer professionellen Therapeutin/einem professionellen Therapeuten oder bei einer Seelsorgerin/einem Seelsorger). Du bist nicht allein und darfst auf die Kraft der Gemeinschaft zurückgreifen.

WOCHE 1: BESTANDSAUFNAHME

Bevor wir anfangen zu graben und uns dabei die Hände schmutzig machen, müssen wir uns zunächst einen Überblick über die verschiedenen Bereiche unserer inneren und äußeren Welt verschaffen. Deswegen möchten wir dich diese Woche ermutigen, eine Art Bestandsaufnahme zu machen, um dann möglichst zielgerichtet an der „Renovierung" arbeiten zu können.

ÄUSSERE WELT

„Lieber langsam in die richtige Richtung als schnell im Kreis." Diese alte Bauernweisheit ist entscheidend, um Fortschritt in unserer äußeren Welt zu bewirken. Deswegen starten wir heute mit nur einem einzigen Schritt:

Bewerte, wie wohl du dich in den fünf Bereichen deiner äußeren Welt fühlst.

Bereich	*Unterbereiche*	*Zufriedenheit (1–5*)*	*Veränderungswunsch (1–5*)*
FINANZEN	Einkommen		
	Ausgaben		
	Sparen		
	Schulden		
BEZIEHUNGEN	Partnerschaft/Ehe		
	Familienbeziehungen		
	Freundschaften		
	Arbeitsbeziehungen		
PHYSISCHE GESUNDHEIT	Ernährung		
	Schmerzen/Krankheit		
	Fitnesslevel		
	Wohlbefinden insgesamt		
KALENDER	Arbeitszeit		
	Freizeit		
	Zeit mit Gott		
	Unverplante Zeit		
PERSÖNLICHE ENTWICKLUNG	Vorhandensein von Interessen und Hobbys		
	Ausreichend Zeit zum Lernen/fürs Weiterentwickeln/zum Lesen		

*1 = geringe Zufriedenheit / geringer Veränderungswunsch;
5 = sehr hohe Zufriedenheit / sehr hoher Veränderungswunsch

Wo bist du am zufriedensten, wo würdest du gerne etwas verändern?

Anhand dieser Reflexion kannst du im Anschluss entscheiden, welchen Bereich du über die nächsten vier Wochen bearbeiten wirst.

INNERE WELT

Die wissenschaftliche Forschung belegt, dass wir eigentlich nie aufhören zu denken.[21] Unsere „Denkmaschine" arbeitet also ununterbrochen, auch wenn wir das gar nicht so bewusst wahrnehmen. Das hat Vor- und Nachteile: Wenn wir ständig bewusst über etwas nachdenken würden, hätten wir kaum eine Chance, uns auf Gespräche und konkrete Handlungsschritte zu konzentrieren. Auf der anderen Seite sind unsere Gedanken oft geprägt von all dem „Lärm" um uns herum, wie zum Beispiel von sozialen Medien, Geräuschen aus der Umwelt, Erinnerungen an frühere Situationen, aufgeschnappten Gesprächsfetzen, Werbung, Gelesenem ...

Um deinen „Gedankengarten" gut pflegen und bewusst nähren zu können, musst du natürlich auch hier erst mal wissen, womit du es eigentlich zu tun hast.

Nimm dir deshalb diese Woche täglich ca. 5 bis 15 Minuten am Morgen Zeit. Bevor du irgendetwas anderes tust, setz dich an einen Tisch, nimm dir Stift und Papier zur Hand und schreibe einfach darauf los. Notiere dir alle Gedanken, die dir in den Sinn kommen.

Beachte hierbei, dass ...
... alle Gedankenrichtungen okay sind. Lass den Gedanken freien Lauf.
... alle Gedanken erlaubt sind – nicht nur die besonders „heiligen".
... du dir keine Gedanken verbietest.
... dass du dir das Geschriebene erst mal nicht anschaust.

Am Ende der Woche kannst du dir dann etwas Zeit nehmen und dir mit dem Heiligen Geist gemeinsam deine aufgeschriebenen Gedanken anschauen. Du kannst für diese Übung ein Notizbuch verwenden oder deine Gedanken direkt hier festhalten.

Montag

Dienstag

Mittwoch

Donnerstag

Freitag

Samstag

Sonntag

Reflexion

Was fällt dir dabei auf?

Welche Gedanken sind wahr und hilfreich und stimmen mit Gottes Wort überein? Welche Gedanken basieren eher auf einer Lüge, sind unwahr oder lösen unangenehme Gefühle bei dir aus?

WOCHE 2: TIEF GRABEN

Diese Woche geht es ans „Eingemachte". Nachdem du jetzt weißt, was du in Angriff nehmen möchtest, werden wir diese Woche damit verbringen, herauszufinden, welche „Renovierungsschritte" den größten Effekt in diesem Bereich haben werden.

ÄUSSERE WELT

Nicht immer ist die offensichtliche Lösung auch die hilfreichste. Und manchmal gibt es bestimmte Werkzeuge, die du verwenden kannst, um einen gesamten Bereich grundlegend zu renovieren. Welche das sind, wirst du herausfinden, indem du dir die Warum-Frage stellst: „Warum bin ich mit diesem Bereich in meinem Leben aktuell nicht so zufrieden?"

Eine alte Weisheit besagt, dass man sich die Frage „Warum?" mindestens dreimal stellen sollte, um so die nützlichsten Werkzeuge zu identifizieren. Nehmen wir uns zum Beispiel einmal den Bereich Sport vor. Mögliche Fragen und Antworten könnten hier so aussehen:

Erste Warum-Frage: „Warum bin ich aktuell unzufrieden mit diesem Bereich?
Mögliche Antwort: „Ich möchte regelmäßiger Sport treiben, aber ich schaffe es einfach nicht."

Zweite Warum-Frage: „Warum schaffe ich es nicht, regelmäßig Sport zu treiben?"
Mögliche Antwort: „Ich würde gern dreimal die Woche ins Fitnessstudio gehen. Ich trage es auch in meinen Kalender ein, aber oft kommt dann etwas dazwischen und ich lasse es sein. Oder ich bin am Abend einfach zu müde oder unmotiviert."

Dritte Warum-Frage: „Warum bin ich an diesen Abenden zu unmotiviert?"
Mögliche Antwort: „Nach einem langen Tag kann ich mich einfach nicht mehr aufraffen, noch ins Fitnessstudio zu fahren, um dann allein dort zu trainieren."

Wie können uns diese Warum-Fragen nun konkret helfen? In diesem fiktiven Fall kommen wir möglicherweise zu dem Schluss, dass eine Ursache dafür, warum es mit dem regelmäßigen Sport nicht funktioniert, das Alleinsein beim Sporttreiben ist. Daraus ergeben sich zwei mögliche Schritte:

1. Vielleicht hilft es, sich zweimal die Woche gemeinsam mit einer Freundin oder einem Freund im Fitnessstudio zu verabreden, um nicht allein dort trainieren zu müssen.
2. Die Person aus unserem Beispiel könnte sich ein „sportliches Hobby" suchen, bei dem neben Sport auch der Austausch mit anderen möglich ist.

Dieses Warum-Frage-Schema lässt sich auf alle Bereiche übertragen. Mit den Erkenntnissen, die du aus deinen Warum-Fragen gewonnen hast, kannst du dann drei konkrete Schritte definieren, die dir helfen werden, in diesem Bereich voranzugehen. Formuliere sie so präzise wie möglich und schreibe sie auf. Folgende Fragen können dir dabei helfen.

- Was ist ein realistisches, aber optimistisches Ziel, das ich in den nächsten drei Wochen erreichen kann?
- Welche drei konkreten Dinge kann ich allein tun, um diesem Ziel näher zu kommen?
- Bei welchen Schritten benötige ich Unterstützung von anderen (Freundinnen/Freunden, Partnerin/Partner, professionelle Dienstleister oder Beraterinnen/Berater)?
- Wie und wann kann ich die konkreten Schritte sinnvoll und realistisch in den nächsten drei Wochen einplanen?

Um die Umsetzung der drei konkreten Dinge wird es nächste Woche gehen. Aber eventuell müssen manche von ihnen auch schon diese Woche vorbereitet werden. Vielleicht kannst du jetzt schon ein Treffen zum Kaffeetrinken mit einer Freundin beziehungsweise einem Freund organisieren? Oder womöglich brauchst du Materialien für ein „System", das du aufsetzen möchtest?

INNERE WELT

Diese Woche beschäftigen wir uns mit den Gefühlen. Da Gott uns nach seinem Ebenbild geschaffen hat (1. Mose 1,27-28), muss Gott selbst auch ein absolutes Gefühlswesen sein. Wir lesen an vielen Stellen in der Bibel davon. Im Alten Testament wird Gott oft als zornig oder eifersüchtig beschrieben. Wir lesen jedoch auch, wie Jesus von Mitgefühl tief bewegt wurde, vor lauter Wut die Tische im Tempel umstieß oder vor Angst „Blut schwitzte" (Lukas 22,44). Gott hat uns Gefühle geschenkt, damit wir in der Lage sind, so wie er in Beziehung zu stehen – mit ihm, mit anderen Menschen und uns selbst. Ohne Gefühle empfinden zu können, ist dies unmöglich. Unsere Gefühle tragen maßgeblich dazu bei, dass es uns gut geht. Wenn wir uns traurig, niedergeschlagen oder entmutigt fühlen, geht es uns wohl kaum gut.

In dieser Woche soll es jedoch nicht darum gehen, unangenehme Gefühle zu ignorieren oder „wegzudrücken", denn das würde sie nur verstärken. Vielmehr dürfen und sollen wir mit allen Gefühlen ehrlich vor Gott kommen. König David dient uns hier als großartiges Beispiel. Seine Psalmen sind wie ein „Gefühlstagebuch". Wenn wir uns anschauen, wie bewusst er mit seinen Gefühlen umgegangen ist, können wir eine Menge von ihm lernen, zum Beispiel …

- wie er seine Gefühle beschreibt (Psalm 6), sie erlebt und vor Gott offenlegt,
- wie er selbst mit seinen Gefühlen umgeht (Psalm 37,7-8),
- wie er Gott einlädt in seine Situation einzugreifen (Psalm 55,17; Psalm 123),
- wie er sich in seinen starken Gefühlen an Gott wendet und an ihn denkt (Psalm 42,7),
- und wie sich seine Gefühle am Ende eines Psalms verändern, wenn er sich an Gottes Wahrheit und sein Eingreifen erinnert hat (Psalm 16).

Nimm dir also diese Woche etwas Zeit, mach es dir gemütlich und beginne deinen eigenen Psalm zu schreiben. Es gibt kein Richtig oder Falsch, nur ein Ehrlichsein vor Gott, der dich durch und durch kennt und am allerbesten weiß, was du brauchst.

Folgende Schritte können dir dabei helfen:

- Bringe deine ganzen Emotionen vor Gott. Du musst keine Gefühle vor ihm zurückhalten. Deine Ehrlichkeit ihm gegenüber ist das größte Geschenk, das du ihm machen kannst.
- Schütte ihm dein Herz aus. Wenn du möchtest, verwende dafür Bilder, die dir in den Sinn kommen (Metaphern).

- Erinnere dein Herz an die Wahrheit, die Gott bereits ausgesprochen hat. Welche Bibelstellen fallen dir ein und welche Momente, in denen Gott zu dir gesprochen hat?
- Öffne dein Herz, um von ihm zu hören, und schreibe auf, was du wahrnimmst.

Im Idealfall kannst du diese Methode zu einer Gewohnheit werden lassen, die dir hilft, die Gefühle deiner inneren Welt bewusst zu regulieren und vor Gott zu bringen.

WOCHE 3: EINEN (ODER DREI) SCHRITT(E) GEHEN

Es ist vollkommen okay, wenn du das komplette Kapitel einfach nur durchliest, ohne eine einzige der Handlungen zu vollziehen. Allerdings wird dich das Lesen allein nicht zu einer größeren Veränderung führen. Deswegen möchten wir dir Mut machen: Wage Schritte und gehe sie in deinem Tempo. Wenn du für eine Woche zwei Kalenderwochen brauchst, dann nimm sie dir! Es geht nicht um Schnelligkeit. Der Weg ist das Ziel. Also, los geht's! Lass uns starten und Stück für Stück umsetzen, was wir uns vorgenommen haben.

ÄUSSERE WELT

Diese Woche gehen wir die drei konkreten Dinge an, die du letzte Woche definiert hast. Mit wem triffst du dich? Welchen Schritt probierst du aus? Welches System möchtest du in deinem Leben einführen? Diese Woche steht ganz im Zeichen von „machen". Notiere dir in dieser Woche auch schon erste Gedanken.

- Wie geht es dir mit den Schritten?
- Was klappt und was nicht?
- Was müsstest du vielleicht noch ändern oder anpassen?

Vielleicht geht dir das Ganze viel zu langsam. Aber das Geheimnis ist nicht, schnell zu starten und schnell aufzuhören. Es geht darum, konstant in eine fruchtbringende Richtung zu gehen. Wenn wir uns am Anfang zu viel vornehmen, passiert es schnell, dass wir unser Ziel nicht (ganz) erreichen und dann am Ende so frustriert sind, dass wir aufgeben und erst mal alles wieder auf Eis legen. Es ist also deutlich besser, sich lieber kleine Ziele zu setzen (sie können dir am Anfang auch erst mal viel zu klein erscheinen) und diese konstant über einen längeren Zeitraum zu verfolgen.

INNERE WELT

Diese Woche schauen wir uns ganz bewusst deine Gebete an. Wofür betest du eigentlich? Wie betest du? Und warum ist das wichtig?

Es ist wissenschaftlich erwiesen, dass Gebet nicht nur einen sehr positiven Einfluss auf unsere Beziehung zu Gott hat, sondern auch maßgeblich und signifikant unser Gehirn und unsere mentale Gesundheit beeinflussen kann.

Andrew Newberg und Mark Robert Waldman beschreiben in ihrem Buch „Der Fingerabdruck Gottes" die Ergebnisse einer Forschung über den Zusammenhang von religiösen Praktiken und deren Einfluss auf unser Gehirn. Unter anderem konnte sie Folgendes zeigen: Wenn wir täglich 12 Minuten im Gebet oder in der persönlichen Reflexion verbringen, wird ein ganz besonderer neuronaler Kreislauf gestärkt, der unser soziales Bewusstsein und unser Empathievermögen stärkt, sodass wir unsere Nächsten tatsächlich besser lieben, mehr Mitgefühl entwickeln und gelassener mit unangenehmen Gefühlen umgehen können.[22] Mary Claire Lagroue beschreibt außerdem, dass regelmäßiges Gebet, gepaart mit bewusster Atmung, eine sehr effektive Methode zum Stressabbau ist, die unser allgemeines Wohlbefinden deutlich steigern kann.[23]

Andere Wissenschaftler aus den USA haben noch dazu herausgefunden, dass Menschen, die sich über zehn Wochen regelmäßig Dinge aufgeschrieben haben, für die sie dankbar waren, signifikant fröhlicher waren, mehr Sport trieben und weniger Arztbesuche wahrnahmen als diejenigen, die sich nicht regelmäßig in Dankbarkeit übten.[24] Das ist wirklich genial! Wir haben zu jeder Zeit so viel Grund zum Danken und können den ganzen Segen, den Gott uns schenkt, bewusst wahrnehmen und in Dankesgebeten vor ihn bringen. Und das führt dann sogar noch dazu, dass wir „neu" gesegnet werden.

Die Wissenschaft bestätigt also immer wieder, dass unsere Gebete kraftvoll sind. Welchen Teil deines Gebetslebens möchtest du diese Woche bewusst angehen und zu einer neuen Gewohnheit deiner inneren Welt werden lassen? Vielleicht möchtest du anfangen täglich 12 Minuten fokussiert zu beten, Dankesgebete zu formulieren oder deine Gebete mit einer Atemübung zu verknüpfen. Es gibt unzählige Atemtechniken und -übungen, aber du kannst auch einfach 4 Sekunden lang einatmen, den Atem für 4 Sekunden halten, über 4 Sekunden ausatmen und nach weiteren 4 Sekunden wieder von vorne beginnen.

Das Gebet eines Menschen, der sich nach Gottes Willen richtet, ist wirkungsvoll und bringt viel zustande.

JAKOBUS 5,16B; NGÜ

WOCHE 4: EIN BLICK ZURÜCK

Es geht immer noch langsam, Schritt für Schritt, in die von dir gewählte Richtung. Nun gilt es, mal einen Blick zurück zu werfen.

ÄUSSERE WELT

Fast genauso wichtig wie das Schmieden von Plänen und deren Umsetzung ist es, sich für eine Rückschau Zeit zu nehmen. Dadurch lernst du mehr über dich und deine „Zimmer" und es hilft dir, besser und effektiver zu werden. Stell dir dafür folgende Fragen:

- Was hat gut funktioniert? Feiere es!
- Was hat nicht so gut funktioniert? Woran könnte es gelegen haben?
- Was hast du über dich selbst oder deinen Alltag gelernt?

Dieser Schritt ist essenziell, um deine äußere Welt Stück für Stück über die Widrigkeiten des Lebens hinweg und mit all den dir gegebenen Chancen zu einem Ort zu machen, an dem es dir in jeder Hinsicht gut geht und du gesund bist.

INNERE WELT

Ein Blick zurück in deine innere Welt bedeutet, dass du dich mit tief sitzenden Überzeugungen, auch Glaubenssätze genannt, auseinandersetzt und diese unter die Lupe nimmst.

Glaubenssätze können unsere Gedanken, unsere Gefühle, unser Verhalten und nicht zuletzt auch unsere Beziehung zu Gott beeinflussen. Sie können sowohl auf Lügen als auch auf Wahrheiten basieren und gründen sich oft auf den Erfahrungen unseres Lebens und den Aussagen unserer Eltern, engsten Bezugspersonen und auch Autoritätspersonen (z. B. Lehrerinnen/Lehrer, Trainerinnen/Trainer). Wenn wir uns nicht bewusst mit ihnen auseinandersetzen, kann es sein, dass uns solche Glaubenssätze unser ganzes Leben lang begleiten und unbewusst mitbeeinflussen. Sie können zum Beispiel lauten:

- „Im Vergleich zu anderen bin ich unterdurchschnittlich begabt/schön/beliebt/erfolgreich …“
- „Ich habe schon so oft Fehler gemacht, ich werde nie auf einen grünen Zweig kommen.“
- „Ich habe nichts zu sagen.“
- „Ich werde für immer allein bleiben und nie eine Partnerin/einen Partner finden.“
- „Niemand, der mich wirklich kennt, kann mich lieben.“
- „Ich bin nur liebenswert, wenn ich die Erwartungen und Wünsche anderer erfülle.“
- „Andere sind wichtiger als ich.“

Um solche Arten von Glaubenssätzen zu verändern, empfehlen wir dir, dir zunächst ein paar Reflexionsfragen zu stellen. So werden dir die negativen Glaubenssätze bewusst.

- In welchen Situationen fühlst du dich wiederholt entmutigt, niedergeschlagen oder überfordert?
- Wann fällt es dir schwer, etwas zu einem Gespräch beizutragen oder deine ehrliche Meinung zu vertreten?
- Wann fühlst du dich wertlos?
- Welchen inneren „Spielregeln“ folgst du in Bezug auf zwischenmenschliche Beziehungen?

Wenn du jetzt für dich persönliche Glaubenssätze identifiziert hast und diese verändern möchtest, können dir die folgenden fünf Schritte helfen:

1. Erstelle eine Liste von allen Glaubenssätzen, die dir bewusst geworden sind.
2. Überprüfe die Glaubenssätze auf ihren Wahrheitsgehalt. Frage dich: „Ist dieser Satz wirklich immer wahr? Ist dieser Satz unter allen Umständen wahr? Stimmt dieser Satz mit Gottes Wort überein?“
3. Wenn sich herausstellt, dass ein Satz nicht hundertprozentig „hilfreich“ ist oder auch nur ansatzweise „unwahr“, hinterfrage ihn und sammle Argumente, die dagegensprechen.
4. Überlege dir, mit welchem „neuen“ Glaubenssatz du den „alten“ ersetzen möchtest. Dieser neue Satz ist am Anfang möglicherweise noch schwer zu glauben, aber zumindest dein Kopf sollte sich sicher sein, dass der Satz wahr ist.
5. Übe den neuen Glaubenssatz täglich 5 bis 10 Minuten über 63 Tage hinweg ein. Hierzu gibt es mehrere Möglichkeiten:

- Schaue in den Spiegel und spreche dir den neuen Glaubenssatz immer wieder laut zu.
- Schreibe jeden Tag eine DIN-A4-Seite mit dem neuen Satz voll.
- Beschäftige dich mental oder auf Papier mit Argumenten, die den neuen Satz bestätigen.
- Sprich täglich mit anderen Personen und Gott darüber.

Mache auch aus dem Identifizieren deiner Glaubenssätze eine Gewohnheit und frage dich in regelmäßigen Abständen, welches Unkraut in deinem Gedankengarten gejätet werden muss und durch neue, schöne Pflanzen ersetzt werden kann, die tiefe Wurzeln schlagen können. Und solltest du dabei merken, dass du dabei ins Grübeln gerätst, begrenze die Zeit, die du damit verbringst, dich mit diesen Gedanken auseinanderzusetzen, auf ca. 10 bis 15 Minuten. Hier kann es hilfreich sein, sich tatsächlich einen Wecker zu stellen und beim Klingeln direkt in den nächsten Tagespunkt überzugehen. Zögere nicht, dir Rat oder auch professionelle Unterstützung einzuholen, wenn du merkst, dass du mit einem bestimmten Glaubenssatz allein nicht weiterkommst.

UND AM ENDE GEHT'S WIEDER VON VORNE LOS ...

So schnell sind vier Wochen vergangen. In diesen vier Wochen haben wir uns mit dem Garten unserer inneren Welt und den Zimmern unserer äußeren Welt beschäftigt. Wir hoffen, dass wir dich dabei unterstützen konnten, ein bisschen Unkraut zu jäten und ein paar neue Blumen zu pflanzen. Und hoffentlich hast du eines der Zimmer in deinem Haus renovieren können. Vielleicht bist du beim Renovieren auch auf unerwartete Hindernisse gestoßen, doch die Hauptsache ist, dass du mit dem Renovieren begonnen hast!

Wir möchten es hier noch einmal wiederholen, weil es so wichtig ist: Entscheidend ist nicht, wo du jetzt gerade stehst, sondern was du mit dem machst, was du aktuell in deiner Hand halten darfst.

Deswegen: Herzlichen Glückwunsch zu diesen ersten vier Wochen!

Wenn du möchtest, kannst du dich direkt in die nächsten vier Wochen stürzen. Nimm dir doch gleich das nächste Zimmer vor. Grabe in einer anderen Ecke deines Gartens weiter. Du wirst dich selbst immer besser kennenlernen und feststellen, dass es dir immer leichter fallen wird, gute und hilfreiche Schritte nach vorn zu gehen und mehr und mehr in dieses Leben zu treten, in dem es dir „in jeder Hinsicht gut geht".

Es ist mein Wunsch, dass du gesund bleibst und dass es dir in jeder Hinsicht gut geht – so gut, wie das im Hinblick auf deinen Glauben der Fall ist.

3. JOHANNES 2; NGÜ

sieben

SKANDALÖSE GNADE

Ich erinnere mich noch genau daran, als Hillsong United 2012 dieses Lied herausbrachte: „Scandal of Grace" (deutsch: Skandal der Gnade). Schon nach der ersten Zeile konnte ich nicht mehr einfach so mitsingen: „Grace what have You done?" „Gnade, was hast du getan?" Dieser Ton des Unglaubens, dieses Bekenntnis von „Ich kann kaum glauben, was da passiert ist".

Es ist zu schrecklich und erstaunlich zugleich, um es ganz begreifen zu können. Und doch ist es der vielleicht tiefste Wunsch des Herrn, dass wir genau diese skandalöse Gnade erkennen! Gleichzeitig ist diese Gnade aber auch die Wahrheit, die der Teufel uns am meisten vorenthalten will, damit wir auf Distanz bleiben.

Freimut und ich haben beide unsere eigenen Geschichten, wie wir Gottes Gnade entdecken durften und wie sie unser Leben verändert hat. Ich war zwanzig Jahre alt, Jesus hatte mich von einer Krankheit geheilt und ich war so dankbar, dass ich meinen Lebensstil ändern wollte. Ich liebte Gott und dies erzeugte ein natürliches Verlangen in mir, ihm gefallen zu wollen. Also besuchte ich einen Alpha-Kurs – und versuchte, nicht mehr zu fluchen … Dort hörte ich Nicky Gumbel sagen: „Du musst dich nicht ändern, bevor du zu Jesus kommst. Komm, wie du bist, und er wird dich verändern und dich von allem reinwaschen, was du je falsch gemacht hast." Ich dachte: „Wow, wenn ich das gewusst hätte, wäre ich schon viel früher zu Jesus gekommen."

Freimuts Erfahrungen waren hier völlig andere. Er ging sein ganzes Leben lang in die Kirche und sang sogar im Chor mit. Aber der Glaube war für ihn eher ein Hobby als eine Beziehung. Als er achtzehn Jahre alt war, lud ihn sein Dorfpfarrer ein, als Leiter auf eine Jugendfreizeit mitzukommen. Wer kann schon sagen, ob sie sonst einfach niemanden hatten oder ob dieser Pfarrer tatsächlich die Hoffnung hatte und dafür betete, dass etwas passieren würde. Freimuts Ticket wurde jedenfalls bezahlt und ihm wurde die Verantwortung für eine Gruppe von Jugendlichen übertragen. Was als kostenloses Angebot begann (was irgendwie cool ist, weil

Gnade das kostenlose Geschenk Gottes ist), wurde zu einer lebensverändernden Erfahrung. In den Abendgottesdiensten erlebte er, wie Menschen leidenschaftlich und mit völliger Hingabe Jesus anbeteten, und er begegnete der Gegenwart Gottes. Etwas veränderte sich in seinem Herzen und seinem Denken. Was er dort erlebte, war echt, und wenn es echt war, wollte er es haben. Er sehnte sich nach dieser unmittelbaren und persönlichen Beziehung.

Während du in diesem Kapitel tief in die biblische Wahrheit der Gnade eintauchst, beten wir für eine so klare Offenbarung, dass die Versuche des Feindes, der dir sagen möchte: „Du solltest dich verstecken, du bist schuldig, du bist nicht gut genug, du kannst nicht in die Nähe Gottes kommen", fast schon albern klingen. Im Hebräerbrief heißt es:

Wir wollen also voll Zuversicht vor den Thron unseres gnädigen Gottes treten, damit er uns sein Erbarmen schenkt und uns seine Gnade erfahren lässt und wir zur rechten Zeit die Hilfe bekommen, die wir brauchen.

HEBRÄER 4,16; NGÜ

Indem wir vor den Thron treten, empfangen wir, was wir brauchen. Die Gnade wird uns alle immer wieder neu in seine Nähe einladen. Freimut erinnert uns in unserer Church regelmäßig mit seinem schon fast berühmten Satz daran: „Gnade sagt, du darfst noch mal!"

LERNE DIE AUTOREN KENNEN – SIMON ETTER UND CHRISTIAN CICETTI

Traumurlaubs-Ziel:
Christian: Malediven; Simon: Adelboden

Süß oder salzig:
Christian: salzig; Simon: süß

Meistgesprochenes Gebet:
Christian: „Hilf mir, denn ich weiß überhaupt nicht, was ich hier tue!";
Simon: „Jesus, ich will dich besser kennenlernen!"

Diese beiden Jungs haben einen umwerfenden Sinn für Humor und besitzen gleichzeitig eine unglaubliche Tiefe. Sie sind großartige Pastoren mit einem riesigen Herzen. Deswegen dachten wir, dass sie perfekt für dieses Thema geeignet sind.

Wir haben gesehen, wie Simon über Jahre hinweg Menschen in ihren Kämpfen beigestanden und nie aufgehört hat, sich regelmäßig mit ihnen zu treffen, um mit ihnen einen Kaffee zu trinken und für sie zu beten. Wir haben gesehen, was für ein begabter Prediger Christian (liebevoll Minzi genannt) ist, und wie er aus dem Nichts etwas aufgebaut hat und seine Leidenschaft stets beibehielt. Beide sind sie Säulen in unserer Church und ein Segen für so viele Menschen!

SIMON UND CHRISTIAN, WIR SIND SO DANKBAR FÜR EUCH BEIDE UND PREISEN GOTT FÜR DIE ART UND WEISE, WIE IHR MENSCHEN LIEBT UND SIE AUF JESUS HINWEIST. IHR LASST JESUS HELL LEUCHTEN. ICH WEISS, DAS KLINGT KITSCHIG, ABER MANCHE MENSCHEN LEUCHTEN HELL UND MANCHE MENSCHEN LASSEN JESUS HELL LEUCHTEN – IHR MACHT GENAU DAS. WIR LIEBEN EUCH

DEEP DIVE

SKANDALÖSE GNADE

Den meisten von uns kommen vermutlich sofort unzählige Predigten und Bibelstellen in den Sinn, wenn sie das Wort „gnädig“ oder „Gnade“ hören. Lasst uns aber von vorn anfangen und den Begriff erst mal ein bisschen unter die Lupe nehmen, bevor wir über die praktische Auswirkung der Gnade Gottes in unserem Leben reflektieren.

GNA·DE
/Gnáde/

Duden.de:
„Gunst eines sozial, gesellschaftlich o. ä. Höherrangigen gegenüber einem sozial, gesellschaftlich o. ä. auf niedrigerem Rang Stehenden“[25]

Merriam Webster:
„Unverdiente göttliche Hilfe, die den Menschen für ihre Regeneration oder Heiligung gegeben wird“[26]

Wikipedia:
„Im Christentum ist Gnade eine der Grundeigenschaften Gottes. Die Gnade, die Gott dem Gläubigen beziehungsweise der gesamten Menschheit ohne Vorbedingung schenkt, bildet den Kern der christlichen Botschaft.“[27]

Es gibt so viele Ideen und Konzepte von Gnade. Aber was hatten eigentlich die Autoren der Bibel im Kopf, wenn sie das Wort „Gnade“ benutzt haben?

DÜRFEN WIR VORSTELLEN: GOTT!

Im zweiten Buch Mose offenbart sich Gott Mose zum ersten Mal. Dabei beschreibt er sich selbst unter anderem mit dem Wort „gnädig", auf Hebräisch *chanun*. (Merk dir dieses Wort, wir kommen gleich noch mal darauf zurück.)

Der HERR, der HERR, der starke Gott, der barmherzig und *gnädig* ist, langsam zum Zorn und von großer Gnade und Treue; der Tausenden Gnade bewahrt und Schuld, Übertretung und Sünde vergibt, [...]!

2. MOSE 34,6B-7A; SCHL

Diese Verse sind die meistzitierten und am häufigsten wiederholten Verse im ganzen Alten Testament. Es ist also offensichtlich, dass diese Worte für das biblische Verständnis von Gott absolut zentral sind. Gnade ist ein Attribut, mit dem sich Gott selbst beschreibt und das sich wie ein roter Faden durch das ganze Alte und Neue Testament zieht. Deshalb wollen wir uns in diesem Kapitel damit auseinandersetzen, was Gnade bedeutet und wie sie unser Leben verändern kann.

LET'S GET NERDY: *CHANUN* UND VERWANDTE WORTE

Schnall dich an. Jetzt wird es ein bisschen theoretisch, aber wir glauben, dass die folgenden Abschnitte eine gute Grundlage dafür sind, die Fülle der Gnade noch besser verstehen zu können.[28]

Das hebräische Wort *chanun* (חנון), was wir mit „gnädig" übersetzen, stammt vom hebräischen Wort *chen* (חן) ab. Wenn wir in unserer deutschen Bibel das Wort „Gnade" lesen, steht im Originaltext also meistens eine Variation des Wortes *chen*.

Chen hat im Alten Testament aber auch andere Bedeutungen. Es ist hilfreich, wenn wir uns kurz die unterschiedlichen Verwendungen anschauen.

CHEN – AUSDRUCK DER ÄSTHETIK

Chen wird im hebräischen Alten Testament benutzt, um etwas zu beschreiben, das „elegant, charmant" ist. Von Poetinnen und Poeten, die Worte in einer eleganten und wunderschönen Art gebrauchen, wird auch gesagt, dass sie Lippen von *chen* haben – also „Lippen der Gnade“. Solche Poetinnen und Poeten geben der Welt ein Geschenk der Schönheit und Wertschätzung, welches mit Gunst angesehen wird:

Du bist schöner als die Menschenkinder;
***Gnade [chen]* ist ausgegossen über deine Lippen;**
darum hat Gott dich gesegnet auf ewig.
PSALM 45,3; SCHL

Wer Herzensreinheit liebt und *Gnade [chen]*
auf seinen Lippen hat, dessen Freund ist der König.
SPRÜCHE 22,11; SCHL

Eine wunderschöne Halskette oder Kopfbedeckung können auch „Kranz oder Ornament der Gnade“ genannt werden.

Denn sie sind ein schöner Kranz *[der Gnade – chen]*[29]
für dein Haupt und ein Schmuck um deinen Hals.
SPRÜCHE 1,9; SCHL

Sie werden deiner Seele zum Leben dienen und
zum Schmuck *[der Gnade – chen]*[30] deinem Hals.
SPRÜCHE 3,22; SCHL

Der Fokus des Wortes *chen* liegt nicht so sehr auf der Schönheit oder Eleganz, die einem Objekt innewohnt, sondern auf der Wahrnehmung von Schönheit und Charme in den Augen der betrachtenden Person. *Chen* bezieht sich auf etwas, das als wertvoll wahrgenommen wird und daher eine positive Reaktion hervorruft.

CHEN – AUSDRUCK DER BEZIEHUNG

Chen kann auch „Gunst und Großzügigkeit zeigen“ bedeuten. Diese Bedeutung beinhaltet zugleich, dass Gunst unabhängig von Verpflichtung oder Wertzuschreibung gezeigt wird.

Das Verb *chanan* wird verwendet, um großzügige und wohltätige Handlungen zu beschreiben. Es kann aber auch im Zusammenhang mit jemandem gebraucht werden, der um einen Gefallen bittet oder einem anderen einen Gefallen tut.

Für die Bedeutung von *chanan* ist der soziale Status entscheidend: Es beschreibt immer die positive Reaktion oder Handlung einer Vorgesetzten oder eines Vorgesetzten gegenüber einer Person mit niedrigerem sozialem Status.

Im Buch Esther tritt Esther vor König Ahasveros, um ihn zu bitten, ihr Volk zu verschonen.

Und er gab ihm die Abschrift des schriftlichen Befehls,
der zu ihrer Vertilgung in Susan erlassen worden war,
damit er ihn Esther zeige und ihr berichte und sie auffordere,
zum König hineinzugehen, *um seine Gnade zu erflehen [chanan]*
und vor seinem Angesicht für ihr Volk zu bitten.

ESTHER 4,8; SCHL

Esther aber redete weiter vor dem König und fiel ihm zu Füßen,
weinte und *flehte ihn an [chanan],* dass er die Bosheit Hamans,
des Agagiters, abwenden möchte, nämlich seinen Anschlag,
den er gegen die Juden erdacht hatte.

ESTHER 8,3; SCHL

Esther ist eine Untergebene, die einen Antrag an einen Vorgesetzten stellt, der nicht verpflichtet ist, ihrem Antrag stattzugeben. Aber er tut es. Der König „zeigt Gunst" für Esther.

Im ersten Buch Mose erinnern sich Josephs Brüder daran, wie sie ihren Bruder in die Grube warfen, obwohl er sie bat, ihm Gunst zu erweisen. Er flehte sie an, seine Arroganz zu vergeben und ihn nicht als Sklaven zu verkaufen, aber sie ließen von ihrem Vorhaben nicht ab.

Sie sagten aber zueinander: Wahrlich, wir sind schuldig wegen
unseres Bruders! Denn wir sahen die Drangsal seiner Seele,
als er uns *[um Erbarmen] anflehte [chanan];* wir aber hörten nicht
auf ihn. Darum ist diese Drangsal über uns gekommen!

1. MOSE 42,21; SCHL

Wir sehen diese Verwendung des Wortes erneut im Buch der Sprüche. Dort wird ein Mensch, der Gott liebt, als jemand beschrieben, der gegenüber einer Person mit einem geringeren sozialen Status Gunst zeigt.

Wer den Schwachen unterdrückt, der lästert seinen Schöpfer, wer Ihn aber ehren will, der *erbarmt sich [chanan]* über den Armen.
SPRÜCHE 14,31; SCHL

GNADE IN DEINEN AUGEN FINDEN – UMSTURZ MENSCHLICHER MACHTSTRUKTUREN

Chen begegnet uns in der Bibel am häufigsten in der allgemeinen Formulierung „Gnade in deinen Augen finden". In der Hebräischen Bibel wird diese Bedeutung 47 Mal verwendet, zum Beispiel hier:

[...] da fand Joseph *Gnade [chen] in seinen Augen* und durfte ihn bedienen; und er setzte ihn zum Aufseher über sein Haus und gab alles, was er hatte, in seine Hand.
1. MOSE 39,4; SCHL

Da fiel sie auf ihr Angesicht und neigte sich zur Erde und sprach: Warum habe ich vor *deinen Augen Gnade [chen]* gefunden, dass du dich um mich kümmerst, da ich doch eine Fremde bin?
RUTH 2,10; SCHL

Immer wenn dieser Satz in der Bibel fällt, erhält eine Person in einer verletzlichen oder untergeordneten Position mit niedrigem Status von einer anderen Person mit einem höheren Status ein Geschenk der Gunst oder Freundlichkeit. Dieses Geschenk wird ohne Rücksicht auf den Wert oder den Status eines Menschen und ohne Verpflichtung gegeben. Manchmal wird der erbetene Gefallen nicht einfach unabhängig vom Wert einer Person gegeben, sondern trotz ihres Wertmangels. In beiden Fällen bittet eine Person, die einer anderen Person Unrecht getan und sie betrogen hat, um ein Geschenk der Gunst.

Laban antwortete: Ach, dass ich doch *in deinen Augen Gnade [chen] fände!* Ich habe ja erfahren, dass der HERR mich um deinetwillen gesegnet hat.
1. MOSE 30,27; SCHL

Und er fragte: Was willst du denn mit jenem ganzen Heer, dem ich begegnet bin? Jakob antwortete: Ich wollte *Gnade [chen] finden in den Augen meines Herrn!*

1. MOSE 33,8; SCHL

GOTT HANDELT GROSSZÜGIG GNÄDIG

Bei der Verwendung der *chanan*-Wortgruppe macht das menschliche gnädige Handeln etwa ein Drittel aller Verwendungen in der Hebräischen Bibel aus. Die meisten Ereignisse, in denen die *chanan*-Wortgruppe verwendet wird, handeln von der großzügigen Gnade Gottes, die er seinem Volk entgegenbringt.

Die erste Person in der Bibel, der Gott *chen* zeigte, ist Noah. Er bemerkte Noahs gerechte Lebensentscheidungen und bewahrte ihn vor der kommenden Bestrafung der Menschheit. In 1. Mose 6,5-7 lesen wir, dass Gott die große Bosheit des Menschen sah. „[…] da reute es den HERRN, dass er den Menschen gemacht hatte […].“ Aber in Vers 8 heißt es:

Noah aber fand *Gnade [chen] in den Augen des HERRN.*

1. MOSE 6,8; SCHL

DER VORFALL MIT DEM GOLDENEN KALB

Das vielleicht beste Beispiel dafür, dass Gott unverdiente Gunst zeigt, ist die Geschichte vom Goldenen Kalb in 2. Mose 32. Diese Geschichte ist auch der Kontext, in dem wir die Beschreibung von Gottes Charakter finden, die wir ganz am Anfang erwähnt haben.

Das Volk bricht die ersten beiden Bedingungen des Bundes, gleich nachdem es ihn geschlossen hat: keine anderen Götter und keine Götzenbilder haben. Gott sagt Mose, dass er mit diesen Menschen fertig sei, dass sie sowieso weiterhin sündigen werden. Er plant, sie zu verlassen und sie ohne seine Anwesenheit in Richtung des verheißenen Landes ziehen zu lassen.

Mose zerschmettert zuerst die Tafeln des Bundes (und lässt das Volk die Asche trinken!) und steigt dann für fünf Runden der Fürbitte und des Gebetes zu Gott auf den Berg. Irgendwann sagt Mose:

Wenn du nicht selbst mitgehst, so führe uns nicht von hier hinauf! Denn woran soll denn erkannt werden, *dass ich Gnade gefunden habe vor deinen Augen [chen],* ich und dein Volk, als daran, dass du mit uns gehst, sodass ich und dein Volk ausgezeichnet werden vor jedem Volk, das auf dem Erdboden ist?

2. MOSE 33,15B-16; SCHL

Gott antwortet Mose darauf:

Auch dies, was du jetzt gesagt hast, will ich tun; *denn du hast Gnade gefunden vor meinen Augen [chen],* und ich kenne dich mit Namen!

2. MOSE 33,17B; SCHL

Gott wendet sich schließlich wieder seinem Volk zu und erneuert den Bund, den es gerade gebrochen hat: Er erscheint Mose und sagt ihm, dass er „barmherzig und gnädig *[chanun]*“ sei (2. Mose 34,6; SCHL). Er schenkt den Menschen großzügige Gunst, auch wenn sie das Gegenteil verdient haben.

Dieses Charaktermerkmal Gottes aus 2. Mose 32–34 wird zur Grundlage für alle zukünftigen Interaktionen Gottes mit seinem Volk Israel. Von da an appellieren Königinnen und Könige, Prophetinnen und Propheten, Poetinnen und Poeten regelmäßig an Gottes Gnade.

AUFRUFE AN GOTTES GNADE

In den Psalmen bittet der Psalmist Gott häufig um *chanan*: Er möge ihn vor Schwierigkeiten, Tod und Krankheit bewahren oder die Menschen aus dem Exil und aus Niederlagen befreien:

Antworte mir auf mein Schreien, du Gott meiner Gerechtigkeit!
In der Bedrängnis hast du mir Raum gemacht;
***sei mir gnädig [chanan]* und erhöre mein Gebet!**

PSALM 4,2; SCHL

Wende dich zu mir und *sei mir gnädig [chanan],* denn ich bin einsam und elend! Die Ängste meines Herzens haben sich vermehrt;
führe mich heraus aus meinen Nöten! Sieh an mein Elend und mein Leid, und vergib mir alle meine Sünden!

PSALM 25,16-18; SCHL

***Sei mir gnädig [chanan],* o HERR, denn ich verschmachte!**
Heile mich, o HERR, denn meine Gebeine sind erschrocken [...].

PSALM 6,3; SCHL

Meine Tage sind wie ein lang gestreckter Schatten, und ich verdorre wie Gras. Aber du, o HERR, thronst auf ewig, und dein Gedenken bleibt von Geschlecht zu Geschlecht. Du wirst dich aufmachen und dich über Zion erbarmen; denn es ist Zeit, dass du *ihr Gnade erweist [chanan];* die Stunde ist gekommen!

PSALM 102,12-14; SCHL

ANTWORT AUF REBELLION

Chen ist das Charaktermerkmal Gottes, das in den Momenten erwähnt wird, in denen Menschen gegen Gott rebelliert haben. Sie bitten um Gottes Gunst, obwohl sie sie nicht verdienen.

So reflektiert König David in Psalm 51 die Vergewaltigung von Bathseba und die von ihm veranlasste Ermordung ihres Mannes. David hat Gottes Gunst nicht verdient, aber er erbittet sie trotzdem:

O Gott, sei mir gnädig nach deiner *Güte [chanan]*; tilge meine Übertretungen nach deiner großen Barmherzigkeit!
PSALM 51,3; SCHL

Und Gott? Er ist großzügig und erlaubt David, König zu bleiben. Allerdings verhindert er nicht die Folgen von Davids schlechten Entscheidungen, die seine Familie zerstören werden.

Auch König Salomo bittet um die Gunst Gottes. In seinem Gebet zur Weihung des Tempels nimmt er bereits alle Katastrophen vorweg, die Israel passieren könnten, wenn sie Gott verlassen und ihm den Rücken zukehren würden.

[…] und vergib deinem Volk, was sie gegen dich gesündigt haben, und alle ihre Übertretungen, die sie gegen dich begangen haben, und *lasse du sie Barmherzigkeit finden [racham]* **bei denen, die sie gefangen weggeführt haben, sodass sie sich über sie erbarmen […].**
1. KÖNIGE 8,50; SCHL

Oder Nehemia. Er erzählt davon, wie Gott dem Volk Israel gegenüber gnädig war, obwohl es am Berg Sinai und in der Wüste rebelliert hat (Nehemia 9,17). Dann bittet er Gott, diese Gnade und Gunst zu erneuern und fortzusetzen, indem er sein Volk nach dem babylonischen Exil wiederherstellt.

Aber nach deiner großen Barmherzigkeit hast du sie nicht völlig vertilgt und sie nicht verlassen. Denn du bist ein *gnädiger [racham]* **und barmherziger Gott!**
NEHEMIA 9,31; SCHL

GOTTES *CHEN* IN JESUS VERKÖRPERT

Bis zu diesem Zeitpunkt ist *chen* – diese unverdiente Gunst und Gnade Gottes – ein zuverlässiger Charakterzug Gottes, an dem sich sein Volk immer wieder festhält.

Das Neue Testament ist auf Griechisch geschrieben, genauso auch die Septuaginta. Die Septuaginta war eine griechische Übersetzung des hebräischen Alten Testaments.[31] In ihr wird das Wort *chen* fast immer mit *cháris* übersetzt. *Cháris* bedeutet „Geschenk" oder „Gnade".

Als die ersten Nachfolger Jesu zurückschauen auf sein Leben, seinen Tod und seine Auferstehung, verwenden sie das Vokabular von „Gnade" und „Geschenk", um es zu beschreiben.

In der folgenden Passage hat Johannes eine messianische Version von 2. Mose 34,6 geschaffen, indem er die Themen von 2. Mose 19–40 neu formuliert:

Er, der das Wort ist, wurde ein Mensch von Fleisch und Blut und lebte unter uns. Wir sahen seine Herrlichkeit, eine Herrlichkeit voller *Gnade [cháris]* und Wahrheit, wie nur er als der einzige Sohn sie besitzt, er, der vom Vater kommt. Wir alle haben aus der Fülle seines Reichtums *Gnade [cháris]* und immer neu *Gnade [cháris]* empfangen. Denn durch Mose wurde uns das Gesetz gegeben, aber durch Jesus Christus sind die Gnade und die Wahrheit zu uns gekommen.

JOHANNES 1,14.16-17; NGÜ

In der Geschichte Jesu ist Gottes gnädige Gunst zu einer Person geworden, zum ultimativen Geschenk der großzügigen Liebe Gottes, das ohne Rücksicht auf Status oder Wert gegeben wird. Und noch mehr: Es wird denen gegeben, die eines Geschenks nicht würdig sind und stattdessen Verurteilung und Strafe verdient hätten.

Paulus war sich der Diskrepanz zwischen seinem Wert und der ihm geschenkten Gnade Gottes, die ihm durch Jesus gezeigt wurde, sehr bewusst:

Aber er hat sich über mich *erbarmt*, weil ich in meinem Unglauben nicht wusste, was ich tat. Geradezu überwältigend war die *Gnade [cháris]*, die unser Herr mir erwiesen hat, und sie hat in mir einen Glauben und eine Liebe entstehen lassen, wie sie nur durch Jesus Christus möglich sind.

1. TIMOTHEUS 1,13B-14; NGÜ

Paulus beschreibt die Menschen als lebende Tote, gefangen von den Mächten des Todes, der Selbstsucht und der Sünde. Doch Gott ist reich an Barmherzigkeit und Liebe. Er hat den Toten durch Jesus Leben gegeben und seine unbegreiflich große Gnade (*cháris*) im Messias Jesus für alle greifbar gemacht.

Doch Gottes Erbarmen ist unbegreiflich groß! Wir waren aufgrund unserer Verfehlungen tot, aber er hat uns so sehr geliebt, dass er uns zusammen mit Christus lebendig gemacht hat.

Ja, es ist nichts als *Gnade [cháris]*, dass ihr gerettet seid!
EPHESER 2,4-5; NGÜ

Bis in alle Ewigkeit will er damit zeigen, wie überwältigend groß seine *Gnade [cháris]* ist, seine Güte, die er uns durch Jesus Christus erwiesen hat. Noch einmal: Durch Gottes *Gnade* [cháris] seid ihr gerettet, und zwar aufgrund des Glaubens. Ihr verdankt eure Rettung also nicht euch selbst; nein, sie ist Gottes Geschenk. Sie gründet sich nicht auf menschliche Leistungen, sodass niemand vor Gott mit irgendetwas großtun kann.
EPHESER 2,7-9; NGÜ

Ihr wisst ja, woran sich die *Gnade [cháris]* von Jesus Christus, unserem Herrn, gezeigt hat: Er, der reich war, wurde arm, damit ihr durch seine Armut reich werdet.
2. KORINTHER 8,9; NGÜ

Wir bitten unseren Herrn Jesus Christus und Gott, unseren Vater, der uns seine Liebe erwiesen und uns in seiner *Gnade [cháris]* eine nie versiegende Ermutigung und eine sichere Hoffnung geschenkt hat.
2. THESSALONICHER 2,16; NGÜ

UND PLÖTZLICH WIRD'S PERSÖNLICH

Dieses Geschenk ist jetzt plötzlich nicht mehr einfach nur etwas, das wir in der Bibel studieren können. Es ist ein Geschenk, das Gott jedem von uns macht. Durch Jesu Leben, Tod und Auferstehung gibt es Rettung für uns Menschen und unsere Welt. Das ist das ultimative *cháris*. Dieses Geschenk ist unglaublich wertvoll!

Wir werden nie die ganze Tiefe und Weite davon verstehen können. Durch Jesus haben wir Zugang zu einer persönlichen Beziehung mit Gott und das Versprechen auf ein ewiges Leben. Damit einher geht der Auftrag, Gottes Königreich auf diese Welt zu bringen. Es tut sich eine neue Dimension und Tiefe in unserem Leben auf, die wir ohne Jesus nie kennengelernt hätten.

Was für jedes herzliche Geschenk gilt, gilt ganz besonders für *cháris*: Wir dürfen es einfach annehmen und empfangen.

ZU GUT, UM WAHR ZU SEIN!

Jetzt gibt es da aber ein kleines Problem. Viele Menschen verspüren in sich einen Drang, Verhältnisse und Umstände fair zu gestalten. Irgendwie scheinen wir das im Blut zu haben. Wenn Kinder zusammen spielen, dauert es meist nicht lang, bis eines von ihnen ruft: „Das ist unfair!"

Gott hat uns dieses Geschenk gemacht, obwohl wir es nicht verdient haben. Paulus schreibt im Römerbrief:

Christus starb ja für uns zu einer Zeit,
als wir noch ohnmächtig der Sünde ausgeliefert waren;
er starb für Menschen, die Gott den Rücken gekehrt hatten.
RÖMER 5,6; NGÜ

Es scheint extrem unfair zu sein, dass wir nun mit all unseren Verfehlungen, Fehlern und Schulden zu Gott kommen, dieses Geschenk Gottes annehmen und in ein neues Leben reinwachsen dürfen. Deswegen versuchen manche Menschen, dieses Geschenk zu verdienen. Aber in der Bibel steht es klar und deutlich: Diese Gnade ist unverdient. Wir können sie uns nicht verdienen.

Gottes Gnade ist ein Skandal! Sie geht entgegen all unserer menschlichen Intuition. Viele von uns kennen den Begriff „Karma". Er wird im Volksmund benutzt, um zu beschreiben, dass man das erhält, was man verdient. Wenn du etwas Schlechtes machst, wird dir etwas Schlechtes widerfahren. Wenn du Gutes tust, wird dir Gutes passieren. Gnade ist genau das Gegenteil von Karma, denn wir empfangen sie, obwohl wir sie nicht verdient haben. Wir erleben Gnade nicht aufgrund unserer guten Taten, sondern trotz all unserer schlechten Taten und Fehler.

Dass Gott selbst Mensch wurde, den Preis für alle unsere Verfehlungen bezahlt und uns wieder einen Zugang und eine Beziehung mit ihm möglich gemacht hat – das ist Gottes ultimative *cháris*. Ein Geschenk, das wir uns niemals verdienen könnten. Er hat uns dieses Geschenk gegeben, weil er voller Zuneigung und Liebe für uns ist. Das ist Gnade! Das ist Gott.

GNADE IN MIR

Wenn du dich an den Moment zurückerinnerst, in dem du diese Gnade zum ersten Mal erfahren hast, kommt dir vielleicht auch noch in den Sinn, dass du eine Entscheidung treffen musstest. Da stand eine Frage im Raum: „Möchte ich diese Gnade für mich annehmen und in mir wirken lassen oder nicht?"

Ja, du hast richtig gelesen. Es geht nicht nur um ein Annehmen, sondern auch um ein In-dir-wirken-Lassen. Denn Jesu Gnade gibt sich nicht mit der Errettung deiner Ewigkeit zufrieden. Allein das wäre schon unendlich wertvoll, doch unser großartiger Gott möchte dir noch so viel mehr schenken! Er möchte dir schon jetzt Veränderung schenken und dich nicht dort lassen, wo du dich gerade befindest. Wie das Lied „Scandal of Grace" (dt. „Skandal der Gnade") beschreibt, kannst du Veränderung in dir erleben, indem du immer wieder aktiv das Gespräch mit Gott suchst.

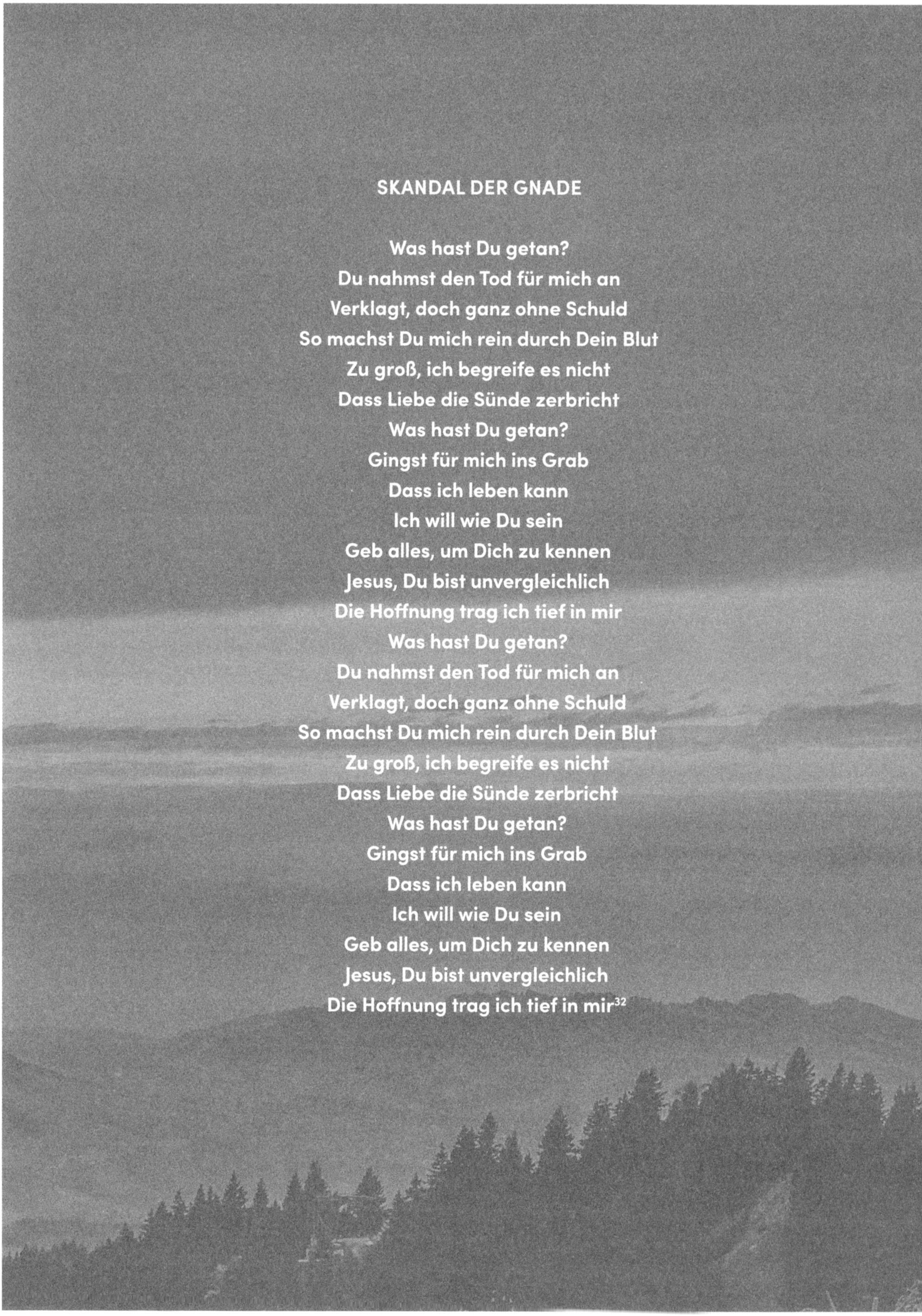

SKANDAL DER GNADE

Was hast Du getan?
Du nahmst den Tod für mich an
Verklagt, doch ganz ohne Schuld
So machst Du mich rein durch Dein Blut
Zu groß, ich begreife es nicht
Dass Liebe die Sünde zerbricht
Was hast Du getan?
Gingst für mich ins Grab
Dass ich leben kann
Ich will wie Du sein
Geb alles, um Dich zu kennen
Jesus, Du bist unvergleichlich
Die Hoffnung trag ich tief in mir
Was hast Du getan?
Du nahmst den Tod für mich an
Verklagt, doch ganz ohne Schuld
So machst Du mich rein durch Dein Blut
Zu groß, ich begreife es nicht
Dass Liebe die Sünde zerbricht
Was hast Du getan?
Gingst für mich ins Grab
Dass ich leben kann
Ich will wie Du sein
Geb alles, um Dich zu kennen
Jesus, Du bist unvergleichlich
Die Hoffnung trag ich tief in mir[32]

Gnade lässt dich hoffen und schenkt dir Frieden – für deine Ewigkeit, aber genauso für dein Jetzt. Auch wenn du dich vielleicht in ausweglosen Situationen befindest und deine automatische und verständliche Reaktion wäre, in Angst und Panik zu verfallen, darfst du einen Frieden in dir spüren, der allen Verstand übersteigt.

Gnade macht dich Jesus ähnlicher. Auch wenn du frustriert bist von Gewohnheiten und Verhaltensweisen, die du dir in der Vergangenheit angeeignet hast, musst du nicht die Flinte ins Korn werfen und aufgeben! Jesu Gnade befähigt dich, Altes abzustreifen und stattdessen neue Verhaltens- und Gedankenmuster anzunehmen, die göttlich sind.

Gnade hilft dir, dein volles Potenzial auszuschöpfen und deine Berufung zu leben. Gott hat einen großartigen Plan für dein Leben. Du bist nicht auf dieser Erde, um einfach vor dich hin zu leben. Gott hat einzigartiges Potenzial in dich hineingelegt und möchte dir helfen, dieses zu entfalten und jeden Tag in deiner Berufung zu leben.

Gnade befähigt dich, deinen Alltag zu bewältigen. Viel zu oft fühlen wir uns überwältigt von all den Forderungen und Pflichten, die unser Alltag mit sich bringt. Dann stehen wir vor einem riesigen Berg an Aufgaben, der über uns einzustürzen droht. Dabei vergessen wir allerdings oft, dass Gott uns mit allem versorgt, was wir brauchen, um unser Leben zu leben!

Das sind nur ein paar Beispiele davon, wie Gottes Gnade in uns wirken kann. Vielleicht trifft eines von ihnen auf dich zu, vielleicht trägst du aber auch gerade noch etwas ganz anderes mit dir herum. Doch egal, was es ist, bei einer Sache dürfen wir uns sicher sein: Gott hat mehr für uns, als nur gerade eben so über die Ziellinie unseres Lebens gerettet zu werden.

Wie groß ist dein Hunger, die volle Dimension von Gottes Gnade in deinem Leben zu erfahren? Ich will dich ermutigen: Ergreife die Gnade in ihrer ganzen Fülle und strecke dich nach allem, was Gott dir geben möchte, aus!

GNADE DURCH MICH

Vor über fünfhundert Jahren hat Martin Luther seine Schrift „Freiheit eines Christenmenschen" veröffentlicht. Sie spricht von der Freiheit, die sich dem Menschen eröffnet, wenn er durch seinen Glauben an Jesus vor Gott gerecht wird. Dies ist allein durch Gnade möglich, in Luthers Worten: *„sola gracia"*.

Luthers Schrift hat zwei zentrale Aussagen:

- Ein Christenmensch ist ein freier Herr über alle Dinge und niemand untertan (vgl. Römer 13,8).
- Ein Christenmensch ist ein dienstbarer Knecht aller Dinge und jedermann untertan (vgl. Galater 4,4).[33]

Klingt widersprüchlich? Eigentlich sind diese zwei Aussagen, wenn man sie kombiniert, der zentrale Ausdruck und Inhalt unseres Lebens als Christin beziehungsweise Christ. Wir sind begnadigt, um mit Gott in einer Beziehung zu leben und errettet zu werden. Doch nicht nur das: Gottes Gnade ist in uns am Wirken, um uns in die Vollkommenheit unserer gottgegebenen Identität zu führen. Und genau diese zwei Tatsachen bilden die beste Voraussetzung dafür, um die Gnade Gottes durch uns wirken zu lassen und anderen damit zu dienen. Wir sind frei und haben Gnade erlebt, daher können wir nicht mehr anders, als diese Gnade mit anderen zu teilen und ihnen davon zu erzählen.

In der Bibel lesen wir von der Samaritanerin am Brunnen. Nach ihrer Begegnung mit Jesus, nach ihrer Erfahrung mit Gnade, konnte sie nicht anders, als zurück in ihr Dorf zu gehen und den anderen davon zu erzählen (Johannes 4,1-42). Die Gnade, die sie erlebt hatte, wurde durch sie zum Segen für andere und ermöglichte ihnen, Jesus kennenzulernen. Die Samaritanerin hatte aufgrund ihrer Vorgeschichte mit Sicherheit kein großes Ansehen in der Stadt, doch ihre Veränderung und Freude müssen so präsent gewesen sein, dass die Leute neugierig wurden auf „diesen Jesus".

Wie wird Gnade durch dich sichtbar? Gott möchte durch uns genauso wirken wie durch diese junge Frau. Weil wir begnadigt wurden, können und sollen wir seine Gnade und Liebe in diese Welt hinaustragen.

HALTE INNE UND REFLEKTIERE

Nimm dir einen Moment Zeit, um über die folgenden Fragen nachzudenken. Such dir dafür am besten einen ruhigen Ort.

- Woran denkst du, wenn du das Wort „Gnade" hörst?
- Gottes Gnade wurde im Neuen Testament persönlich durch Jesus Christus. Aber Gott war schon immer gnädig. Kennst du Beispiele aus dem Alten Testament, wo Gott gnädig war? Notiere sie dir.
- Fällt es dir leicht, anderen *chen* zu geben? Wenn nein, warum?
- Gibt es Momente in deinem Leben, wo du auf die Gnade Gottes zurückschauen kannst? Wenn ja, welche?
- Was löst diese „eigentlich viel zu" gute Botschaft der Gnade in dir aus?
- Fällt es dir leicht oder schwer, die Theorie der Gnade praktisch für dein Leben anzunehmen/anzuwenden? Warum?
- War dir bewusst, dass dir durch Gottes Gnade nicht nur vergeben ist, sondern dass du durch sie auch innerlich wachsen darfst?
- In welchem Bereich brauchst du gerade am dringendsten die Gnade Gottes?
- War dir schon immer bewusst, dass Gott seine Gnade durch dich in dieser Welt sichtbar machen möchte, damit sie so auch an anderen wirken kann? Wenn nein, warum nicht?
- Wie kann es in deinem Leben praktisch aussehen, die Gnade Gottes durch dich wirken zu lassen?

DIVE DEEPER

Wenn du dich noch weiter mit dem Thema „Gnade“ beschäftigen möchtest, schau mal in eines der folgenden Bücher, hör dir den Podcast an oder schau dir das Video an. Vielleicht magst du auch einfach einem der Songs lauschen, die von Gottes unglaublicher Gnade erzählen.

BÜCHER

- Timothy Keller, Gott schenkt uns seine Gnade. Der Römerbrief erklärt. Kapitel 1–7, Brunnen Verlag, Gießen 2019
- Judah Smith, Jesus Ist. Das Menschsein neu entdecken, Grace Today Verlag, Schotten 2013
- Jospeh Prince, Die Revolution der Gnade. Erlebe die Kraft für ein Leben frei von Niederlage, Grace Today Verlag, 3. Auflage, Schotten 2019
- Matthias Hoffmann, Gottes Vaterherz entdecken. Gott als Vater erleben. Ein Praxisbuch mit persönlichen Hilfestellungen, Gott als Vater zu erleben, cap-books, erweiterte und überarbeitete Neuauflage, Haiterbach-Beihingen 2013
- Charles R. Swindoll, The Grace Awakening, W Publishing Group, Nashville 2005

PODCASTS/YOUTUBE

- Hillsong Church Germany: Joanna Haverkamp, Die Kraft der überwältigenden Gnade, vom 10.01.2021, zu hören zum Beispiel auf Spotify: https://open.spotify.com/episode/6LmNUw7d7ro3V4JM9xUD7n

- Johannes Hartl, Gnade, Werke, Geist & Wahrheit. Eine theologische Diskussion, vom 28.03.2013, zu sehen auf Youtube: https://youtu.be/vBTp53d_h9g

SONGS

- Hillsong United, Skandal der Gnade
- Hillsong Worship, Die Gnade siegt
- Chris Tomlin, Amazing Grace (My Chains Are Gone)

Acht

DIENENDE LEITERSCHAFT

Was bewegt dein Herz am meisten, wenn du an Jesus denkst? Ist es der Schmerz, den er für uns erlitten hat? Ist es die Art und Weise, wie er Mitgefühl für die Menschen hatte, oder seine Fähigkeit, Einzelne in einer Menge zu sehen? Ist es die Art und Weise, wie er sich Zeit für die Kinder nahm, oder seine Geduld mit den Jüngern?

In Johannes 13 lesen wir über das letzte Mahl, das Jesus mit seinen Jüngern feierte. Es muss ein unglaublich angespannter und gewichtiger Moment gewesen sein. Johannes lässt uns wissen, dass Judas bereits vom Teufel verführt worden war. Jesus hatte den Jüngern gesagt, dass er sterben würde. Er hatte sie gelehrt, sich durch Brot und Wein an sein Opfer zu erinnern, und sie mit tief gehenden Worten über seinen Leib und sein Blut zurückgelassen.

Und in alldem gab es nun eine letzte Sache, die Jesus ihnen zeigen wollte. In Vers 3 lesen wir, dass Jesus wusste, dass der Vater alle Dinge unter seine Macht gestellt hatte und dass er von Gott gekommen war und zu Gott zurückkehren würde.

Du weißt wahrscheinlich, was als Nächstes kommt, aber lass uns hier einen Moment innehalten und uns bewusst machen, wie wichtig es ist, unsere Identität in Christus zu kennen! Denn es ist dieses Wissen, das uns frei macht, nicht nur zu dienen, sondern wirkliche Dienerinnen und Diener zu sein.

Jesus stand vom Essen auf und wickelte sich ein Handtuch um seine Taille. Er goss Wasser in ein Becken und begann, den Jüngern die Füße zu waschen. Danach trocknete er sie mit dem Tuch, das um ihn gewickelt war, ab. Sogar seinem Verräter wusch er die Füße! Als er fertig war, sagte er:

Ihr nennt mich Meister und Herr, und das mit Recht, denn ich bin es. Wenn nun ich, der Herr und der Meister, euch die Füße gewaschen habe, sollt auch ihr einander die Füße waschen. Ich habe euch ein Beispiel gegeben, damit auch ihr so handelt, wie ich an euch gehandelt habe. Denkt daran: Ein Diener ist nicht größer als sein Herr, und ein Bote ist nicht größer als der, der ihn sendet.

JOHANNES 13,13-16; NGÜ

Jesus zeigte seinen Jüngern in diesem letzten Moment, wer und was er wirklich war – sowohl Heiland als auch Diener! Ein Diener seines Vaters, der ihn gesandt hatte. Deshalb war er auch ein Diener der Menschheit. Alles, was dich an Jesus bewegt, alles, was dich staunen und vor Dankbarkeit und Liebe zu ihm überfließen lässt, sind letztlich sein dienendes Herz und seine dienende Hand.

Wir beten, dass du Jesus in den nächsten vier Andachten begegnest. Schaue nicht nach rechts oder links zu deinen Gemeindeleitenden, Vorgesetzten oder Familienmitgliedern, sondern richte deinen Blick auf Jesus, der für uns ein perfektes Vorbild ist. Lass uns alle unser Bestes geben, seinem unglaublichen Beispiel zu folgen, denn dienende Leiterschaft bewegt Herzen. Sie ist attraktiv. Sie ist kraftvoll. Und sie gibt Gott die Ehre.

Eins ist mir noch wichtig zu sagen: Als Jüngerinnen und Jünger von Jesus sind wir alle dazu berufen, Leiterinnen und Leiter zu sein. Falls du dieses Kapitel am liebsten übersprungen hättest, lass dir deshalb sagen: Du bist gemeint! Auch wenn du gerade kein Team leitest, schau dir an, wie Jesus geleitet hat. Wir können so viel von ihm lernen!

LERNE DEN AUTOR KENNEN – ELIAS KNUPP

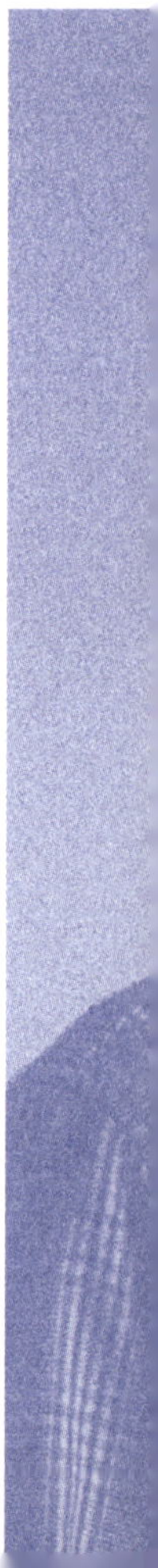

Was ist dein Geheimnis für so viel Freude?
Wow, ich bin mir nicht zu hundert Prozent sicher. Ein paar Sachen weiß ich: Es ist echt krass, wie Jesus mein Leben verändert hat, indem er mich in eine Kirche gepflanzt und mir Menschen gezeigt hat, die Berufung auf meinem Leben gesehen haben. Es macht mir so viel Spaß, zu arbeiten. Dann meine Frau und meine Kinder, puh, ich liebe meine Familie so sehr.

Was ist dein Lieblingswort im Schweizerdeutschen?
Ritiplampi (= Schaukel, haha)

Was ist das Beste daran, ein Pastoren-Kind zu sein?
Hab so gute Eltern. Durfte schon früh sehen und erleben, was es heißt, Pastor zu sein. Für meine Eltern war es immer mehr als ein Job, es war Berufung. Sie haben so viel aufgegeben. Glaube echt, dass meine Eltern mir eine gute Basis gelegt haben.

Kennt ihr diese Menschen, die Freude und Glauben verbreiten, wo auch immer sie sind? Diese Menschen, die in der Lage sind, jeder einzelnen Person das Gefühl zu geben, willkommen zu sein und gesehen zu werden? Das ist Elias, und wir sind so dankbar für ihn. 2019 kam er mit seiner Familie nach Konstanz, weil er spürte, wie Gott ihn dazu berief, Teil unserer Gemeinde zu werden. Obwohl er sein Studium als Pastor abgeschlossen hatte, nahm er einen Job als Schreiner an und brachte sich ehrenamtlich in unserer Gemeinde ein. Erst ein gutes halbes Jahr später erfuhren wir, dass er eine sehr attraktive und gut bezahlte Pastorenstelle in der Schweiz abgelehnt hatte, um diesem Ruf zu folgen. Das sagt nicht nur viel über ihn aus, sondern auch über seine Frau Rebecca, die diese Entscheidung mitgetragen hat und ebenso fröhlich und freundlich ist wie Elias.

Gottes Zeitplan ist immer perfekt. 2020 sandten wir als Gemeinde im Glauben Janina Madlener aus, um Hillsong Wien zu gründen, und Elias war zum richtigen Zeitpunkt am richtigen Platz. Er wurde ihr Nachfolger und übernahm die Rolle als Campus-Pastor in Konstanz. Und dort brachte er schon so viel Leben und Freude.

ELIAS, DU HAST EINE GABE DES GLAUBENS, DIE ANSTECKEND IST! VERBREITE SIE, SOVIEL DU NUR KANNST, HALTE NICHTS ZURÜCK! WIR FEUERN DICH AN UND GLAUBEN AN DICH!

ANDACHTEN

DIENENDE LEITERSCHAFT

EIN KONZEPT, DAS ALLES AUF DEN KOPF STELLT

Jesus hat nicht nur von der dienenden Leiterschaft gesprochen, sondern uns auch vorgelebt, wie sie praktisch aussehen kann.

Die dienende Leiterschaft einer christlichen Leiterin oder eines christlichen Leiters ist durch Dienen gekennzeichnet – mit der Priorität, Menschen zu fördern und zu inspirieren. Sie zeigt sich in der Zunahme geistlicher Gesundheit, Freiheit und Selbstständigkeit der Menschen, denen man dient, und konzentriert sich auf die Bedürfnisse und das Wachstum dieser Menschen.

Jesus tritt im Neuen Testament zum Erstaunen aller als Diener auf. Die Wurzeln dieses Konzepts findet man jedoch schon im Alten Testament. Das hebräische Wort *ebed* bedeutete ursprünglich „Sklave", erhielt jedoch bald die Bedeutung „vertrauenswürdiger Diener". Dieser Ausdruck wurde häufig in Bezug auf jemanden angewendet, der einem Herrscher oder Gott diente. So wurden Könige und Propheten oftmals als Knechte Gottes bezeichnet (2. Samuel 3,18; Jesaja 20,3; Hesekiel 34,23-24).

Jesus machte deutlich, dass seine Haltung des dienenden Leitens auch für die Gemeinde, die er bauen würde, gelten sollte. Nach einem Streit unter den Jüngern, bei dem es um ihren Rang im Reich Gottes ging, stellte Jesus die gängigen Meinungen und Maßstäbe in Bezug auf Leiterschaft durch eine revolutionäre Lehre auf den Kopf:

Sie kamen nach Kafarnaum. Zu Hause angelangt, fragte Jesus seine Jünger: „Worüber habt ihr unterwegs gesprochen?" Sie schwiegen, denn sie hatten sich auf dem Weg gestritten, wer von ihnen wohl der Größte sei. Da setzte sich Jesus, rief die Zwölf zu sich und sagte zu ihnen: „Wenn jemand der Erste sein will, soll er der Letzte von allen und der Diener aller sein."

MARKUS 9,33-35; NGÜ

Für die Jünger war der Ausdruck Diener (*diákonos*), den Jesus gebrauchte, gut verständlich. Sie wussten, dass dieses Wort den Dienst an anderen Menschen ausdrückte. Der Ausdruck beinhaltete ebenfalls eine tiefe Ergebenheit. Die von den damaligen Normen geprägten Jünger waren daher gewiss verdutzt über diese ungewöhnliche Lektion des Erklimmens der Erfolgsleiter im Reich Gottes.

Damit stellte Jesus das bisherige Verständnis der Jünger von Leiterschaft und Dienerschaft völlig auf den Kopf.

Echte Leitende konzentrieren ihren Dienst auf die Bedürfnisse und das persönliche Wachstum der Menschen, die sie leiten. Nach und nach erkannten die Jünger, dass Leiterschaft im Reich Gottes nichts mit dem Erklimmen einer Leiter zu tun hat, sondern vielmehr zur Leiter für andere wird.

Die Sicht Jesu über Leitende als Dienende erstreckt sich über zwei Jahrtausende und ist für die Gemeinde des 21. Jahrhunderts immer noch gültig. Das Konzept der dienenden Leiterschaft widersetzt sich hierbei den modernen Konzepten von Macht, Autorität und Kontrolle und ist der höchste Ausdruck wirksamer Leiterschaft. Jesus offenbart uns ein von tiefer Demut geprägtes Leiterschaftsmuster, das persönliche Ziele in den Hintergrund stellt und das Wohl anderer Menschen als wichtiger erachtet.

CREDO - WIR SIND HIER, UM ZU DIENEN

Wir sind glücklich darüber, ein kleiner Teil des großen Ganzen im Leib Jesu zu sein. Es ist die Zeit, die ich geben kann, die freundliche Geste, die ich zeigen kann, die Ermutigung, die ich teilen kann, die Gabe und das Talent, das ich einbringen kann, verbunden mit dem, was jeder andere beitragt, was am Ende einen Unterschied macht! Zusammen sind wir für die Wirksamkeit der Kirche verantwortlich. Zusammen reflektieren wir Jesus am besten.

Lass uns nun praktisch werden und diese Andachten starten. Hier sind noch ein paar Tipps für deine stille Zeit mit Gott:

- Finde einen Platz, an dem du gern bist, und mach es dir gemütlich.
- Atme dreimal tief ein und aus – sei ganz im Hier und Jetzt. Gott will dir begegnen!
- Lies die Bibelstelle und die Andacht aufmerksam durch.
- Bete.

Und jetzt: Have fun!

LEITENDE = DIENENDE!

LIES MARKUS 10,35-45.

Das Markusevangelium berichtet uns davon, wie Jakobus und Johannes Jesus um einen Gefallen baten: Sie wünschten sich, in seiner Herrlichkeit zu seiner Rechten und zu seiner Linken sitzen zu dürfen. Hier ging es nicht um irgendeine Sitzordnung, wie wir sie noch aus unserer Schulzeit kennen. Zur Rechten und zur Linken Jesu zu sitzen, bedeutete: „Jesus, wir wollen an deiner Seite regieren." Ich liebe es, wie authentisch die Bibel ist. Viele von uns können es wahrscheinlich verstehen, warum die beiden so offen darüber sprechen.

Jesus nutzte diese Gelegenheit und vermittelte seinen Jüngern ein geistliches Prinzip, das uns noch 2000 Jahre später beschäftigt. Er malte uns mit seinen Worten ein neues Bild von Leiterschaft: Ein guter Leiter dient anderen!

[…] wer unter euch der Erste sein will, soll zum Dienst an allen bereit sein.
MARKUS 10,44; NGÜ

Ein Diener (griechisch: *diákonos*) hat sich um die Bedürfnisse anderer gekümmert und sie über seine eigenen gestellt. *Diákonos* bezeichnet also einen Menschen, der in einer demütigen Haltung dient.

Was Jesus hier zu den Jüngern sagte, hat diese sicherlich geschockt. Wie kann eine Person, die leitet, gleichzeitig eine Dienerin beziehungsweise ein Diener sein? Eine Frage, die auch uns als Jesu Nachfolgende beschäftigt. Für uns ist sie deswegen so herausfordernd, weil wir Menschen eher dazu tendieren, eine Position mit Macht und Einfluss zu gewinnen, als nach Möglichkeiten zu suchen, wie wir dienen können. Dazu braucht es viel Demut.

Dienende Leiterschaft ist ein Prinzip, das, wie schon zu Jesu Zeiten, allem widerspricht, was in der heutigen Kultur gelebt wird. Doch wenn uns Menschen anvertraut werden, dann sind wir auch berufen, ihre Dienerinnen und Diener zu sein. Das bedeutet, dass wir die Menschen, die wir leiten, mit Respekt behandeln, dass wir ihre Bedürfnisse ernst nehmen und das Beste für sie suchen. Dienende Leiterschaft ist nicht einfach, aber dazu sind wir von Jesus befähigt und berufen.

Jesus ist das perfekte Vorbild, von ihm können wir dienende Leiterschaft lernen. Sein Leben war voller Bestimmung, er kannte seine Identität in Gott, er hatte einen klaren Auftrag und gleichzeitig hatte er immer Zeit für Menschen, weil er sie mit Gottes Augen sah.

REFLEXION

Wenn du von dienender Leiterschaft hörst, was kommt dir in den Sinn?

Hast du eine Leiterin oder einen Leiter im Kopf, die beziehungsweise der dir dienende Leiterschaft eindrücklich vorlebt? Wenn ja, wie hat dich dieser Leitungsstil beeinflusst?

GEBET

Jesus, wenn ich über dein Beispiel nachdenke, bin ich herausgefordert. Dienende Leiterschaft kommt nicht natürlich aus mir heraus. Jesus, bitte verändere mein Denken und meine Haltung. Ich will dir ganz vertrauen. Amen.

ANDERE ZUM ERFOLG AUSRÜSTEN

LIES JOHANNES 13,1-11 UND JOHANNES 13,15.

Jesus wäscht die Füße seiner Jünger. Wahrscheinlich geht es dir ähnlich wie mir: Jemandem die Füße zu waschen ist mir eher fremd, und ich glaube, das Baden meiner Kinder zählt hier nicht wirklich.

Füße sind etwas sehr Grundlegendes – weder wirklich hübsch noch wirklich hässlich, einfach nur grundlegend wichtig. Erdverbunden und bodenständig, könnte man vielleicht sagen. Sie zu waschen, klingt banal. Gleichzeitig hat es mit Nähe zu tun und ist sehr persönlich. Die Liebe sowie die Bodenständigkeit – all das scheint in diesem wunderschönen Abschnitt durch. Wenn wir uns das mal vor Augen führen, entdecken wir etwas Wunderschönes, das gleichzeitig sehr herausfordernd ist. In den ersten Kapiteln des Buches Johannes sehen wir, wie Jesus Dinge tut, die niemand sonst je getan hat oder jemals tun könnte – er macht Wasser zu Wein, lässt Blinde wieder sehen und weckt Tote wieder auf. Aber in Kapitel 13 macht Jesus etwas, das fast jeder Mensch kann – aber nur wenige machen wollen.

Dieses Bild, das Jesus uns durch die Fußwaschung vor Augen malt, steht für niedere Tätigkeiten, die durch Sklavinnen und Sklaven erledigt wurden. Für uns ist die Tätigkeit, die wir aus Liebe an unseren Nächsten tun, vielleicht nicht der Akt der Fußwaschung, sondern die Extrameile, die wir für jemanden gehen. Für uns ist es viel entscheidender, ob wir auch bereit wären, mitten in der Nacht aufzustehen, um am Bett eines alten, gebrechlichen, verängstigten Mannes zu sitzen, der allein zu Hause im Sterben liegt. Oder ob wir nach einem Gottesdienst bleiben, um das Geschirr zu spülen und den Müll rauszubringen. Und das, ohne uns darüber zu beschweren oder damit zu prahlen.

Die „Christus ähnlichen"-Leiterinnen und -Leiter erkennt man oft an der Ruhe und Spontaneität, mit der sie die kleinen, nervigen und unschönen Dinge erledigen. Solche, die in der antiken Welt Sklavenarbeit gewesen wären. Dinge, von denen wir in unserer Welt heute immer insgeheim hoffen, dass sie jemand anderes tut, damit wir nicht unsere Zeit verschwenden oder uns selbst damit erniedrigen.

Um es noch deutlicher zu machen: Jesus, der das ganze Universum geschaffen hat und über das gesamte Universum herrscht, vollbrachte eine konkrete Tat des niedrigen Dienstes. Dabei zeigte er uns den Zweck göttlicher Arbeit: anderen zu nützen.

Fast noch wichtiger, als über Gottes Güte und seine dienende Haltung zu staunen, ist jedoch die Frage, was es mit uns als Jesus-Nachfolgerinnen und -Nachfolgern macht: Die Welt muss sehen, dass die Menschen, die Jesus nachfolgen, das tun, was er getan hat. Jesus sagt:

Ich habe euch ein Beispiel gegeben,
damit auch ihr so handelt, wie ich an euch gehandelt habe.
JOHANNES 13,15; NGÜ

REFLEXION

Stell dir ein Projekt vor, das du bei der Arbeit oder in der Kirche leitest, und schreibe dir deine Gedanken zu folgender Frage so konkret und praktisch wie möglich auf.

Was brauchen die Leute in deinem Team von dir?

GEBET

Jesus, wenn ich über dein Beispiel nachdenke, kann ich nur staunen. Hilf mir, so zu dienen und zu lieben, wie du es getan hast. Amen.

BERUFEN, UM ANDERE ZU FÖRDERN

LIES 1. SAMUEL 18,6-11 UND 1. CHRONIK 11,10-25.

Du hast gerade den kleinen Ausschnitt einer Geschichte gelesen, die von zwei Königen handelt. Diese beiden Könige hatten ähnliche Voraussetzungen, leiteten aber völlig unterschiedlich. Saul gönnte David seinen Erfolg nicht, weil David die Kapazität hatte, über ihn hinauszuwachsen. David hingegen förderte die Offiziere um ihn herum. Diese Offiziere besiegten sogar noch mehr Riesen als David. Wir können einiges davon lernen: Dienende Leiterinnen und Leiter verpflichten sich dem Wachstum anderer Menschen.

Als David als Leiter eingesetzt wurde, investierte er sein Talent in die Entwicklung anderer – im Gegensatz zu Saul, seinem Vorgänger. Nach dem großen Erfolg von David gegen Goliath fing das Volk an, Lieder über David zu singen (1. Samuel 18,7). Und Saul? Der war eifersüchtig auf David (1. Samuel 18,9). Er sah David als Konkurrenten an, und genau das wurde zum Stolperstein in seinem Leben. Die Leiterschaft, wie David sie lebte, war hingegen eine dienende Leiterschaft. Er ehrte seine Helden, er förderte ihren Ruhm und brachte sie weiter (1. Chronik 11,25).

Gott gefiel Davids Bereitschaft, Menschen zu fördern und zu ermutigen. Er verhalf ihm zum Erfolg, wodurch die Menschen in seinem Reich ebenfalls gesegnet wurden. Wir lernen: Dienende Leiterinnen und Leiter investieren sich in das Wachstum derer, denen sie dienen.

Ehrlich gesagt, kann ich Sauls Verhalten sogar verstehen, und dennoch wünscht man sich die Auswirkungen seines Leitungsstils nicht. Um den richtigen Fokus zu behalten, hilft es mir, in Gottes reinigende Gegenwart zu kommen und mir vor Augen zu führen, wie viel Segen darauf liegt, andere zu fördern und sich mit ihnen zu freuen. Wenn du dich in andere investierst, hält Gott seinen Segen für dich bereit. Ich gebe dir mal zwei Beispiele dafür:

1. **Dienende Leiterschaft macht dich für andere superattraktiv:** Stell dir einmal vor, wie wir heute über Saul sprechen würden, wenn in der Bibel stehen würde: „Seitdem war Saul eifersüchtig auf David, aber Saul entschied sich dazu, David zu fördern und zu feiern." Saul wäre neben Jesus und Mose eines unserer Leiterschaftsbeispiele, zu dem wir immer wieder zurückkehren würden, um von

ihm zu lernen. Merke dir, auch wenn es hart ist: Es liegt so viel Schönheit und Segen darauf, weil es fremd ist für diese Welt.

2. **Auch du wirst gesegnet werden:** Wenn du andere förderst und dich über ihren Erfolg freust, wirst auch du gesegnet werden. Mit dieser Sichtweise haben wir oft Mühe, weil wir dazu neigen, mit weltlichen Augen an dieses Thema heranzugehen, nach dem Motto: „Wenn jemand etwas bekommt, bedeutet das für mich, dass ich es nicht bekomme." Im Reich Gottes herrschen jedoch neue, andere Regeln. In Lukas 5,6-7 lesen wir, wie Jesus zu Simon (Petrus) sagte, dass er und seine Fischerkollegen die Netze noch mal auswerfen sollten. Sie gehorchten Jesus und machten einen riesigen Fang. Dieser war so groß, dass sie ein anderes Schiff, das auch auf dem See war, herbeirufen mussten. Schlussendlich lesen wir: „Zusammen füllten sie die beiden Boote, bis diese schließlich so voll waren, dass sie zu sinken drohten" (Lukas 5,7b; NGÜ). Stell dir die Situation vor. Zwei Boote – gleiche Voraussetzungen. Jesus gibt diesen Befehl aber nur einem Boot. Die Fischer des anderen Bootes hätten jetzt sagen können: „Warum hat Jesus nicht uns gerufen? Sieht er uns nicht? Will er uns nicht segnen?" Doch dann passiert das Unglaubliche. Beide werden gleich gesegnet. Das ist so ein schönes Bild für die dienende Leiterschaft. Wir brauchen keine Angst zu haben, dass wir zu kurz kommen, wenn andere Erfolg haben. Gott hat Möglichkeiten, die unsere Logik übersteigen.

Es liegt so viel Schönheit und Kraft darin, wenn wir uns dafür entscheiden, andere zu fördern und uns mit ihnen zu freuen.

REFLEXION

Was hindert dich daran, dich über den Erfolg von anderen zu freuen?

Wie kannst du in das langfristige berufliche, persönliche und spirituelle Wachstum derer investieren, die du leitest? Wie würde sich dies auf das Klima deines Arbeitsplatzes, auf die Zukunft deines Unternehmens oder auf dein Team in der Kirche auswirken?

GEBET

Herr Jesus, gib mir Weisheit, um zu sehen, wie ich in die Entwicklung derer investieren kann, die ich leite. Hilf mir, zu wachsen, um zu dem Menschen zu werden, den du in mir siehst. Amen.

TEAMWORK – DIENENDE LEITERSCHAFT IST TEAMWORK

LIES RÖMER 12,4-21.

Vielleicht bist du ein bisschen irritiert vom Titel „Teamwork". Es ist nicht das offensichtlichste Thema im Zusammenhang mit dienender Leiterschaft. Doch wenn wir diesen Abschnitt vom Römerbrief lesen, dann beschreibt er genau das: Teamwork. Paulus hilft uns hier, zu verstehen, dass wir Teil von etwas Größerem sind, nämlich vom Leib Christi, zu dem dienende Leiterschaft dazugehört.

Ich möchte hier ein paar meiner Beobachtungen zu den Versen 4-8 mit dir teilen.

Obwohl wir verschiedene Mitglieder (Teile) haben, gehören wir zu einem Körper. Jeder von uns hat eine bestimmte Rolle. Paulus schreibt, dass wir unterschiedliche Gaben haben, und wenn er einige davon nennt, sehen wir, dass es sich um verschiedene Arten von Tätigkeiten in der Kirche handelt: Prophezeiung, Dienst, Lehre, Ermahnung, Großzügigkeit, Leiterschaft und Mitgefühl. Laut Paulus hat jeder Mensch besondere Aufgaben, und diese Aufgaben haben das Ziel, dass wir anderen und damit dem ganzen Leib dienen.

Diese Rollen gelten auch für Arbeiten und Aufgaben außerhalb der Kirche. Prophezeiung ist zum Beispiel die Fähigkeit, „eine von Gott übermittelte Botschaft zu verkünden"[34] oder „Licht in etwas zu bringen, das verborgen ist"[35], also Gottes Wort auf dunkle Situationen anzuwenden. Der Dienst der Verwaltung ist die Fähigkeit, die Arbeit so zu organisieren, dass sie tatsächlich denen dient, denen sie dienen soll. Ein anderer Begriff für diesen Dienst ist Management. Dienende Leiterinnen und Leiter verstehen den Wert jedes Teammitglieds in seiner speziellen Rolle und fördern die Beziehungen zwischen den einzelnen Teammitgliedern. Ein wesentlicher Aspekt von Arbeit ist die Möglichkeit, Beziehungen aufzubauen. Mehr noch: Beziehungen sind ein absolut entscheidender Bestandteil der Arbeit selbst und gehen auf die Zeit zurück, als Adam und Eva im Garten Eden zusammengearbeitet haben.

Wir alle sind auf die Arbeit anderer angewiesen. Diese gegenseitige Abhängigkeit ist kein Nachteil, sondern ein Geschenk Gottes. Vereint sind wir durch Christus. Was Paulus hier im Römerbrief deutlich macht, ist Folgendes: Wir haben aus Gnade erhalten und sind deswegen frei, um geben zu können. Mit dem Verständnis vom Leib drückt Paulus aus, dass wir aufeinander angewiesen sind – wir brauchen einander. Es ist lebensnotwendig, dass wir Teil sind von Gottes Haus.

REFLEXION

Wie sind die Beziehungen der einzelnen Teammitglieder an deinem Arbeitsplatz zueinander?

Wie steht es um die Beziehungen der Mitglieder deines Teams in der Gemeinde?

Gibt es einen Schritt, den du unternehmen kannst, um heute Vertrauen, Teamwork und bessere Beziehungen zu schaffen?

GEBET

Vater, lehre mich, meine Mitarbeitenden und Teammitglieder so zu sehen, wie du sie siehst. Segne unsere Beziehungen, damit du mit deiner Gnade durch unsere Teamarbeit verherrlicht wirst. Amen.

LEITENDE = DIENENDE? DIE BALANCE ZWISCHEN DIENERSCHAFT UND LEITERSCHAFT

LIES MARKUS 10,21-23.

Wir haben gerade gelesen: „Jesus sah ihn voller Liebe an. Er sagte zu ihm: ‚Eines fehlt dir noch: [...]'" (Markus 10,21; NGÜ). Eine Herausforderung für dienende Leitende besteht darin, die Selbstlosigkeit der Dienerschaft mit dem geradlinigen Management in Einklang zu bringen, das manchmal von ihnen verlangt wird. Das bedeutet, dass dienende Leiterschaft herausfordernden Gesprächen nicht aus dem Weg geht. Wir konfrontieren in Liebe – Liebe ist die treibende Kraft.

Wenn ich auf meine Leiterschaft schaue, fordert mich dieser Punkt sehr heraus, und ich habe schon oft darin versagt, weil ich herausfordernde und konfrontierende Gespräche lieber gemieden habe. Ich musste aber feststellen, dass der zukünftige Schmerz (wenn man diese Verantwortung nicht wahrnimmt) größer ist als der Schmerz in dem Moment, wenn man Unstimmigkeiten anspricht. Ich habe gelernt, dass unser Hier und Jetzt immer im direkten Zusammenhang mit unserer Zukunft steht. Ich kann mich noch gut daran erinnern, als Freimut in einem Meeting gesagt hat, dass wir uns als Leitende daran gewöhnen sollten, unangenehme Gespräche zu führen. Es gehöre zu Leiterschaft dazu, ob wir es wollen oder nicht. Eine Leiterin beziehungsweise ein Leiter dient auch auf diese Art und Weise dem eigenen Team.

Ein weiterer Grund, warum es sich nicht lohnt, diesen Gesprächen aus dem Weg zu gehen, sind unsere Mitmenschen. Als Leitende sind wir dazu berufen, denen zu dienen, die wir leiten. Das bedeutet, dass wir die Verantwortung haben, ihnen zu sagen, wenn sie nicht ihren Ansprüchen gerecht werden, und dass wir uns mit dem Risiko auseinandersetzen müssen, nicht gemocht zu werden. Wir sind allerdings berufen, die Wahrheit in Liebe zu sagen, weil es das Beste ist, was wir für die jeweilige Person tun können.

Von Jesus lernen wir, dass er aktiv auf Herausforderungen zugegangen ist. Diese Art von Leiterschaft sollte auch unsere Haltung in jeder Leiterschaftsposition beeinflussen. Wir dürfen legitime Autorität ausüben oder sollten nicht zu schüchtern führen. Vielmehr können und dürfen wir unsere Position und Kraft nutzen, um das Wohl und Potenzial anderer zu fördern.

Ja, herausfordernde Gespräche sind nicht leicht, aber vielleicht können dir folgende Tipps dabei helfen, wie man solche Gespräche führen kann:

- Bereite dich vor (wenn du kannst) und lass deine Emotionen sich beruhigen.
- Frage dein Gegenüber um Erlaubnis, ob du in sein Leben sprechen darfst.
- Stelle Fragen und höre aufmerksam zu.
- Bleib stark, sei mutig und sprich Dinge direkt an.

REFLEXION

Was sind einige der Herausforderungen, vor denen du stehst, wenn du darüber nachdenkst, dienende Leiterschaft in die Praxis umzusetzen?

Gibt es ein herausforderndes Gespräch, das du noch diese Woche führen solltest? Wie kannst du dich darauf vorbereiten?

GEBET

Herr, zeig mir, was es bedeutet, mit Zuversicht und Demut zu leiten. Hilf mir, zu sehen, wie ich denen wirklich dienen kann, zu deren Leiter oder Leiterin ich berufen bin. Möge meine Leiterschaft dich nachahmen und verherrlichen. Amen.

WITH LOVE.
Neu

LIEBE DEINEN NÄCHSTEN

An wen denkst du, wenn du die Aussage „Liebe deinen Nächsten“ hörst? Ich denke dabei an soooo viele Menschen um mich herum und fühle mich von diesem Satz wirklich herausgefordert. Ich bin mir meiner eigenen begrenzten Fähigkeit sehr bewusst. Den Nächsten zu lieben kann sich wie eine sehr große Aufgabe anfühlen. Aber während ich hier sitze und darüber bete, wie ich dich auf das vor dir liegende Kapitel vorbereiten kann, muss ich an eine Freundin denken. Ihr tägliches Gebet, noch bevor ihre Füße den Boden berühren, lautet: „Guten Morgen, Jesus, zeige mir, was dir heute wichtig ist.“ Der berühmte Satz von Bill Clinton „Wir können nicht alles tun, aber wir müssen etwas tun“[36] wird noch kraftvoller, wenn man ihn in ein Gebet umwandelt: „Zeige mir, was dieses ‚Etwas‘ heute ist!“

Fakt ist jedoch, dass ich nicht ehrlich wäre, wenn ich behaupten würde, dass es sich immer nobel anfühlt, „deinen Nächsten zu lieben“. Es passt uns bei Weitem nicht immer in den Kram. Im Gegenteil: Meistens bekommen wir solche Gelegenheiten zu den „ungelegensten“ Momenten. Erst kürzlich, nach einem verrückten und anstrengenden Tag, hatte ich mir gerade etwas zu essen gemacht, ein Glas Wein eingeschenkt und war so dankbar für diesen Moment der Ruhe, als es an der Tür klopfte. Ich hatte noch nicht einmal den ersten Bissen zu mir genommen. Es war meine Nachbarin, die reden wollte. Wir verbrachten eine Stunde miteinander, ich betete für sie, sie ging. Nachdem ich die Tür hinter ihr geschlossen hatte, schleppte ich mich voller Selbstmitleid zurück an den Tisch. Und mein Essen war noch warm!!! Ich rief meine Mutter an und sagte: „Vielleicht hört sich das ja komisch an, aber ich glaube, Gott hat mir gerade mein Essen warm gehalten.“

Wegen der Unannehmlichkeiten und Unbequemlichkeiten unseres Auftrages als Kirche tun wir uns manchmal selbst so leid. Aber das Kreuz war genau das! Wir können unsere Nächsten lieben, weil er uns zuerst geliebt hat. Er kümmert sich um uns.

Ich denke, dass einige Menschen besonders begnadet und begabt sind, die Zerbrochenen, die Verletzten und die Bedürftigen aufzurichten, und dafür bin ich sehr dankbar. Aber auch wenn das so ist, so sind wir doch alle dazu aufgerufen, die Liebe Jesu offensichtlich zu machen. „Den Nächsten zu lieben" ist kein Programm. Vielmehr gilt, was in Jakobus 2 geschrieben steht: Unser Glaube ohne gute Taten ist überhaupt kein Glaube. Unser Gebet für dich auf dieser Schatzsuche ist, dass du inspiriert, herausgefordert und gestärkt wirst – alles zur selben Zeit.

LERNE DIE AUTORIN KENNEN – MARIE REMMERT

Lieblingsfarbe:
Alle Pastellfarben (Apricot, Mint, Flieder)

Lieblingsessen:
Gutes thailändisches Essen

Lieblingserinnerung:
Skydiving in Neuseeland,
Skiurlaub mit der Familie,
Kaffeetrinken
am Küchenfenster
mit meiner Omi

Wenn du noch nie eine persönliche Begegnung mit einem Engel gehabt hast, dann lerne einfach Marie kennen. Ich weiß nicht, was es ist oder warum es so ist, aber die Gegenwart, Freundlichkeit, Freude und Schönheit Gottes sind in ihrem Leben einfach so offensichtlich für andere sichtbar. Ich erinnere mich noch daran, wie sie in unsere Gemeinde kam. Ich habe sie gefragt, was ihre Leidenschaft ist. Ihre Antwort war: „Menschen." Ich stelle mir vor, dass Gott ähnlich antworten würde, wenn wir ihm diese Frage stellen würden.

Wir hörten einmal jemanden sagen: „Wenn eure Kirche von einem Tag auf den anderen den Laden dichtmachen würde und die Einzigen, die es bemerken, eure eigenen Leute sind, dann habt ihr euren Sinn verfehlt." Deswegen war City Care, ein Projekt, mit dem wir den hilfsbedürftigen und einsamen Menschen in unseren Städten dienen wollen, schon immer etwas, das uns auf dem Herzen lag. Unsere Städte sollten durch die Anwesenheit einer lokalen Gemeinde gesegnet, unterstützt und gestärkt werden. Deshalb haben wir schon früh, sogar noch vor unserem ersten Gottesdienst, etwas ins Leben gerufen, das wir Streetlife nannten. Wir fragten bei verschiedenen Hilfsorganisationen, Schulen, Kindergärten und Stadtverwaltungen nach, wie wir als Gemeinde einen Dienst leisten könnten. Keiner hat geantwortet! Niemand, bis auf ein Kindergarten, der Hilfe für eine Renovierung benötigte. Wir tauchten mit einer Crew von etwa zehn Leuten auf, bereit zu putzen, zu streichen, zu gärtnern und zu entrümpeln. Wir waren so motiviert, die Liebe Jesu zu verbreiten, aber der Kindergarten entpuppte sich als esoterisch, und obwohl sich die Mitarbeitenden dort über die Hilfe freuten, waren sie an unserem Jesus ungefähr so interessiert wie wir an ihren Steinen und Kristallen.

Ich erzähle das, um deutlich zu machen, dass wir vom ersten Tag an versucht haben, zu dienen und einen Unterschied zu machen. Aber als Marie diesen Bereich unserer Gemeinde übernahm, explodierte er. Sie ist ein Katalysator für Veränderung, eine wahre Salz- und Lichtperson. Sie ist ansteckend.

MARIE, DANKE, DASS DU GROSS TRÄUMST UND GRENZEN ÜBERSCHREITEST. ES IST SO SCHÖN, ZU SEHEN, WIE DANKBAR DU FÜR JEDE GUTE TAT BIST, DIE JEMAND VON HERZEN GERN TUT, UM EIN SEGEN FÜR ANDERE ZU SEIN. WIR FREUEN UNS SO SEHR ÜBER DEN UNTERSCHIED, DEN WIR GEMEINSAM MACHEN KÖNNEN, UND ES FÜHLT SICH SO AN, ALS OB WIR GERADE ERST DAMIT BEGINNEN.

SCHATZSUCHE
ON WHEELS
LiEBE
DEiNEN
NÄCHSTEN
HERE TO MAKE A DIFFERENCE

„Liebe deinen Nächsten" – ein Satz, den wir alle schon gehört, gelesen und wahrscheinlich auch alle schon einmal selbst gesagt haben. Ein Satz, der im Zentrum unseres Glaubens steht. Der so simpel und doch so herausfordernd ist. Ein Satz, der alles verändern kann und Geschichten prägt, die uns tief berühren und inspirieren.

Wir lieben es, Geschichten von unseren Glaubensheldinnen und -helden zu hören, die alles in ihrem Leben gegeben haben oder noch geben, um Menschen mit Gottes Liebe zu begegnen. Und vielleicht geht es dir in solchen Momenten ähnlich wie mir: Ich höre oder lese diese Geschichten und alles, was mir durch den Kopf geht, ist: „Wow – ich will das auch erleben!"

Ich bin inspiriert und voller Tatendrang, bis ich merke, dass es mich etwas kostet, meine Nächsten wirklich zu lieben, und sich das Ganze im Alltag doch weniger romantisch anfühlt, als wenn ich es in einem Buch lese oder in einer Predigt höre. Ein Leben zu führen, das durch und durch von himmlischer Liebe geprägt ist, hört sich in der Theorie wunderschön und inspirierend an – ist in der Praxis jedoch oft ein Leben außerhalb unserer Komfortzone. Wir vergessen oftmals, dass dieser Lebensstil, den wir so bewundern, einen Preis hat.

Ein von ganzem Herzen liebendes Leben zu leben, kostet uns unseren Komfort und unsere Sicherheit. Es bedeutet, Dinge aufzugeben, unsere eigenen Pläne manchmal zu verschieben und unsere Präferenzen beiseitezulegen. Es bedeutet auch, unser Herz zu öffnen für die Menschen um uns herum, Empathie einzuladen und unseren Blick von uns weg auf andere zu richten – aber die Belohnung wird groß und die Freude wird tief sein und die Geschichten, die wir dabei erleben, werden unsere Welt verändern.

Bist du bereit, gemeinsam mit mir auf die Reise zu gehen und deine eigene Geschichte zu schreiben?

LET'S START WITH OUR WHY

Was wünscht sich Jesus von mir und was bedeutet es, ihm wirklich nachzufolgen?

Eine Frage, die wir uns wahrscheinlich alle schon einmal gestellt haben und die uns alle beschäftigt. Ich bin so dankbar, dass wir an einen Gott glauben, der uns nicht mit solchen Fragen umherirren lässt, sondern uns klare, direkte, gnadenerfüllte und dennoch herausfordernde Antworten gibt. Eine der klarsten und direktesten Antworten auf diese Frage finden wir im Matthäusevangelium:

[...] und einer von ihnen, ein Gesetzesgelehrter,
stellte ihm eine Frage, um ihn zu versuchen, und sprach:
Meister, welches ist das größte Gebot im Gesetz?
Und Jesus sprach zu ihm: „Du sollst den Herrn, deinen Gott,
lieben mit deinem ganzen Herzen und mit deiner
ganzen Seele und mit deinem ganzen Denken".
Das ist das erste und größte Gebot.
Und das zweite ist ihm vergleichbar:
„Du sollst deinen Nächsten lieben wie dich selbst".

MATTHÄUS 22,35-39; SCHL

Was sollte unsere Priorität sein, wenn wir Jesus nachfolgen? Obwohl Jesus die Frage hier so eindeutig beantwortet, finden wir uns dennoch oftmals an einem Punkt wieder, an dem unser Fokus von der Simplizität dieser Antwort abzuschweifen droht. In diesem Kapitel wollen wir deswegen tiefer eintauchen in das, was es mit „Du sollst deinen Nächsten lieben wie dich selbst" auf sich hat, und schauen, was das konkret für uns bedeutet und wie wir revolutionär lieben können.

WIDERSPRUCH ODER ROTER FADEN

Vielleicht geht es dir ähnlich wie mir und du magst es, effizient zu sein und alles scheinbar Unnötige zu überspringen. An sich glaube ich, dass es eine Riesenstärke sein kann, schnelllebig und produktiv zu sein, allerdings tendieren wir oftmals dazu, wichtige Prozesse, Details und wirkliche Tiefe in unserer Schnelligkeit zu verpassen. Deshalb lass uns einen Moment hier anhalten und die Verse in Matthäus 22 genauer betrachten, denn in ihnen finden wir bereits einen wichtigen Schlüssel und entdecken das Fundament für das gesamte Kapitel.

Jesus beginnt mit dem Gebot, das er als das „größte" und wichtigste klassifiziert. Wir sollen ihn lieben von ganzem Herzen, mit ganzer Hingabe und mit ganzem Verstand (Vers 37). Ich glaube, schon allein über diesen Vers könnte man ein ganzes Buch schreiben, um die Tiefe und Schönheit dieses einen Gebots betrachten und in Fülle verstehen und erfahren zu können. Doch Jesus setzt nach diesem Satz noch keinen Punkt, sondern schiebt ein zweites Gebot nach, das er interessanterweise als ebenso wichtig bezeichnet. Auf den ersten Blick scheint sich diese Aussage zu widersprechen. Wie kann etwas das „Größte und Wichtigste" sein und das darauf folgende dennoch genauso wichtig? Welches von den beiden ist denn nun das wirklich wichtigste und vor allem, mit welchem von den beiden fangen wir an? Folgender Vers kann uns hier auf die Spur bringen:

Wir wollen lieben, weil er uns zuerst geliebt hat.

1. JOHANNES 4,19; NLB

Was verrät dir diese Bibelstelle über das Zusammenspiel der beiden Gebote?

Hast du ein konkretes Beispiel aus deinem Leben, in denen Gottes Liebe dich in der Art und Weise geprägt hat, wie du andere geliebt hast? Was war damals das Besondere?

HIMMLISCHE LIEBE VS. MENSCHLICHE LIEBE

Stell dir dein Lieblingsshirt vor. Wenn du es anschaust, siehst du nicht, dass der gesamte Stoff aus einzelnen Fäden besteht, da diese so eng miteinander verwoben sind. Genauso stelle ich mir das Zusammenspiel unserer Hingabe für Gott und unserer Liebe für andere Menschen vor. Sie sind so eng miteinander verwoben, als seien es zwei Fäden in demselben Stoff.

Sie bekleiden unser Leben mit Liebe, die nicht von dieser Welt ist, und produzieren in ihrer verwobenen Einheit das Muster des Himmels in unserem Umfeld. Sie gehören zusammen, und das volle Ausleben beider Gebote entfaltet im Einklang seine volle Kraft.

Unsere Hingabe zu Gott in all dem, wer wir sind, und unsere Liebe für unsere Mitmenschen sind also nicht voneinander zu trennen, zumindest dann nicht, wenn wir unsere Mitmenschen mit einer himmlischen Liebe lieben wollen, die wirklich verändert.

Was ist mit himmlischer und menschlicher Liebe genau gemeint?

**Schreibe dir fünf Charakteristiken auf,
die Gottes himmlische Liebe prägen.
Folgende Bibelstellen geben dir gute Anhaltspunkte:
1. Korinther 13,4-7; Römer 5,8; Johannes 15,13.**

**Wo siehst du gerade eine Diskrepanz zwischen
deiner Liebe im Vergleich zu Gottes Liebe,
über die du in den Bibelstellen gelesen hast?**

Es ist nicht abzustreiten, dass Gottes Liebe anderer Natur ist als die Liebe, die wir aus uns heraus geben können. Während Gottes Liebe geprägt ist von Aufopferung, Sehnsucht nach Nähe, Reinheit, Großzügigkeit, Loyalität und so vielem mehr, ist unsere menschliche Liebe schon von unserer Natur her oftmals von anderen Dingen geprägt, wie zum Beispiel von Erwartungen, Ungeduld oder eigenen Motiven.

Deshalb sind wir oftmals regelrecht geschockt von einer so andersartigen Liebe, die Gott uns entgegenbringt, und wir merken, dass seine Liebe uns zugleich herausfordert und verändert. Denselben Effekt hat die Liebe für unsere Mitmenschen, wenn sie aus himmlischen Motiven entspringt und von Gottes Natur geprägt ist. Eine reine Liebe, die aus einem hingegebenen Herzen hervorbricht, ist wie ein Spiegel, der Gott in unserer Welt reflektiert.

Genau diese Liebe wird in uns geformt und kann durch uns fließen, wenn wir Gott mit unserem ganzen Sein lieben und anbeten. Unsere Mitmenschen zu lieben wie uns selbst beginnt damit, unser Herz und unsere Motive von Gott formen zu lassen, ehrlich mit uns selbst zu sein und die Sehnsucht zu entwickeln, eine reine himmlische Liebe in diese Welt zu tragen.

ACTION STEPS:
WENDE AN, WAS DU ENTDECKT HAST

- Nimm dir einen Moment Zeit und schreibe drei konkrete Eigenschaften auf, die du an deinen Glaubensheldinnen und -helden und deren Lebensstil inspirierend findest und in deinem eigenen Leben gern sehen möchtest.
- Schau dir folgendes Video von „BibleProject“ an, um ein tieferes Verständnis von himmlischer vs. menschlicher Liebe zu bekommen: https://dasbibelprojekt.visiomedia.org/videos/agape-liebe//
- Nimm dir diese Woche am Morgen bewusst 5 Minuten Zeit, um Gott einzuladen und dich mit seiner Liebe füllen zu lassen.

LIEBE WIRD IMMER SICHTBAR

Im vorherigen Abschnitt ging es darum, nicht unsere eigene, sondern Gottes Liebe in unsere Welt zu tragen. Ein Aspekt, den alle bisher erwähnten Bibelstellen gemeinsam haben, ist, dass Gottes Art und Weise zu lieben immer sichtbar wird. Sie ist kein theoretisches Konzept, besteht nicht nur aus bloßen Worten (obwohl diese auch wichtig sind). Die Liebe, die Gott uns in Jesus vorlebt und die wir weitergeben sollen, ist immer aktiv.

Ich bin so dankbar, dass Gott uns nicht nur in Worten erklärt hat, dass er uns liebt, sondern durch Jesus seine Liebe aktiv bewiesen hat. Sie ist für uns sichtbar geworden und kein theoretisches Konzept geblieben. Aus seiner unendlichen Liebe für uns entsprangen Taten, die unsere Welt für immer verändert haben.

Jesus wird in Kolosser 1,15 als das sichtbare Abbild von Gott selbst beschrieben. In seiner gesamten Lebenszeit hier auf Erden war er uns das perfekte Vorbild darin, was es bedeutet, ein Leben geprägt von aktiver, selbstloser Liebe zu führen.

Wo immer er hinging, ließ er sowohl Worte als auch Taten von seiner Liebe erzählen. Er war nicht zufrieden damit, Geboten und theoretischen Konzepten zu folgen. Er ließ Liebe sichtbar werden in seinen Prioritäten, seiner Offenheit im Alltag, seinen Taten und in seiner Großzügigkeit. Er ließ sich in seinen Plänen von Liebe unterbrechen – sein gesamter Lebensstil war Liebe.

Als Jesus erfuhr, dass den Pharisäern berichtet wurde, wie groß der Zulauf zu ihm war, verließ er Judäa und ging wieder nach Galiläa. Dabei musste er durch Samarien reisen. Sein Weg führte ihn durch Sychar, eine samaritanische Ortschaft, in deren Nähe das Feld lag, das Jakob einst seinem Sohn Josef gegeben hatte, und wo sich auch der Jakobsbrunnen befand. Es war um die Mittagszeit; müde von der Reise hatte sich Jesus an den Brunnen gesetzt. Seine Jünger waren in den Ort gegangen, um etwas zu essen zu kaufen. Da kam eine samaritanische Frau zum Brunnen, um Wasser zu holen. Jesus bat sie: „Gib mir zu trinken!" Überrascht fragte die Frau: „Wie kannst du mich um etwas zu trinken bitten? Du bist doch ein Jude, und ich bin eine Samaritanerin!" (Die Juden meiden nämlich jeden Umgang mit

den Samaritanern. Jesus antwortete: „Wenn du wüsstest, worin die Gabe Gottes besteht und wer es ist, der zu dir sagt: ‚Gib mir zu trinken', dann hättest du ihn gebeten, und er hätte dir Quellwasser gegeben, lebendiges Wasser."

JOHANNES 4,3-10; NGÜ

Diese Verse stehen in Johannes 4. Lies dir das gesamte Kapitel einmal in Ruhe durch. Was sind drei Qualitäten, die Jesus hier zeigt, die ihm ermöglichen, aktiv zu lieben?

Was hält dich davon ab, mit aktiver Liebe durch deinen Alltag zu gehen?

Schreibe dir drei konkrete Dinge auf, die dich herausfordern oder dich daran hindern, aktive Liebe wie Jesus in Johannes 4 zu zeigen.

DREI DINGE, DIE LIEBE VERHINDERN

ENTSCHEIDUNG VS. GEFÜHL

Es passiert so schnell, dass unsere Handlungen in Liebe stark von unseren eigenen Gefühlen und Gemütszuständen abhängen.

Wenn wir aber Jesu Beispiel folgen, sind wir dazu berufen, Liebe zu sein, und nicht nur dann Liebe zu zeigen, wenn wir uns danach fühlen. Denn: Wäre eine solche Liebe überhaupt wirkliche Liebe? Tun wir Dinge für andere Menschen wirklich mit dem Fokus auf unser Gegenüber oder eher um uns selbst besser zu fühlen? Sind wir bereit anzuhalten in einem stressigen Alltag, obwohl die Situation Unannehmlichkeiten für uns selbst bedeutet? Sind wir auch an Tagen, an denen wir uns nicht danach fühlen, dazu bereit, unsere Welt mit Liebe zu überschütten, weil wir wissen, wer in uns lebt?

Das sind herausfordernde Fragen, und ich versuche, sie mir hin und wieder selbst zu stellen. Wenn ich sie beantworte, spüre ich ziemlich schnell, aus welcher Quelle gerade meine Liebe fließt.

Nimm auch du dir jetzt einen Moment Zeit und reflektiere die oben gestellten Fragen.
Wie kannst du konstant sein in deiner Liebe?

Wenn Liebe aus einer tiefen Überzeugung und Nähe zu Jesus fließt, ist sie nicht gebunden an unsere schwankenden Gefühle, unsere Zeitfenster oder Vorstellungen. Wir haben die Arme, Augen und Herzen frei, um so zu lieben, wie unser Gegenüber es gerade braucht. Vor allem können wir konstante Liebe geben, weil sie aus einer konstanten, sicheren Quelle fließt.

ES GIBT NUR EINEN HUT

Ich weiß nicht, ob du das Gefühl kennst, dass du in unterschiedlichen Bereichen deines Lebens unterschiedliche „Hüte" trägst. In der Schule hast du vielleicht deinen Schulhut auf oder im Studium den Studienhut. Zu Hause könnte es der Hut als Mama beziehungsweise Papa oder als Ehefrau beziehungsweise Ehemann sein. Oder du trägst den Tochter- beziehungsweise Sohnhut. Auf der Arbeit hast du vielleicht den Hut als Chefin beziehungsweise Chef auf. Du verstehst, was ich meine. Die unterschiedlichen Hüte bedeuten eigentlich nichts anderes, als dass wir Erwartungen gerecht werden, unser Verhalten einschätzen lernen und kalkulieren, wie wir uns in diesem bestimmten Bereich angemessen verhalten können.

Schwierig wird es nur, wenn wir die Liebe genauso behandeln. Jesus hat seine Liebe nie „abgesetzt", in verschiedenen Settings verändert oder Erwartungen angepasst. Seine Liebe war dieselbe vor den höchsten und angesehensten Leitern, vor seinen Jüngern, seiner Familie, während er auf Reisen war oder aber bei einem ganz alltäglichen, ungesehenen Spaziergang. Jesus hat seinen Hut der Liebe immer und überall getragen, und genau dazu sind auch wir berufen.

Liebe ist keine Aktion, keine einmalige Sache, kein Projekt, kein Hut, den wir nur aufsetzen, wenn wir in einer bestimmten Umgebung sind. Liebe ist ein Lebensstil, der jeden einzelnen Moment unseres Alltags prägen sollte!

In welchen Bereichen deines Lebens ist die Liebe vielleicht eher wie ein Hut, den du trägst, als ein Lebensstil? Nimm dir ein paar Minuten Zeit, um die Frage zu reflektieren.

GESCHWINDIGKEIT DER LIEBE

Der dritte Aspekt, der uns oftmals davon abhält, unsere Nächsten zu lieben, ist schlicht und einfach, dass wir die Möglichkeiten zu lieben, gar nicht erst wahrnehmen.

Das kann verschiedene Gründe haben: Vielleicht sind wir mit unseren eigenen Gedanken beschäftigt, haben einen vollen Alltag, Stress, verspüren Unruhe im Kopf, stehen unter Zeitdruck oder haben Sorgen. Wenn ich mir diese Auflistung jedoch anschaue, muss ich schlucken, denn auf jeden dieser Aspekte kann ich konkret Einfluss nehmen, wenn ich das wirklich möchte.

Vielleicht ist es Zeit, unser Leben an die Geschwindigkeit der Liebe anzupassen und nicht unsere Liebe an die Geschwindigkeit unseres Lebens, damit wir die Menschen um uns herum bewusst wahrnehmen können.

Welche Person oder welche Gruppe von Menschen möchtest du bewusster wahrnehmen?

ERFOLG NEU DEFINIEREN

Kann es sein, dass wir die Möglichkeiten, zu lieben, übersehen, weil wir unseren Fokus im Hinblick auf Erfolg auf andere Dinge richten? Wenn wir ehrlich sind, liegt unser Erfolgsmaßstab wahrscheinlich oftmals im Rahmen von Deadlines, To-do-Listen und vollen Terminkalendern. Versteh mich nicht falsch: All diese Dinge sind hilfreich und super, aber machen sie wirklich den Erfolg aus, der am Ende zählt?

Vielleicht ist es nicht nur Zeit, die Geschwindigkeit von Liebe anzupassen, sondern auch, Erfolg neu zu definieren. Anstatt am Ende eines Tages zu fragen, wie viel wir geschafft haben, und unsere vollen Terminkalender und To-do-Listen vorzuweisen, sollten wir eher fragen: „Wie sehr habe ich heute geliebt?"

Ich weiß, die Veränderungen können sich unangenehm anhören, und sie brauchen definitiv Zeit. So etwas passiert meist nicht von heute auf morgen. Zudem müssen wir sie wirklich wollen. Aber eines ist sicher: Der Gewinn ist so groß. Wir dürfen mit wachen Augen durch das Leben gehen. Wir dürfen lieben, so wie Jesus geliebt hat.

ACTION STEPS:
WENDE AN, WAS DU ENTDECKT HAST

- Nimm dir diese Woche 10 Minuten pro Abend, um den Tag zu reflektieren. Stell dir dabei bewusst die Frage: „Wie habe ich heute geliebt?"
- Überleg dir eine praktische Aktion von schockierender Liebe für einen Tag in dieser Woche und setze sie um. Idee: Bring einer wohnungslosen Person, die dir auf der Straße begegnet, etwas vom Bäcker mit, wenn du dein Mittagessen holst.
- Nimm dir diese Woche Zeit, um dir deinen Terminkalender anzuschauen. Plane drei konkrete freie Zeiträume von 15 bis 30 Minuten ein, in denen du zur Ruhe kommst und schaust, wem du etwas Gutes tun kannst.

RISKY BUSINESS

An vielen Stellen in der Bibel lesen wir, dass Jesus zunächst von tiefem Mitgefühl ergriffen war, bevor er in bestimmte Situationen eingriff oder Menschen in absoluter riskanter Liebe begegnete:

**Als er die Scharen von Menschen sah,
ergriff ihn tiefes Mitgefühl; denn sie waren erschöpft und
hilflos wie Schafe, die keinen Hirten haben.**
MATTHÄUS 9,36; NGÜ

**Als der Herr die Frau sah, ergriff ihn tiefes Mitgefühl.
„Weine nicht!", sagte er zu ihr.**
LUKAS 7,13; NGÜ

**Jesus sah, wie sie und auch die Trauergäste weinten.
Da war er tief bewegt und erschüttert. „Wo habt ihr ihn bestattet?",
fragte er. Sie antworteten: „Komm, Herr, wir zeigen es dir!"
Auch Jesus kamen die Tränen. „Seht", sagten die Juden,
„er muss ihn sehr lieb gehabt haben!" Doch einige meinten:
„Einen Blinden hat er sehend gemacht. Hätte er da nicht auch
verhindern können, dass Lazarus starb?" Von diesen Worten war
Jesus erneut tief bewegt. Er trat an das Grab; es war eine Höhle,
die man mit einem großen Stein verschlossen hatte.**
JOHANNES 11,33-38; HFA

**Was fällt dir beim Lesen dieser Bibelstellen besonders auf?
Notiere dir drei Punkte.**

EMPATHIE IST RISKANT

Die Definition im Duden für das Wort „Empathie" ist folgende: „Bereitschaft und Fähigkeit, sich in die Einstellungen anderer Menschen einzufühlen". [37]

Was ich an dieser Definition liebe, ist: Es wird deutlich, dass Empathie kein Gefühl ist, kein unkontrolliertes Empfinden oder gar ein Geschenk, das manche von uns haben und manche nicht. Es ist eine Bereitschaft und somit die Entscheidung, die Menschen um uns herum bewusst wahrzunehmen und uns in ihre Situationen, Geschichten und in ihre Leiden einzufühlen. Darüber hinaus wird in dieser Definition deutlich, dass Empathie eine Fähigkeit ist. Was für andere Fähigkeiten, wie zum Beispiel Malen oder Singen, gilt, gilt zwar auch für diese Fähigkeit: Vielleicht haben manche von uns die natürliche Gabe der Empathie. Und dennoch kann Empathie von jedem erlernt, geübt und verbessert werden.

Reflektiere kurz: Wie würdest du auf einer Skala von 1 bis 10 deine Empathie-Fähigkeit einschätzen?

Schreib dir eine Sache auf, die du tun möchtest, um deine Empathie-Fähigkeit zu verbessern.

Empathie ist nicht nur eine Bereitschaft und eine Fähigkeit, sondern ein zentraler Katalysator für Veränderung. Wenn wir uns wirklich darauf einlassen, die Not, den Schmerz und die Herausforderungen einer anderen Person zu verstehen und uns einzufühlen, fällt es uns schwer, nichts zu unternehmen. Wenn wir nachgespürt, aufrichtig zugehört und uns eingefühlt haben, was es zum Beispiel bedeutet, Opfer von sozialer Ungerechtigkeit zu sein, fällt Gleichgültigkeit schwer. Der Schmerz anderer wird zu unserem eigenen. Es wird fast unmöglich, wegzuschauen, vorbeizugehen oder nicht unser Privileg zu nutzen, um einen Unterschied zu machen. Aber der Schlüssel ist, dass wir den riskanten Weg der Empathie wirklich auf uns nehmen müssen. Wenn wir also wissen, dass Empathie ein zentraler Katalysator für Aktion und Veränderung ist, warum fällt es uns dann so schwer, danach zu leben?

Warum fällt es dir manchmal schwer, Empathie auszuleben? Schreibe drei konkrete Gründe/Dinge auf.

DREI DINGE, DIE UNS HINDERN, EMPATHIE AUSZULEBEN

BEQUEMLICHKEIT

Ich glaube, ein wesentlicher Grund, warum wir Empathie oftmals nicht ausleben, ist Bequemlichkeit. Zumindest geht es mir oft leider so. Es tut weh, das zu hören, ehrlich mit sich selbst zu sein und sich dessen bewusst zu werden. Sicherheit für unser eigenes Leben ist eines der Grundbedürfnisse in unserer menschlichen Natur, was an sich ein genialer Schutz für uns ist. Aber oftmals führt ein „sicheres" Leben, in dem unsere Komfortzonen perfekt ausgearbeitet sind, wir die Menschen um uns herum kennen, gleiche Einstellungen und Geschichten haben, auch zu Bequemlichkeit. Liebe, die mit tiefer Empathie verknüpft ist, ist jedoch oftmals alles andere als bequem. Es bedeutet, unsere Gedankenstrukturen herauszufordern, es bedeutet, uns mit unangenehmen Themen auseinanderzusetzen und Menschen in unser Leben einzuladen, die eine andere Geschichte haben als wir selbst. Oftmals führt genau das dazu, dass wir bemerken, wie viel Veränderung direkt in unseren Händen liegt.

ANGST

Sich wirklich und ehrlich mit den Notlagen, Einstellungen und Situationen anderer auseinanderzusetzen, kann manchmal auch Angst machen. Angst davor, unser Leben zu öffnen, uns durch unsere Empathie verletzlich und verwundbar zu machen, Angst davor, unsere Sicherheiten oder gewohnten Wege aufzugeben. Generell ist Angst, wenn sie gesund gelebt wird, ein sehr hilfreicher Indikator und Schutzmechanismus vor drohenden Gefahren und sie hilft uns, wachsam für Situationen und Entscheidungen zu sein. Allerdings sollte Angst nie unser Leben regieren, uns einsperren oder daran hindern, ein berufenes, erfülltes und von ganzem Herzen liebendes Leben zu leben.

EMPATHIEMÜDIGKEIT

Einer der größten Gegner beziehungsweise eines der größten Hindernisse für Empathie in unserer heutigen Gesellschaft ist tatsächlich Betäubung, Gleichgültigkeit und sogenannte Empathiemüdigkeit. Aufgrund der Nachrichten, Eindrücke und Bilder, die uns über Social Media, das Internet und über Nachrichten-Apps 24/7 erreichen können, sind wir Not, Leid und herausfordernden Situationen fast kontinuierlich ausgesetzt. Dadurch stumpfen wir ab und Dinge, die unsere Herzen eigentlich bewegen sollten, schieben wir weg, da wir uns schon fast an sie „gewöhnt haben".

Was löst in deinem Leben Empathiemüdigkeit aus?

Wie kannst du dem bewusst entgegenwirken?

Ich hoffe und bete, dass wir uns hier und jetzt dafür entscheiden, dass wir nicht in diesem Stadium bleiben wollen, wenn wir uns dabei ertappen. Wir repräsentieren Gott auf dieser Welt und ich bin so dankbar, dass Gott niemals müde wird, sein Mitgefühl, sein ehrliches Interesse und seine Veränderung in unsere Welt zu bringen. Um ihn gut zu repräsentieren, müssen wir uns dazu entscheiden, aktiv gegen diese Müdigkeit anzukämpfen.

EMPATHIE MACHT KEINEN HALT

Die Liebe und das Mitgefühl Jesu haben vor niemandem haltgemacht. Gott hebt in seinem Wort immer wieder Menschengruppen oder Situationen hervor, die ihm besonders am Herzen liegen. Wenn wir also Gott lieben und seinen Herzschlag in diese Welt tragen wollen, dann sollten auch wir diese Menschen auf dem Herzen haben.

Suche dir drei Bibelstellen heraus, in denen es um spezifische Menschengruppen geht, die Gott am Herzen liegen und die er auch uns ans Herz legt. Schreibe sie dir hier auf.

Oftmals distanzieren wir uns von diesen Bibelstellen, weil in unserer heutigen Zeit vielleicht Dynamiken anders geworden sind oder wir keine Berührungspunkte mit diesen spezifischen Menschengruppen haben. Zudem können sich soziale und gesellschaftliche Situationen und Strukturen der Not, Schutzlosigkeit und Benachteiligung vor allem in der westlichen Welt weit entfernt anfühlen. Dennoch sind sie genauso präsent und liegen Jesus genauso am Herzen wie zu biblischen Zeiten. Uns ist oftmals nicht bewusst, welche Nöte direkt vor unserer Haustür und in unserer Nachbarschaft präsent sind, was gebraucht wird und wie wir konkret helfen können. All das sind Herausforderungen, die auf Distanz beruhen, aber wenn wir Gott von ganzem Herzen lieben und ihm nachfolgen wollen, darf uns diese Distanz nicht aufhalten. Es bedeutet vielleicht, dass wir uns Zeit einplanen müssen, um uns zu informieren, Statistiken zu lesen oder uns mit Menschen auszutauschen, die bereits in diesem Bereich arbeiten und

Expertise haben. Auf jeden Fall bedeutet es, unsere Ärmel hochzukrempeln und einfach loszulegen.

Ich glaube, wenn wir bereit sind, Distanz zu überwinden, repräsentieren wir Gott in all seiner Schönheit. Er selbst hat es uns vorgelebt. Gott hat sich nicht von der Distanz aufhalten lassen, sondern sich entschieden, seinen eigenen Sohn direkt in unsere Not, in unser Chaos und unsere Schutzlosigkeit zu senden. Ich frag mich, ob wir den Mut haben, ihm nachzufolgen in das Chaos und die Herausforderungen unserer Welt.

ACTION STEPS:
WENDE AN, WAS DU ENTDECKT HAST

- Entscheide dich für ein konkretes Thema von sozialer Ungerechtigkeit in Deutschland, mit dem du dich auseinandersetzen möchtest. Idee: Schau dir eine Dokumentation über bestimmte Bereiche und Aspekte von Armut in Deutschland an (zum Beispiel in der ZDF- oder ARD-Mediathek).
- Erzähl einer Freundin/einem Freund oder deiner Familie von dem, was du über diese Thematik von sozialer Ungerechtigkeit gelernt hast. Das schafft Aufmerksamkeit für das Thema, und du kannst andere inspirieren, ihre eigene Empathiemüdigkeit abzulegen.
- Versuche Empathie diese Woche aktiv in Gesprächen im Alltag umzusetzen, indem du aufmerksam zuhörst, gezielt Fragen stellst und dich bewusst in Situationen einfühlst. Reflektiere, ob du einen Unterschied wahrgenommen hast und wenn ja, welchen.

WAS IST DIE ANTWORT?

DIE TRANSFORMIERENDE KRAFT DER KIRCHE

Ich bin der festen Überzeugung, dass die lokale Gemeinde Gottes Plan und seine Antwort für diese Welt ist. In ihr steckt die unglaubliche Kraft praktischer Liebe, die uns viel zu selten bewusst ist. Ich glaube, dass wir als Gottes Kirche global – egal wo, wann und wie – das Mandat haben, zum Segen für unsere Länder, Städte und Nachbarschaften zu werden. Was für eine unglaubliche Ehre, dass Gott uns fehlerhafte Menschen ganze Städte anvertraut, sodass wir uns um sie kümmern und sie mit Großzügigkeit, Tatkraft und Liebe schockieren können.

Vollmächtig und kraftvoll bezeugten die Apostel, dass Jesus der auferstandene Herr ist. Und die ganze Gemeinde erlebte Gottes Gnade in reichem Maß. Es gab unter ihnen auch niemand, der Not leiden musste. Denn wenn die Bedürfnisse es erforderten, verkauften diejenigen, die ein Grundstück oder ein Haus besaßen, ihren Besitz und stellten den Erlös der Gemeinde zur Verfügung, indem sie das Geld vor den Aposteln niederlegten. Davon wurde dann jedem das zugeteilt, was er nötig hatte.

APOSTELGESCHICHTE 4,33-35; NGÜ

Was lernst du aus dieser Bibelstelle über die Kraft der lokalen Kirche in einer Stadt/Community?

Was fordert dich an der Lebensweise der damaligen Kirche heraus?

Ich wünsche mir so sehr, dass wir genau das erleben dürfen: Dort, wo eine lokale Kirche gepflanzt wird, freuen sich Stadträte, Bürgermeisterinnen oder Bürgermeister und die Menschen der Stadt, weil sie wissen, dass mit der Kirche Segen in die Stadt einzieht. Ich wünsche mir, dass wir erleben, dass mit der Kirche Menschen kommen, die helfen und durch ihre Großzügigkeit in Einheit direkte, praktische Lösungen bringen. Menschen, die sich bewusst sind, dass Not nicht nur auf der anderen Seite des Globus herrscht, sondern direkt vor ihrer Haustür. Die Kraft liegt in Einheit. Wenn wir unsere Ressourcen, unsere Ideen und unsere praktische Hilfe bündeln und in Einheit in unsere Stadt tragen, werden der Einfluss und die Veränderung immens sein.

Mein Lieblingsbeispiel für die transformierende Kraft der lokalen Kirche ist unsere „1-Kilo-Güte"-Aktion: Hier sammeln wir in der gesamten Church Sachspenden, wie zum Beispiel unverderbliche Lebensmittel für die Tafel Deutschland, Sachspenden für Notunterkünfte, Wohnungslose oder für verschiedene andere Organisationen der Stadt. Für jede Person, die mitmacht, bedeutet diese Aktion, einen Artikel zu spenden. Oftmals ist man entmutigt, weil es zu Beginn wie ein Tropfen auf dem heißen Stein erscheint. Doch wenn wir alle aktiv werden, sehen wir jedes Jahr Tausende von Sachspenden, die in all unseren Städten an verschiedene Hilfsprojekte und in unserer direkten Nachbarschaft verteilt werden.

Die lokale Kirche hat eine transformierende Kraft und Reichweite, die unsere Städte schockiert. Indem du ein aktiver Teil davon bist, kann „Liebe deinen Nächsten" für dich praktisch werden.

DU BIST DIE KIRCHE

Das griechische Wort, das im Neuen Testament für Kirche verwendet wird, ist *ekklēsía*.

Finde heraus, was die Wörter *ekklēsía* und *ekklētoí* bedeuten und wie sie definiert werden.

Wie verändert dies dein Bild von Kirche?

Wir sehen hier: Kirche bleibt nicht bei der Versammlung stehen. Die Kraft liegt vielmehr darin, in Einheit zusammenzukommen und dann in die uns anvertrauten Bereiche, auf die wir Einfluss haben, zu ziehen und dort Kirche zu sein. Kirche ist demnach kein Gebäude und kein Verein: Kirche ist die Versammlung der Gläubigen. Die Kirche, das bist du.

Und wir brauchen dich. Wir brauchen dich als Teil einer Gemeinschaft, um Einheit und die Kraft der Kirche erleben zu können. Genauso brauchen wir dich in deinem Umfeld. Die Welt braucht dein Verständnis, dass du die Kirche nicht an einem Sonntag verlässt, sondern du selbst die Kirche bist. Du wirst gebraucht, jeden Tag, sieben Tage die Woche. Deine Familie, dein Arbeitsplatz, die Not leidenden Menschen in deiner Stadt, deine Welt, sie alle brauchen dich.

Die Kirche ist die Braut Christi, sein Spiegelbild hier auf Erden, Kirche sind die Menschen, die sein Herz in diese Welt tragen. Die Kirche, das sind wir alle gemeinsam. Die Kirche, das bist du.

Mein Wunsch ist es, dass Jesus uns, wenn er wiederkommt, als seine Braut bei den Menschen findet, die er uns aufgetragen hat zu lieben. Ich wünsche mir, dass wir die Liebe des Himmels auf dieser Erde spiegeln, dass wir an den Orten sind, an denen Jesus wäre: bei den Menschen, die seine Hilfe, Liebe und seinen Schutz am meisten brauchen – als seine Braut mit hochgekrempelten Ärmeln, bereit, der Welt in Liebe zu dienen.

ACTION STEPS:
WENDE AN, WAS DU ENTDECKT HAST

- Informiere dich auf der Webseite deiner Gemeinde oder deiner Stadt, welche sozialen Themen es aktuell gibt, oder sprich mit jemandem, der sich in dem Bereich auskennt. Schreibe drei Bereiche auf.
- Finde heraus, wie du mit deinen dir zur Verfügung stehenden Möglichkeiten Teil der Antwort sein kannst. Nimm dir eine konkrete Sache vor. Idee: Spende Sachspenden für „1 Kilo Güte“ oder eine ähnliche Aktion oder teile einen Artikel, um Aufmerksamkeit auf das Thema zu lenken.
- Mach es nicht allein. Schnapp dir deine Kleingruppe oder dein Team, teile mit ihnen, was du herausgefunden hast. Seid gemeinsam Teil der Antwort.

Ein Gedanke, den ich nicht abschütteln kann und der mir hilft, immer wieder für wahre, riskante Liebe und Empathie in meinem Leben zu kämpfen, ist folgender:

Welche Geschichten werden wir erzählen können, wenn wir jeden Tag und in jedem Augenblick mit ganzem Herzen lieben?

Stell sie dir vor, all die Wundergeschichten und unvergesslichen Momente. Was würde passieren, wenn wir lieber tiefes Mitgefühl, Empathie und den damit verbundenen Schmerz und die Sorge empfinden, als uns mit einer Illusion von Sicherheit und Komfort zu betäuben? Wenn wir uns dagegen wehren, dass die Angst vor Schmerz, Abweisung, Verletzlichkeit und Unbequemlichkeit unsere Gefängniszelle wird?

Ich bin der festen Überzeugung, dass unsere Herzen und wir als Nachfolgerinnen und Nachfolger Jesu nicht dafür geschaffen sind, von Angst, Komfort und Sicherheit regiert zu werden, sondern von Jesus Christus selbst – die Liebe in Person. Unsere Berufung ist nicht Sicherheit und Komfort. Unsere Berufung ist wahre, nicht aufzuhaltende, tiefe Liebe für die Menschen um uns herum, nicht aus unserer eigenen Stärke heraus, sondern weil wir zuallererst von dieser riskanten, tiefen, ungehaltenen Liebe geliebt worden sind – von unserem Schöpfer selbst. Unsere Verantwortung ist es nun, ein Spiegel zu sein von dieser verschwenderischen Liebe für die Welt, in der wir leben. Es ist die Art von Liebe, die etwas kostet. Himmlische Liebe ist schockierend und in ihrer reinsten Form verschwenderisch und unerklärlich.

Ich frage mich, welche Geschichten wir uns erzählen könnten, wenn wir uns gemeinsam entscheiden würden, unsere Welt mit einer riskanten Liebe zu lieben, einer Liebe, die kein Aufgeben kennt, die das Risiko auf sich nimmt, den Preis von Komfort bezahlt und unser Umfeld schockiert. Für meinen Retter ist es mir wert, ein Instrument dieser Liebe zu sein. Ich will am Ende meines Lebens vor Jesus stehen und nichts mehr in meiner Hand halten, was ich hätte geben können. Ich will keine verpassten Momente von Liebe mehr in meiner Hand halten, keine Gesten der Freundlichkeit, kein Lächeln für einen Menschen in Not, kein liebes Wort der Ermutigung. Absolut nichts. Ich will es alles gegeben haben.

Das ist meine Motivation. Das ist es, was ich mir jeden Morgen vor Augen führe: den Moment, wenn ich mit leeren Händen und einem erfüllten Leben, das in riskanter Liebe gelebt wurde, vor meinem Schöpfer stehe. Und genau damit will ich dich hier am Ende dieses Kapitels herausfordern!

ACTION STEPS: WENDE AN, WAS DU ENTDECKT HAST

Auf der folgenden Love-in-action-Liste, also einer Liebe-in-Aktion-Liste, findest du viele Ideen, wie du all das, was du gelesen hast, praktisch werden lassen kannst. Meine Challenge an dich: Such dir eine Idee pro Woche raus, die du umsetzt, und sieh dabei zu, wie sich dein Alltag und die Art, wie du die Welt siehst, verändert.

Everyday moments – Gelegenheiten für jeden Tag

- Kauf einen Kaffee für die Person hinter dir.
- Schreibe jeweils eine ermutigende Nachricht an fünf Personen.
- Bring einem Menschen in deiner Nachbarschaft Blumen oder Cookies vorbei.
- Schreibe eine E-Mail an deine Arbeitskollegin oder deinen Arbeitskollegen und sage Danke für eine Sache, die du an ihr/ihm schätzt.
- Schreibe eine Dankeskarte an eine Person, die dein Leben positiv geprägt hat.
- Gib beim nächsten Café-Besuch großzügiges Trinkgeld und sag Danke.
- Hinterlasse eine ermutigende Notiz im Aufzug.
- Backe einen Kuchen, besuche deine Großeltern und nimm dir wirklich Zeit für sie.
- Unterstütze mit deinem Einkauf ein kleines, lokales Business.
- Überrasche eine Freundin/einen Freund mit einem kleinen Geschenk.
- Biete einer Familie an, die Kinder für einen Nachmittag zu beaufsichtigen und mit ihnen zu spielen oder etwas Nettes zu unternehmen.
- Öffne die Tür für die Person hinter dir.
- Merk dir den Namen deiner Kassiererin beziehungsweise deines Kassierers und begrüße sie beziehungsweise ihn beim nächsten Mal mit Namen.
- Bezahle für die Person hinter dir im Drive-in.
- Heb den Müll an der Bushaltestelle auf, während du auf deinen Bus wartest.
- Sag dem Busfahrer Danke beim Aussteigen.

Social Justice –
soziale Gerechtigkeit

- Lerne etwas Neues über einen Aspekt sozialer Ungerechtigkeit.
- Teile/reposte eine soziale Aktion auf Social Media, um Aufmerksamkeit darauf zu lenken.
- Bring gut erhaltene Kleidungsstücke, die du nicht mehr trägst, in eine lokale Kleiderkammer.
- Kaufe ein paar Extrakonserven oder unverderbliche Lebensmittel ein und bring sie zu deiner lokalen Tafel (www.tafel.de).
- Bereite ein Care-Paket mit Essen vor und nimm dir 15 Minuten Zeit, um ein ermutigendes Gespräch mit einer wohnungslosen Person zu führen, und merk dir ihren Namen.
- Finde heraus, ob deine lokale Kirche oder eine Organisation gerade eine Aktion hat, von der du Teil sein kannst.
- Mach einen Termin zum Blutspenden.
- Schreibe mit deinen Kindern ermutigende Karten oder male mit ihnen Bilder für ein Seniorenheim.
- Finde heraus, welche Artikel in deiner lokalen Wohnungslosenhilfe gebraucht werden.
- Überlege dir, ob es für dich möglich ist, eine Flüchtlingsfamilie zu begleiten.
- Unterstütze mit deinen kreativen Fähigkeiten und Begabungen ein soziales Projekt.
- Kaufe für einen älteren Menschen in deiner Nachbarschaft ein.
- Lade eine Person zum Essen ein, der es gerade nicht so gut geht.
- Stell dir jeden Tag einen Wecker und nimm dir 5 Minuten Zeit, um für einen bestimmten Aspekt von sozialer Ungerechtigkeit zu beten (z. B. Menschenhandel, Geflüchtete, Wohnungslose).

zehn

LEBENDIGE STEINE

Jeder Mensch auf der Erde möchte den Sinn seiner Existenz kennen. Wir wollen etwas bedeuten, wir wollen eine Spur hinterlassen und wissen, dass unser Leben am Ende einen Unterschied gemacht hat. Wenn man eine große Frage beantworten möchte, ist es manchmal gut, sie aus einem anderen Blickwinkel zu betrachten. Also, lass uns kurz eine Zeitreise ans Ende deines Lebens machen: Was wird dich wohl in deinen letzten Momenten beschäftigen, worüber wirst du nachsinnen? Ganz gewiss über die Dinge, die dir am wichtigsten und wertvollsten waren!

Meine Vermutung ist, dass deine Gedanken bei den Menschen sein werden, die du liebst. Bei denjenigen, mit denen du das Leben geteilt hast. Und als solche, die Gott lieben, stelle ich mir vor, dass sich unsere Gedanken auch um das drehen werden, was kommen wird. Oh, ich bin mir sicher, wir werden uns auf den Moment freuen, wenn wir Jesus endlich von Angesicht zu Angesicht treffen dürfen. Wir sind hier für Beziehung – Beziehung zu Gott und Beziehung zueinander! Behalte das im Hinterkopf, wenn du folgende Verse liest:

Gott baut sein Haus! Er gebraucht uns alle – unabhängig davon, wie wir hierhergekommen sind! Die Apostel und Propheten gebrauchte er, um das Fundament zu legen. Nun gebraucht er euch, fügt euch Ziegel für Ziegel, Stein für Stein ein, mit Christus Jesus als dem Eckstein, der alle Teile zusammenhält.
Wir sehen, wie er Tag für Tag Gestalt annimmt – ein heiliger Tempel, von Gott gebaut, in dem wir alle eingefügt sind, ein Tempel, in dem Gott ganz zu Hause ist.

EPHESER 2,19-22; FREI NACH DER ÜBERSETZUNG „THE MESSAGE"

Wenn wir hier sind, um Beziehung zu bauen, dann ist unsere Zeit, die wir damit verbringen, einen Ort für die Beziehung zu Gott und den Menschen zu bauen, unglaublich wertvoll! Über die Jahre hinweg haben wir gesehen, wie Menschen ins Haus Gottes kamen und so viel Leben, so viel Ermutigung und so viele Offenbarungsmomente mit Gott erfahren durften. Das Haus Gottes ist absolut lebensverändernd!

Weder Freimut noch ich sind auf die Bibelschule gegangen, um eine Pastorin und ein Pastor zu werden. Freimut ging auf eine Lobpreisschule, weil er spürte, dass Gott ihn dazu herausforderte. (Die andere Option war, Musical-Star zu werden! Er hatte sogar schon ein paar Ballettstunden genommen). Ich dagegen wollte einfach nur Christin bleiben. Ich wünschte mir ein Fundament, das stark genug ist, damit ich nicht vom Glauben abfalle. Aber in den Jahren, in denen wir bei Hillsong in Australien studierten, verliebten wir uns. Nicht nur ineinander und nicht nur in Gott. Wir verliebten uns in sein Haus! Ich erinnere mich noch genau an den Tag, als wir über die Zukunft sprachen. Wir waren uns beide einig: Wir konnten uns nicht vorstellen, etwas anderes mit unserem Leben zu machen, als dieses Haus zu bauen. Es war so, als wäre alles andere einfach keine Option mehr für uns.

Wir beten dafür, dass auch du dich, während du dieses „Deep Dive“-Kapitel liest, verliebst. Sicher, kein irdisches Haus ist perfekt, denn Gott benutzt uns Menschen, um sein Haus zu bauen. Aber er sucht auch nicht nach Perfektion, nach goldenen oder silbernen Gefäßen. Gott sucht nur nach ergebenen Menschen. Und so beten wir, dass du realisierst, dass du allein durch seine Gnade berufen wurdest. Wir beten, dass du dich ihm hingibst und ihm erlaubst, in und durch dich zu wirken. Wir beten, dass du weißt: Du hast einen Platz in diesem heiligen, lebensverändernden Raum. Wir beten, dass du deinen Wert kennst und noch mehr erkennen wirst.

LERNE DEN AUTOR KENNEN – ELI URSACHE

Lieblingsreiseziel:
Neuseeland

Selbstgespräch-Ermutigung:
Most blessings come wrapped in challenges. Push.
(Oftmals kommt Gottes Segen verpackt als Herausforderung. Nimm sie an!)

Lieblingsjahreszeit:
Sommer, Sonne, Sonnenschein – aber nicht zu heiß!

Eli ist ein Geschenk für unser Haus. Wenn man ihn kennenlernt, merkt man sofort: Er hört wirklich zu. Eli stellt unglaublich gute Fragen, betrachtet Dinge aus den interessantesten Perspektiven und erzählt die brillantesten und umwerfendsten Geschichten! Er wurde Teil unserer Gemeinde, als wir unseren Campus in München gründeten. Die Art und Weise, wie er und seine wunderbare Frau Essy sich einbrachten, hat sicherlich dazu beigetragen, dass München einer der gesündesten und am schnellsten wachsenden Standorte geworden ist, die wir bisher gegründet haben. Heute ist er ein wichtiger Teil unseres Central-Creative-Teams – eine unglaubliche Gemeinschaft von Anbeterinnen und Anbetern, die als die „Creatives" bekannt sind.

Freimut und ich haben eine ganze Zeit lang Creative Teams geleitet. Wir wissen, dass diese vielfältige, tief empfindende Gemeinschaft von begabten Menschen einen Leiter beziehungsweise eine Leiterin braucht, der beziehungsweise die sie führt und dazu inspiriert, Jesus mehr und mehr zu lieben. Inspirierte Menschen inspirieren Menschen, und Eli ist genau das – von Gott inspiriert! Er gräbt immer tiefer, entdeckt immer etwas Neues und teilt es mit den Menschen um sich herum. Er ist ein Mann des Glaubens und er hat große Träume für die Menschen in seinem Team.

ELI, DANKE, DASS DU DAS HAUS, GOTT, DAS LEBEN UND DIE MENSCHEN SO SEHR LIEBST. DU UND ESSY SEID EIN ECHTER SEGEN, UND WIR DANKEN GOTT FÜR DAS PRIVILEG, LEBENDIGE STEINE IM SELBEN HAUS WIE IHR ZU SEIN.

DEEP DIVE

LEBENDIGE STEINE

Lasst euch selbst als lebendige Steine in das Haus einfügen, das von Gott erbaut wird und von seinem Geist erfüllt ist. Lasst euch zu einer heiligen Priesterschaft aufbauen, damit ihr Gott Opfer darbringen könnt, die von seinem Geist gewirkt sind – Opfer, an denen er Freude hat, weil sie sich auf das Werk von Jesus Christus gründen.

1. PETRUS 2,5; NGÜ

Ich hatte das Privileg, in einer Familie groß zu werden, in der es immer leckeres Essen gab. Noch heute bin ich überzeugt: Meine Mutter ist die beste Köchin. Wenn ich an das Zuhause denke, in dem ich aufgewachsen bin, denke ich unweigerlich an die riesige Speisekammer, die immer voll war von gepökeltem Fleisch, hausgemachter Wurst und Schinken, eingelegtem Gemüse, Kuchen, Torten und nicht zu vergessen den legendären rumänischen Krautrouladen meiner Mutter. Die Zutaten für all das Essen waren ausgesucht: Gemüse, ausschließlich aus dem eigenen Gemüsegarten, Fleisch vom Metzger und Milch direkt vom Milchbauern nebenan. Das Brot wurde natürlich selbst gebacken. Meine Eltern liebten gutes Essen, und das tun sie bis heute.

Doch neben dem Kochen haben meine Eltern noch eine weitere Leidenschaft: Sie lieben es, Gäste zu bewirten und all diese Leckereien mit Menschen zu teilen. Und Menschen kamen damals häufig zu uns nach Hause. In meiner Kindheit gab es kaum Tage, an denen nicht jemand zu Besuch war, und immer wieder blieben Menschen sogar über Nacht. Unser Gästezimmer war ständig belegt. Und oft, wenn sich wieder mal Gäste ankündigten und meine Mutter etwas Leckeres im Ofen hatte, bekamen wir die Info: „Das ist für die Gäste." Ich habe diesen Satz gehasst. Denn er bedeutete für uns Kinder, dass wir uns nicht wie sonst direkt über den Kuchen oder das Leibgericht, das gerade fertig wurde und unglaublich lecker duftete, hermachen konnten. Dieses Essen war für einen anderen Zweck bestimmt. Es war für die Gäste, und wir durften es nicht anrühren. Es war „heilig".

Genau das meint auch Petrus, wenn er uns Christinnen und Christen als „heilig" bezeichnet, dann meint er damit ebenfalls: zu einem anderen, höheren Zweck bestimmt.

UNSERE BERUFUNG IST, WAS UNS HEILIG MACHT

Heiligkeit wird oft mit Perfektion in Verbindung gebracht. Eine Person ist heilig, wenn sie frei von Fehlern und Schuld ist. Und das ist auch genau das, was das Wort „heilig“ bedeutet. Wenn die Bibel darüber spricht, dass Gott heilig ist, dann bedeutet das, dass Gott makellos ist, absolut perfekt und frei von Sünde. Doch das Wort „heilig“ kann auch eine andere Bedeutung haben.

In 1. Samuel 21 lesen wir die Geschichte von David, der vor Saul floh. Auf seiner Flucht begegnete er bei Nob dem Priester Ahimelech und bat ihn, ihm und seinen Männern etwas zu essen zu geben. Die Antwort des Priesters war folgende: „Gewöhnliches Brot ist keines da. Ich könnte dir höchstens heilige Brote geben, die Gott geweiht sind“ (1. Samuel 21,5a; HFA). Der Priester hatte also kein gewöhnliches Brot für David, sondern lediglich „heiliges“ Brot. Man könnte nun fragen: „Was ist der Unterschied? Was war an dem ‚heiligen‘ Brot anders?“ Gewiss nicht die Zutaten oder die Zubereitungsart. Das heilige Brot war keineswegs perfekt und vermutlich nicht von gewöhnlichem Brot zu unterscheiden. Der einzige Unterschied bestand darin, dass das „heilige“ Brot „geweiht“ war, das bedeutet, es war für einen anderen, höheren Zweck bestimmt. Es war für den Tempeldienst bestimmt, und nicht für den alltäglichen Verzehr gedacht. Das Wort, das an dieser Stelle im Originaltext verwendet wird, ist das Wort קדוש (*kadosch*), und es kann mit „ausgesucht“, „auserwählt“ oder „zur Seite gelegt“ übersetzt werden.

Petrus bezeichnet uns nun in seinem Brief als heilig und benutzt hierfür das altgriechische Äquivalent des Wortes קדוש (*kadosch*), und zwar ἅγιος (*hagios*), dessen fundamentale Bedeutung „zu einem besonderen Zweck auserwählt“ ist. Wenn Petrus uns also als heilig beschreibt, dann schreibt er uns hier nicht Perfektion zu, sondern er beschreibt vielmehr die Tatsache, dass wir von Gott zur Seite gelegt und für einen höheren Zweck bestimmt wurden. Was uns heilig, also außergewöhnlich, macht, sind nicht etwa unsere Leistungen und Errungenschaften, sondern es ist die Berufung, die auf unser Leben gelegt wurde.

WAS IST UNSERE BERUFUNG?

Petrus zeichnet im ersten Petrusbrief das Bild eines Baumeisters: Gott baut ein Haus und dieses ist kein gewöhnliches. Es ist ein Haus, in dem er selbst leben möchte, ein Tempel, und es soll auf dem Berg Zion gebaut werden (1. Petrus 2,6). Unsere Berufung ist es nun, Bausteine dieses heiligen Bauwerks zu sein und so zusammen etwas zu bilden, das größer ist als jeder einzelne Baustein. Das ist unsere Bestimmung.

Es ist wie bei italienischem Essen. Tomaten sind an sich nichts Besonderes. Mozzarella und Basilikum auch nicht, und ebenso wenig Olivenöl. Wenn man aber diese „durchschnittlichen" Einzelteile im richtigen Verhältnis zusammenfügt, hübsch anrichtet und noch ein wenig Salz und Pfeffer darübergibt, hat man Caprese: ein Gericht, das so viel besser ist als nur die Summe seiner Einzelteile.

Ein anderes Beispiel ist Musik. Eine Oktave enthält lediglich acht Noten, und keine davon ist schöner oder leidenschaftlicher als die andere. Aber in der richtigen Reihenfolge, im richtigen Takt, mit einer Dynamik, die die Zuhörenden ergreift, können diese durchschnittlichen Einzelteile Antonio Vivaldis „Vier Jahreszeiten" oder Carl Orffs „Carmina Burana" ergeben. Musik, die Menschen Hunderte Jahre nach ihrer Entstehung immer noch begeistert. Was diese Meisterwerke ausmacht, ist nicht etwa die Natur der einzelnen Noten. Auch das schlimmste Musikstück besteht aus den gleichen acht Noten einer Oktave in unterschiedlicher Tonhöhe. Es ist also die Komposition, die den Noten erst den Wert gibt.

Das, was uns heilig macht, was uns besonders macht, ist nicht die Tatsache, dass wir in irgendeiner Weise überdurchschnittlich wären. Es ist die Tatsache, dass Gott für uns eine Berufung hat: Er hat für uns einen Ort vorgesehen, an dem er uns platzieren möchte, um etwas wahrlich Großartiges und Überdurchschnittliches zu schaffen. Und das Interessante daran ist: Genauso wie Caprese ohne Mozzarella nicht Caprese wäre, so braucht es jede einzelne Person von uns, um das Meisterwerk zu vollenden. Wir alle haben einen einzigartigen, von Gott vorgesehenen Platz in seinem atemberaubenden Bauwerk.

Doch worum genau handelt es sich bei diesem Bauwerk? Wofür ist es da, und was soll es bezwecken? Um das zu begreifen, müssen wir tiefer eintauchen in die sehr signifikanten Bedeutungen des Tempels und des Begegnungszeltes im Alten Testament.

DER TEMPEL

MANIFESTATION VON GOTTES GEGENWART AUF ERDEN

Die Sünde, die die Seele des Menschen korrumpierte, trennte den Menschen von Gott. Der Mensch wurde aus dem Garten Eden, dem Ort der Begegnung mit Gott, verbannt, und lebte nun ohne Gott.

Doch es war immer noch Gottes Plan, seine Gegenwart der Menschheit neu zugänglich zu machen und die ursprüngliche, heile Welt wiederherzustellen. Deswegen offenbarte er sich dem Volk Israel und sagte zu Mose: „Die Israeliten sollen mir ein Heiligtum errichten, damit ich bei ihnen wohnen kann" (2. Mose 25,8; NLB).

Gott wollte wieder bei den Menschen wohnen und dieses Heiligtum war ein Symbol dafür: Gott hatte einen Weg gefunden, das, was im Garten Eden schiefgegangen war, wieder zu reparieren. Die Menschen konnten wieder mit sich selbst versöhnt leben und erneut in Gottes Gegenwart sein. Das ist die beste Nachricht! Gott ist nicht länger fern, er ist wieder nah. Und als Menschen können wir ihn finden, ihm begegnen, sogar mit ihm sprechen – genauso wie damals im Garten. Das ist die Bedeutung des Tempels.

Wir als Christinnen und Christen sind von Gott dazu berufen, seine Gegenwart in der Welt erlebbar zu machen, sie anderen zu zeigen. Wir sind, genau wie damals das Begegnungszelt beziehungsweise der Tempel, Trägerinnen und Träger dieser guten Nachricht: „Gott ist hier!"

Gott hat uns auserwählt und geheiligt, nicht nur für uns selbst, sondern vor allem, damit wir zu Botschafterinnen und Botschaftern der Hoffnung werden. Als heilige Bausteine eines Tempels, in dem Gott wohnt, sind wir der lebende Beweis dafür, dass Gott inmitten der Menschen lebt. Er liebt die Welt so sehr, dass er einen Weg gefunden hat, sie zu retten.

Allerdings hört es hier nicht auf. Wenn Gottes Gegenwart unter uns ist, dann bedeutet das auch, dass Krankheit geheilt werden kann, dass Hoffnung wieder-aufkeimen, Verlorenes wieder gefunden und Totes wieder lebendig gemacht werden kann. Es bedeutet, dass Eden, der Himmel auf Erden, in seiner ganzen Fülle wieder zugänglich ist. Wenn wir diese lebendigen Bausteine sind, ist dort, wo wir sind, auch Heilung zu finden. Dann findet dort Vergebung statt und Kraft wird entfesselt. Wir sind die Trägerinnen und Träger von Gottes Gegenwart und mit dieser Gegenwart kommt auch seine Kraft!

Genau das versucht Paulus den Korinthern deutlich zu machen, indem er sie daran erinnert, dass ihr Körper der Tempel des Heiligen Geistes ist: ein Ort, an dem Gott wohnt, und wo seine Kraft entfesselt wird:

Oder wisst ihr nicht, dass euer Leib
ein Tempel des Heiligen Geistes in euch ist,
der in euch lebt und euch von Gott geschenkt wurde?
Ihr gehört nicht euch selbst […].
1. KORINTHER 6,19; NLB

EIN ORT DER ANBETUNG

Im 21. Kapitel der Johannesoffenbarung zeichnet die Bibel das Bild einer erlösten Welt. Vieles war bis zu diesem Zeitpunkt in der Menschheitsgeschichte passiert, doch nun wird die Schöpfung wieder mit Gott versöhnt: ein neuer Himmel und eine neue Erde. Das Alte ist vergangen, alles wird wieder neu. Und in dieser neuen, perfekten Welt findet alles seinen Sinn und Zweck in der Anbetung Gottes. Die gesamte Schöpfung, die von Anfang an mit dieser Bestimmung geboren wurde, erfüllt nun endlich ihren Zweck: Sie betet Gott an. Perfekte Harmonie. Anbetung ermöglicht, dass Schöpfung und Schöpfer im Einklang stehen. Das ist es, wofür wir geboren wurden. Und das ist es, was uns in der zukünftigen Welt, in der Ewigkeit, erwartet.

Der Mensch wurde mit diesem Grundbedürfnis erschaffen. Ohne Anbetung wird die menschliche Seele nie zur Ruhe kommen. Genau das Gegenteil erleben wir in unserer jetzigen noch gefallenen Welt: Rastlosigkeit und Ruhelosigkeit, die die Seelen der Menschen belasten; eine alles verschlingende Leere, die die zwecklose Existenz des Lebens ohne Gott unterstreicht. In der Anbetung kann die Seele des Menschen jedoch rasten, ausruhen und erfrischt werden. Die Tatsache, dass Gott ein Heiligtum, einen Tempel, inmitten seines Volkes wollte, offenbart die Natur dieser Intention: Gott wollte einen Rastplatz für die Seele des Menschen.

Ein Ort der Anbetung ist wie ein Portal, das jemandem, der noch mitten in der gefallenen Welt lebt, ein Stück Himmel spüren lässt, ein Ort, der den Menschen, wenn auch nur für eine kurze Zeit, in seiner eigentlichen Bestimmung leben lässt:

Sie dürfen meinen Tempel betreten und sich an diesem Ort des Gebets von Herzen freuen. Sie dürfen auch auf meinem Altar Brand- und Schlachtopfer darbringen, und ich werde ihre Opfer annehmen. Denn mein Haus soll für alle Völker ein Ort des Gebets sein.
JESAJA 56,7B; HFA

Wenn wir Menschen an einen Ort der Anbetung kommen und dort Gott anbeten, dann drücken wir dadurch nicht nur unsere Treue aus, sondern wir erfüllen auch unseren Zweck, und das repräsentiert der Tempel.

Was bedeutet das für uns? Petrus sagt schließlich, dass wir lebendige Bausteine eines geistlichen Tempels sind, also Bausteine eines Ortes der Anbetung. Wir sind dieser Tempel, in dem Menschen in ihrer ursprünglichen Bestimmung leben und Gott anbeten können.

Ich glaube, es bedeutet in erster Linie, dass unser Leben ein Ausdruck der Anbetung sein soll. Der Tempel war ein Ort, zu dem man ab und zu hinging. Wenn wir nun selbst der Tempel sind, dann ist dieser Ort permanent und untrennbar mit uns verbunden. Somit können wir ständig in unserer Bestimmung leben. Anbetung ist nicht ein Ort, den wir besuchen, sondern unser ganzes Leben ist ein Ausdruck der Anbetung.

Zudem können wir als lebendige Bausteine des Tempels für andere Menschen diese Oase sein, in der ihre Seele zur Ruhe kommen kann. Wir sind dazu berufen, eine Gemeinschaft von Bausteinen zu sein, die wie ein Portal Menschen zu ihrer eigentlichen Bestimmung führt und sie ein Stück der Ewigkeit kosten lässt. Diese Gemeinschaft von Bausteinen nennen wir Kirche.

Als lebendige Bausteine von Gottes Haus sind wir dazu berufen, eine Demonstration von Gottes Gegenwart und Kraft in der Welt zu sein, eine Oase für Menschen, in der sie durch Anbetung ihre eigentliche Bestimmung und Ruhe finden. Was für eine kraftvolle Offenbarung und großartige Berufung!

Die entscheidende Frage ist nun: Wie gehen wir mit dieser Berufung um? Denn die Tatsache allein, dass Gott eine Berufung und einen besonderen Platz für uns in seinem Bauwerk hat, bedeutet nicht, dass wir schon in dieser Bestimmung leben. Petrus unterstreicht die Tatsache, dass sich jeder Mensch persönlich entscheiden muss, und ermutigt seine Zuhörenden, indem er sagt:

Lasst euch selbst als lebendige Steine in das Haus einfügen, das von Gott erbaut wird und von seinem Geist erfüllt ist.

1. PETRUS 2,5A; NGÜ

Die Aufforderung, sich einbauen zu lassen und Gottes Bestimmung anzunehmen, steht hier im Fokus. Wenn wir uns also heute fragen: „Wie kann ich Teil von diesem Bauwerk sein? Wie kann ich die Bestimmung, die Gott für mich hat, annehmen und meinen Zweck erfüllen?“, dann wäre meine Antwort: Es gibt einige Wahrheiten zu entdecken, und erst wenn wir diese Wahrheiten entdeckt und angenommen haben, kann der Tempel seine Bestimmung erfüllen. Lass es uns herausfinden.

TEMPELWAHRHEITEN

GOTT IST DER BAUMEISTER

Der Bau dieses Tempels ist kein unbeaufsichtigter Prozess. Es gibt einen Architekten, einen Baumeister, der das Haus bis ins letzte Detail geplant hat, der einen Plan hat, nach dem er arbeitet, und an dem sich die einzelnen Bausteine orientieren können.

Die Tatsache, dass Gott der Baumeister ist, bedeutet, dass Gott mehr sieht, als wir je sehen können, und mehr von der Natur des Gebäudes versteht als wir, die wir doch lediglich die Bausteine sind. Es bedeutet, dass Gott vertrauenswürdig ist. Vor allem aber heißt es: Gott hat für jeden von uns einen Platz vorgesehen, an dem wir unseren Zweck erfüllen können. Dieser Platz ist der ideale Ort für uns, besser als der Platz, den wir selbst für uns ausgesucht hätten. Gott hat einen Plan – nicht nur für das Gebäude an sich, sondern für jeden einzelnen Baustein.

Zu seinem Volk sagt Gott durch den Propheten Jeremia:

Denn ich allein weiß, was ich mit euch vorhabe: Ich, der HERR, habe Frieden für euch im Sinn und will euch aus dem Leid befreien. Ich gebe euch wieder Zukunft und Hoffnung. Mein Wort gilt!

JEREMIA 29,11; HFA

Das, was Gott uns hier zuspricht, ist: „Ich allein weiß, wie das Bauwerk am Ende aussehen soll. Ich kenne die Zukunft, und ich kenne dich besser, als du dich kennst. Und deswegen bin ich am besten qualifiziert, einen Plan zu gestalten, der deinem Leben Bestimmung gibt und entsprechend Frieden und Hoffnung!“ König Salomo verkündet in Psalm 127:

Wenn der HERR nicht das Haus baut, dann ist alle Mühe der Bauleute umsonst. Wenn der HERR nicht die Stadt bewacht, dann wachen die Wächter vergeblich.

PSALM 127,1B; HFA

Mit anderen Worten: Wir können uns bemühen, unserem Leben Bestimmung zu geben, doch es ist nicht zu vergleichen mit dem, was Gott kann! Die Möglichkeiten, der Segen und die Erfüllung, die Gott uns geben kann, sind so viel mehr als das, was wir als Menschen mit all unserer Beschränktheit realisieren können. Wenn Gott aus einzelnen, leblosen Atomen ein atemberaubendes Universum mit Sternen, Planeten, Bergen, Pflanzen und Tieren kreieren kann, dann kann er auch aus einfachen, manchmal fehlerhaften Menschen etwas schaffen, was unsere Vorstellungskraft sprengt und übersteigt.

Doch es ist an uns, diese Wahrheit, dass Gott der Baumeister ist, zu akzeptieren und anzunehmen, und Gott den Raum in unserem Leben zu geben, der ihm gebührt. Wenn Gott uns führt, bedeutet das, dass er manche Türen öffnet, und andere auch schließt, dass er vielleicht Dinge in unserem Leben macht, die wir nicht verstehen. Als einfache Bausteine sind wir in unserer Vision zu beschränkt, um Gott immer zu verstehen. Die Wahrheit ist aber: Wir müssen Gott auch nicht immer verstehen, sondern ihm vertrauen. Gott als Baumeister zu sehen, erfordert bedingungsloses Vertrauen in seinen Plan und seinen Charakter. Wir haben jeden Grund dazu. Es bleibt jedoch unsere Entscheidung.

JESUS IST DAS FUNDAMENT

Es steht ja schon in der Heiligen Schrift: „Seht, ich lege in Jerusalem einen ausgewählten, kostbaren Grundstein. Wer auf ihn baut und ihm vertraut, steht fest und sicher."

1. PETRUS 2,6; HFA

Sowohl Petrus als auch die gesamte Bibel machen unmissverständlich klar: Der Grundstein für diesen geistlichen Tempel ist Christus. Er ist nicht nur die Vollendung des Bauwerks. Er ist nicht das Dach, die schöne Fassade oder ein nettes Detail am Bauwerk. Er ist das Fundament davon. Dieses Bauwerk kann nicht existieren ohne ihn. Er trägt es und hält es zusammen.

Die Bergpredigt (Matthäus 5–7) ist eine besonders wichtige Predigt, denn sie repräsentiert sozusagen die Verfassung des neuen, himmlischen Königreichs. Sie offenbart den Charakter und Christi Herz und fasst im Prinzip seine Lehre zusammen. Am Schluss der Predigt sagt Jesus Folgendes:

Wer nun auf das hört, was ich gesagt habe, und danach handelt, der ist klug. Man kann ihn mit einem Mann vergleichen, der sein Haus auf felsigen Grund baut. Wenn ein Wolkenbruch niedergeht, das Hochwasser steigt und der Sturm am Haus rüttelt, wird es trotzdem nicht einstürzen, weil es auf Felsengrund gebaut ist. Wer sich meine Worte nur anhört, aber nicht danach lebt, der ist so unvernünftig wie einer, der sein Haus auf Sand baut. Denn wenn ein Wolkenbruch kommt, die Flüsse über ihre Ufer treten und der Sturm um das Haus tobt, wird es einstürzen; kein Stein wird auf dem anderen bleiben.

MATTHÄUS 7,24-27; HFA

Christus macht hier deutlich, dass er viel mehr ist als lediglich eine Ergänzung der jüdischen Religion. Er ist das Fundament, auf dem Gottes Königreich gebaut wird. Christi Lehre abzulehnen, wird mit einem Menschen verglichen, der kein Fundament hat, und dessen gesamtes Schaffen zu Staub zerfällt. Wer hingegen das annimmt, was Christus lehrt, kommt einem Menschen gleich, der sein Haus auf einem standfesten Fundament baut. Sein Schaffen bleibt bestehen.

Der Tempel, den Gott baut und in dem wir eine Rolle spielen dürfen, ist auf Christus gebaut, auf seinem vollbrachten Werk am Kreuz. Ohne das Kreuz und dessen Kraft wäre das Bauwerk instabil und zwecklos. Erst Christi Tod und seine Auferstehung gaben dem Ganzen die notwendige Kraft, Stabilität und Orientierung. Dieses himmlische Königreich funktioniert nicht ohne Christus.

Als Kirche, als Gemeinschaft von Bausteinen, die Gottes Gegenwart beherbergen, ist unser Fundament somit Christus allein. Er ist das, was uns als Kirche siegreich und beständig macht. Solange die Kirche Christus ins Zentrum stellt, seine Lehre predigt und sein Leben als Orientierung verwendet, wird sie siegreich sein. Der Moment hingegen, in dem die Kirche Christus mit zeitgeistlichen Lehren oder anderen Orientierungsmerkmalen ersetzt, ist der Moment, an dem sie anfängt zu zerfallen. Solange Christus das Fundament ist, können auch durchschnittliche Bausteine stabil bleiben und sämtlichen Herausforderungen trotzen.

Das Gleiche gilt für jedes individuelle Leben: Solange Christus unser Fundament ist, seine Lehre unsere Richtlinien, sein Leben unser Vorbild und sein Wirken unsere Orientierung, ist unser Leben auf einem stabilen Fundament gebaut und bleibt bestehen.

Denn Christus war vor allem anderen; und alles hat nur durch ihn Bestand. Er ist das Haupt der Gemeinde, die sein Leib ist. Er ist der Ursprung allen Lebens und zugleich der Erste, der vom Tod zu einem unvergänglichen Leben auferstand. So sollte er in jeder Hinsicht an erster Stelle stehen.

KOLOSSER 1,17-18; HFA

DER HEILIGE GEIST ERFÜLLT DEN TEMPEL

Salomos Tempelbau hatte Jahrzehnte gedauert. Das Bauwerk war atemberaubend und wurde mit Gold, anderen Edelmetallen und kostbaren Steinen verziert. Man verwendete nur die allerbesten Materialien, und nur die besten Handwerker haben daran gearbeitet. Es wurden mehr als 3500 Tonnen Gold verbaut (1. Chronik 22,14; HFA). Der Goldwert allein betrüge heutzutage ca. 180 Milliarden Euro. Hinzu kamen unvorstellbare Mengen an Silber, Bronze und Edelsteinen.

Doch all das hat dem Tempel noch nicht seinen Wert und seine Bestimmung gegeben. Noch war es kein Tempel, sondern lediglich ein sehr teures Bauwerk, das erst dann zum Tempel wurde, als Gottes Gegenwart und seine Herrlichkeit es erfüllten. Das zweite Buch der Chronik berichtet von folgendem Ereignis im Rahmen der Tempelweihe:

Als Salomo sein Gebet beendet hatte, fiel Feuer vom Himmel und verzehrte das Brandopfer und die Schlachtopfer. Der HERR in seiner Herrlichkeit erfüllte den ganzen Tempel, so dass die Priester nicht mehr hineingehen konnten. Als die Israeliten sahen, wie das Feuer vom Himmel kam und der HERR in seiner Herrlichkeit den Tempel erfüllte, fielen sie alle auf die Knie und verneigten sich, bis ihr Gesicht den Boden berührte. Sie beteten den HERRN an und lobten ihn mit dem Lied: „Der HERR ist gütig, seine Gnade hört niemals auf!"

2. CHRONIK 7,1-3; HFA

Der Heilige Geist erfüllte den Tempel und gab all den teuren Bausteinen nun ihre Bestimmung. Erst jetzt war es das Haus, in dem Gott wohnte. Erst jetzt wurde es seiner Bestimmung zugeführt.

Petrus erinnert uns in 1. Petrus 2,5 daran, dass wir Bausteine eines Hauses sind, das auf Christus gegründet, von Gott erbaut und vom Heiligen Geist erfüllt ist. Es ist entscheidend, dass der Heilige Geist nicht nur den Tempel erfüllt, sondern auch uns als einzelne Bausteine. Auch Paulus ermutigt seine Zuhörenden wiederholt und sagt ihnen: „Lasst euch vielmehr von Gottes Geist erfüllen“ (Epheser 5,18b; HFA). Doch welchen Stellenwert hat das Erfülltwerden mit dem Heiligen Geist und was bedeutet es?

Zunächst bedeutet es Kraft. So wie der Wind die Segel eines Schiffes erfüllt und es in Bewegung bringt, steht das Erfülltwerden mit dem Heiligen Geist für die Kraft, die uns Menschen befähigt und vorantreibt. Der Heilige Geist wird in der Bibel mit dem griechischen Wort πνεῦμα (*pneûma*) beschrieben, dessen Bedeutung „Wind“ oder „Atem“ ist. Im Leben von Petrus können wir genau dies erkennen: Voller Angst hatte er Jesus verleugnet, doch einige Wochen später, erfüllt mit dem Heiligen Geist, predigte er mutig das Evangelium und bekannte sich vor ganz Jerusalem zu Jesus (Apostelgeschichte 2,14).

Ein weiteres wichtiges Wort in diesem Zusammenhang ist πληρόω (*plēróō*), was „durchdringen“ bedeutet. So wie eine Brausetablette ein Glas Wasser zum Sprudeln bringt, um sich dann darin aufzulösen, wird unser Leben von Gott durchdrungen. Wenn der Heilige Geist unser Leben in seiner ganzen Fülle durchdringt, heißt das: Jeder Bestandteil unseres Lebens hat seinen Geschmack und trägt seinen Duft. Paulus spricht im Galaterbrief von der Frucht des Heiligen Geistes (Galater 5,22-23), die entsteht, wenn der Heilige Geist unser Leben durchdringt.

Neben „Wind“ und „Durchdringung“ ist „Herrschaft“ ein weiterer Begriff, der mit dem Heiligen Geist in Verbindung gebracht wird. Was auch immer von Gottes Geist erfüllt ist, es befindet sich in Gottes Herrschaftsgebiet. Wo auch immer Gott ist, dort herrscht er. Somit steht die Gegenwart seines Geistes für Gottes Souveränität. Im Kontext des Neuen Bundes führt diese Wahrheit zu einer theologisch sehr kraftvollen Bedeutung: Gott kann nicht in der Gegenwart von Sünde sein. Doch im Neuen Testament sehen wir, wie der Heilige Geist die Christinnen und Christen erfüllte und nie wieder verließ. Seine Herrschaft war ab diesem Zeitpunkt permanent in ihrem Leben. Das bedeutet, dass die Sünde unwiderruflich getilgt und gelöscht wurde.

**Die Sünde hat ihre Macht über euch verloren.
Denn ihr seid nicht länger an das Gesetz gebunden,
sondern ihr lebt von der Gnade Gottes.**
RÖMER 6,14; HFA

Das Erfülltwerden mit dem Heiligen Geist ist auch ein Zeichen dafür, dass wir Gottes Eigentum sind. Paulus macht dies im zweiten Korintherbrief deutlich, wenn er schreibt:

**Gott selbst hat unser und euer Leben auf ein festes Fundament gestellt, auf Christus, und uns mit seinem Geist erfüllt.
So drückte er uns sein Siegel auf, wir sind sein Eigentum geworden.**
2. KORINTHER 1,21-22A; HFA

Ein Siegel ist eine Form der Beglaubigung von Eigentum. Urkunden wurden versiegelt, aber auch auf Objekte wurden Siegel aufgebracht. Das Erfülltwerden mit dem Heiligen Geist steht symbolisch für ein Siegel, das beglaubigt, dass wir Gottes Eigentum sind. Wenn wir Gott gehören, dann profitieren wir auch von seinem Schutz, seiner Nähe und seinem Zuspruch.

Erst dieses Erfülltwerden mit dem Heiligen Geist macht einen leblosen Stein zu einem lebendigen, und genau das sind wir: lebendige Steine, die berufen sind, sich einzufügen in ein Bauwerk, das wiederum von Gottes Geist erfüllt ist, ein Bauwerk, in dem Gott wohnt.

DIE BAUSTEINE SIND VEREINT

Diese Wahrheit, eingebettet in 1. Petrus 2,5, ist zwar weniger eine theologische Aussage, jedoch eine logische und kraftvolle Schlussfolgerung dieser Metapher. Wenn wir einzelne Bausteine sind, die die Berufung haben, ein großartiges Bauwerk darzustellen, und wenn wir aufgefordert werden, uns in ebendieses einbauen zu lassen, dann bedeutet das, dass unser Verständnis von unserer Berufung und unser Entschluss, unsere Rolle einzunehmen, unerlässlich sind. Letzten Endes liegt es also an uns.

Paulus verwendet eine ähnliche Metapher, wenn er die Kirche mit einem Körper vergleicht. Er beschreibt es wie folgt:

So wie unser Leib aus vielen Gliedern besteht und diese Glieder einen Leib bilden, so ist es auch bei Christus: Sein Leib, die Gemeinde, besteht aus vielen Gliedern und ist doch ein einziger Leib.

1. KORINTHER 12,12; HFA

Was für ein sonderbarer Leib wäre das, der nur einen Körperteil hätte! Aber so ist es ja auch nicht, sondern viele einzelne Glieder bilden gemeinsam den einen Leib. Darum kann das Auge nicht zur Hand sagen: „Ich brauche dich nicht!“ Und der Kopf kann nicht zu den Füßen sagen: „Ihr seid überflüssig!“ Vielmehr sind gerade die Teile des Körpers, die schwächer und unbedeutender erscheinen, besonders wichtig.

1. KORINTHER 12,19–22; HFA

Mit anderen Worten: Damit dieser Körper richtig funktioniert, braucht es Einheit und ein Verständnis von den unterschiedlichen Aufgaben, die jedes Körperteil hat. Der ganze Organismus ist abhängig davon, dass jedes Organ, jedes einzelne Glied seine aufgetragene Rolle erfüllt. Ein kleiner Zeh für sich allein erfüllt keinen Zweck, aber eingefügt in einen Körper trägt er wesentlich zur Stabilität beim Gehen und Laufen bei. Ohne ihn könnten vermutlich nur sehr wenige Athletinnen und Athleten Spitzenleistungen erzielen. Beide Metaphern, sowohl der geistliche Tempel als auch der Leib, verdeutlichen: Wir sind nicht dafür bestimmt, allein durch dieses Leben zu gehen. Unsere Bestimmung ist untrennbar mit der Bestimmung der Menschen um uns herum verbunden. Dafür braucht es unser Verständnis – und vor allem Einheit. Paulus fasst es folgendermaßen zusammen:

Gott aber hat unseren Leib so zusammengefügt, dass die unwichtig erscheinenden Glieder in Wirklichkeit besonders wichtig sind. Nach seinem Willen soll unser Leib nämlich eine untrennbare Einheit sein, in der jeder einzelne Körperteil für den anderen da ist.

1. KORINTHER 12,24B–25; HFA

Unsere Einheit und unser Verständnis davon, dass wir alle in einem Boot sitzen und nur gemeinsam ans Ziel kommen, sind unerlässlich für den Leib, die Kirche. Das Königreich Gottes, der Himmel auf Erden, ist auf Einheit und Rollenvielfalt gebaut.

Coldplay ist eine der erfolgreichsten Bands der Welt, und ich bin ein großer Fan von ihr. Die besuchten Live-Konzerte in München und Berlin werden mir wohl immer in Erinnerung bleiben. Alle, die ein Coldplay-Konzert erlebt haben, werden bestätigen, dass es ein ganz besonderes Erlebnis ist. Ein wesentliches Element ihrer Licht-Show ist, dass alle, die das Konzert besuchen, und das sind in der Regel an die 70 000 Menschen, ein Armband bekommen, das mit kleinen LED-Lichtern ausgestattet ist. Sämtliche Armbänder sind zentral gesteuert. Das Armband an sich ist wenig beeindruckend. Aber 70 000 Bänder, die rhythmisch zur Musik leuchten – das ist ein atemberaubender Effekt. Plötzlich wird das ganze Stadion zur Bühne, und man findet sich in einem Meer von einzelnen Lichtern wieder.

Die Kirche ist vergleichbar mit einer Coldplay-Licht-Show. Jedes Mitglied wird eingeladen, Teil von etwas Großartigem zu sein, und wird mit allem Nötigen ausgestattet. Wir haben längst alles, was es braucht, um Teil davon zu sein, doch das eigentliche Ziel ist nicht das einzelne LED-Armband. Das Ziel ist das Meer von LED-Armbändern. Ja, es braucht jede einzelne Person, aber es geht um das große Ganze.

Wir sind somit geheiligt und auserwählt, nicht um auf uns allein gestellt Großartiges zu vollbringen, sondern um ein Bestandteil von einem Organismus zu sein, einer Gemeinschaft von anderen, die zusammen etwas wahrlich Großartiges vollbringen. Wir sind lebendige Bausteine eines Tempels, der auf Jesus fest gegründet ist, von Gott erbaut wird, und gefüllt ist mit seinem Geist. Wir sind dazu berufen, zusammen ein Ausdruck von Gottes Liebe, Gerechtigkeit und Gegenwart zu sein, und Menschen dabei zu helfen, Gott zu finden, in der Anbetung ihre Bestimmung zu entdecken und die Ewigkeit zu fassen.

HALTE INNE UND REFLEKTIERE

Wir sind lebendige Bausteine eines Tempels, berufen, gemeinsam Gottes Liebe in die Welt zu tragen. Nimm dir Zeit, um über die folgenden Fragen nachzudenken, und schreib dir deine Gedanken dazu auf. Am besten suchst du dir dafür einen ruhigen Ort.

**Dein Leben ist zu einem anderen, höheren Zweck bestimmt.
Was macht diese Erkenntnis mit dir? Inwieweit verändert sie deine Perspektive auf dein Leben und deinen Alltag?**

**Petrus spricht seinen Zuhörenden zu, dass sie heilig sind.
Auch du bist heilig – von Gott auserwählt und für einen besonderen Zweck bestimmt! Inwieweit beeinflusst beziehungsweise verändert diese Offenbarung deine täglichen Entscheidungen?**

Kennst du den von Gott für dich vorgesehenen Platz in seinem Bauwerk? Wenn nicht, schreibe dir drei Dinge auf, die du diesen Monat tun möchtest, um dieser Erkenntnis näher zu kommen.

**Der Tempel steht symbolisch für Gottes Wunsch, den Menschen nahe zu sein und ihnen Heilung und Wiederherstellung zu bringen. Er ist ein Ausdruck von Gottes Liebe für die gefallene Welt.
Welchen Stellenwert haben die Verlorenen in deiner dir offenbarten Bestimmung? Und welche Rolle spielen die Menschen um dich herum in dem, wonach du dich ausstreckst und wovon du träumst?**

Anbetung ist das eigentliche Ziel unserer Reise und unsere ultimative Bestimmung. Wie sieht deine Anbetung aus, und wie abhängig ist sie von deinen Umständen? Schreibe dir drei Dinge auf, die du diesen Monat tun möchtest, um deiner Anbetung neues Feuer zu geben.

Wenn Gottes Bestimmung für dein Leben die ist, dass du Seite an Seite mit Millionen von anderen Berufenen ein heiliges Bauwerk darstellst, welchen Stellenwert hat Individualismus dann für dich und welche Gefahren birgt er deiner Meinung nach? Welche Rolle spielt Demut in deinem persönlichen Streben nach Bestimmung?

Was sind die Dinge, die du aktiv tust, um die Einheit in deiner Kirche zu stärken?

Gibt es einen Bereich in deinem Leben, in dem du Gott nicht ganz verstehst? Inwieweit hilft dir das Bild des Baumeisters, Gott zu vertrauen, auch dann, wenn du nicht alles nachvollziehen kannst, was er macht?

**Bei Salomos Tempelweihe wurde das Bauwerk erst dann zum Tempel, als es vom Heiligen Geist erfüllt wurde.
Wie wichtig ist es dir, vom Heiligen Geist erfüllt zu sein? Inwieweit hilft dir dieses Erfülltwerden mit dem Heiligen Geist, in deiner Bestimmung zu leben? Schreibe dir drei Dinge auf, die du diesen Monat tun möchtest, um dem Heiligen Geist mehr Raum zu geben.**

Genauso wie das beschriebene, geistliche Bauwerk erst dann stabil ist, wenn es auf Christus gebaut ist, bekommt unser Leben erst dann Bestimmung, wenn es auf Christus steht – er ist das Fundament! Wie präsent sind dir seine Gnade und sein vollbrachtes Werk am Kreuz? Wie relevant ist Christus für deinen Alltag?

DIVE DEEPER

Wenn du noch tiefer in dieses Thema einsteigen möchtest, sind folgende Bücher dafür eine tolle Möglichkeit:

- Wayne Grudem, Biblische Dogmatik. Eine Einführung in die systematische Theologie, Verlag für Kultur und Wissenschaft, Bonn 2013
- A. W. Tozer, Gottes Nähe suchen, SCM R.Brockhaus, 4. Auflage, Witten 2014
- N. T. Wright, Von Hoffnung überrascht. Was die Bibel wirklich zu Auferstehung und ewigem Leben sagt, Neukirchener Verlagsgesellschaft mbH, 3. Auflage, Neukirchen-Vluyn 2020

Elf

ZUKUNFTS-INVESTITIONEN

Vielleicht ist es eine der schwierigsten Herausforderungen für Christinnen und Christen in der westlichen Welt, das Hier und Jetzt zu genießen, ohne dabei das Bewusstsein für die Ewigkeit zu verlieren. Zu Beginn dieses Kapitels über Finanzen möchte ich dich dennoch daran erinnern: Wir sind nur auf der Durchreise, der Himmel ist unser eigentliches Zuhause (Philipper 3,20). Billy Graham hat einmal gesagt: „Der Himmel macht dieses Leben nicht weniger wichtig; er macht es wichtiger."[38]

Ist das nicht eine unglaubliche Aussage? Das ist der Kern dieses Kapitels. Gott möchte dich in diesem Leben segnen. Du bist sein Kind und natürlich möchte er, dass du gut versorgt bist. Aber gleichzeitig möchte er auch, dass wir unsere ewige Zukunft nicht vergessen, in sie investieren und ihm vertrauen.

Mit Geld ist das so eine Sache. Sowohl Mangel als auch Überfluss können unseren Fokus aus dem Gleichgewicht bringen. Als wir unsere Kirche gründeten, hatten wir finanziell sehr wenig. Nachdem wir mit wöchentlichen Gottesdiensten angefangen hatten und circa hundert Leute zu unserer Gemeinde gehörten, gingen wir einen Schritt des Glaubens und stellten Freimut als Pastor an. Es war wirklich ein Schritt des Glaubens, denn sein Lohn deckte kaum unsere Miete. Es gab Monate, in denen das Obst, das wir kauften, nur die Kinder essen durften. Ich musste ausrechnen, wie viele Windelwechsel ich mir leisten konnte, um nicht auf einmal ohne dazustehen. Wenn wir oder unsere Töchter neue Schuhe brauchten, ging ich auf einen Gebets-Spaziergang und hoffte, irgendwo Geld zu finden. Aber wir fühlten uns nicht arm. Ganz im Gegenteil! Wir waren so begeistert, diese Gemeinde zu bauen. Wir gingen abends zu Bett und redeten darüber, wie Menschen in ihrem Glauben wuchsen, aufblühten und sich entwickelten. Es war nicht immer leicht, aber wir erlebten Gottes Segen. Freimut sagte mir immer wieder: „Es ist gut, dass wir jetzt die Möglichkeit haben, unseren Glauben zu trainieren. Jetzt brauchen wir gerade mal fünfzig Euro, aber eines Tages werden wir als Kirche Millionen brauchen, um das zu tun, wofür wir berufen sind."

Ich bin keine Expertin in Sachen Geld, aber es ist sehr hilfreich, wenn man sich immer wieder bewusst macht, dass unser Leben und auch unsere Finanzen eine Reise sind. Gott hat uns eingeladen, Teil seines Familienunternehmens zu sein. Als wir Christus annahmen, wurden wir in Gottes Familie adoptiert und zu Miterbinnen und Miterben in Christus. Wir haben kein Stück Land, eine Firma oder eine Immobilie geerbt. Unser Erbe sind all seine Versprechen. Zudem haben wir eine große Mission geerbt: die Liebe des Vaters und die gute Nachricht von Jesus zu verbreiten. Es braucht Geld, um diese Mission zu erfüllen. Brian Houston, Gründer der Hillsong Church, sagt dazu:

Geld sagt zu einem Missionar: Ich kann dich schicken. Geld sagt zu einer bedürftigen Person: Ich kann dir helfen. Geld sagt zu einem Gebäude: Ich kann dich bauen. Geld sagt zu einer Vision: Ich kann sie erfüllen.[39]

Wir beten für dich, dass du auf dieser Schatzsuche nach echtem Gold Weisheit für dein Heute und Inspiration für dein Morgen findest. Wir beten, dass du erkennst, wie wertvoll du bist und wie sehr Gott sich um deine Freude und dein Wohlergehen sorgt. Ja, genieße das Leben, schaffe Erinnerungen mit denen, die du liebst. Und mögest du auch mit der Vision erfüllt sein, deinen Schatz so zu investieren, dass er sich ewig auszahlt.

LERNE DEN AUTOR KENNEN – MARTIN BRUCH

Top-Heiratstipp:
Freundschaft trägt, selbst wenn Gefühle mal machen, was sie wollen. Daher lasst uns nie die Kraft unserer Entscheidungen unterschätzen: für das kontinuierliche Bauen einer starken Freundschaft, für Gnade mit uns selbst und füreinander, für Liebe, die aktiv füreinander handelt.

Lieblingsfarbe:
Grün

Das beste Weihnachtsgeschenk aller Zeiten:
Jesus

Martin war einer der Gründe, warum wir eine Gemeinde in Konstanz gründen wollten. Bevor Freimut aufs Hillsong College nach Australien ging, waren sie gemeinsam in einer Band namens „Just Some Blokes". Martin war Schlagzeuger, Freimut der Gitarrist und Sänger. Sie spielten in Schulen, Jugendgruppen und Kirchen und sangen Anbetungslieder, um junge Menschen für Jesus zu begeistern. Alle „Blokes" waren leidenschaftlich für Jesus unterwegs, alle wollten dem Ruf Gottes in ihrem Leben folgen.

Als Freimut Jahre später in den College-Weihnachtsferien nach Hause flog, um seine Familie zu besuchen, bemerkte er, dass er in seinem Glauben extrem gewachsen war, während viele seiner Freunde zu Hause immer noch an dem Punkt standen, an dem sie gewesen waren, als er nach Australien gegangen war. Ihm wurde klar, dass das nicht in erster Linie mit ihm zu tun hatte, sondern vielmehr mit dem Umfeld, in dem er sich jetzt befand. Daraus entstand der Wunsch, in Deutschland eine Gemeinde zu gründen, die genauso sein sollte wie die, die er in Australien kennengelernt hatte. Sie sollte ein Ort sein, an dem seine Freunde aufblühen konnten.

Und Martin? Der war vom ersten Tag an mit dabei. Er spielte in jedem Gottesdienst Schlagzeug – jede Woche, ungefähr fünf Jahre lang (ich glaube, erst dann fanden wir einen zweiten Schlagzeuger). Das ist für mich echte Treue!

Damals waren wir eine Gruppe Zwanzigjähriger mit dem tiefen Wunsch, gemeinsam eine Gemeinde zu bauen, die wie ein Gewächshaus ist. Martin und Hanna waren das erste Paar, das wir trauen durften. Wir haben gesehen, wie ihr Glaube stark geblieben ist, während sie jahrelang auf Kinder warteten. Wir haben gesehen, wie sie studierten, um Lehrer und Krankenschwester zu werden. Wir haben gesehen, wie sie gespart und ihr erstes Haus gekauft haben, Zwillinge bekamen, dann einen weiteren kleinen Jungen und dann noch einen. Wir haben gesehen, wie Martin von Größerem träumte und sich ins Geschäftsleben wagte. Er hat sogar ein Buch geschrieben: „Finanzieller Durchbruch – Emotionen und Entscheidungen als Erfolgsfaktor in Finanzfragen". Du solltest es unbedingt lesen! Aber was wir vor allem gesehen haben, ist ihre Beständigkeit, Gott zu dienen.

Wenn Freimut und ich über Martin sprechen, beschreiben wir ihn immer als Säule des Hauses: Er trägt Verantwortung, Gewicht, Ziel und Vision mit solcher Konsequenz, Demut und Leidenschaft. In seinem Leben sehen wir sowohl Gnade als auch eine Entscheidung, für die wir wirklich dankbar sind.

MARTIN, DANKE! DEIN EINSATZ BRINGT SO VIEL KRAFT IN UNSER HAUS. WIR WISSEN GANZ SICHER, DASS WIR OHNE EUCH NICHT DA WÄREN, WO WIR ALS GEMEINDE HEUTE SIND. UND WIR WISSEN, DASS ES EUCH MIT UNSERER GEMEINDE GENAUSO GEHT – FÜR UNS IST DAMIT EIN TRAUM IN ERFÜLLUNG GEGANGEN.

SCHATZSUCHE
ZUKUNFTS-
INVESTITIONEN

Ich mag Gesellschaftsspiele, und vor allem diejenigen, die mehr auf Strategie als auf Glück angelegt sind. Das war schon immer so. Vermutlich ist es zum Teil darin begründet, dass mein Vater prinzipiell Spiele mit Würfeln nicht leiden konnte. Wenn ich also mit meinem Vater spielen wollte, kamen nur Schach und Co. infrage – oder aber Spiele mit Spielgeld. Ein anderer Grund ist sicherlich, dass ich das Gefühl mochte, die Situation unter Kontrolle zu haben. Nur vom Zufall abhängig zu sein, machte mir irgendwie nicht so viel Spaß. Was auch immer der Grund sein mag: Ich saß oft als Kind da und hatte schön sortierte Stapel von Spielgeld vor mir liegen. Hast du dich schon einmal gefragt, was so ein Geldschein eigentlich wert ist?[40]

Die Antworten verschiedener Menschen lassen sich in der Regel in zwei Kategorien einteilen: Die einen denken über die Produktionskosten für das Geld nach (Design, Papier und Druck). Bei dieser Herangehensweise kommt man in Anbetracht der großen Auflage auf kleine Centbeträge. Im Wesentlichen ist das Geld also so gut wie nichts wert. Andere denken eher in der Welt der Spiele. Für sie haben die Scheine sehr wohl einen Wert, nämlich genau den, der ihnen innerhalb der Spielregeln zugemessen wird. Aus beiden Perspektiven können wir etwas lernen.

Während vor langer Zeit zum Beispiel Gold- und Silbermünzen als Geldwährung einen realen Wert hatten, ist das Geld, das wir heutzutage in den Händen halten, im Wesentlichen wertlos. Unser Geld hat also nur deswegen einen Wert, weil Spielregeln festgelegt wurden, die ihm eben genau diesen Wert zugeordnet haben. Das wiederum bedeutet, dass diejenigen, die die Spielregeln verstanden und eine gute Strategie entwickelt haben, am Ende die größten Chancen auf Erfolg haben. Weiterhin ist es bei den meisten Spielen so, dass nicht unbedingt die Person gewinnt, die am Schluss das meiste Geld hat. Vielmehr hat am Ende die Person gewonnen, die verstanden hat, dass sie das Spielgeld in Werte umtauschen muss, um Siegespunkte zu erhalten.

Einerseits könnte man nun sagen, dass Geld total unwichtig ist. Ich kann mich nicht erinnern, jemals von jemandem gehört zu haben, der am Ende seines Lebens bereut hat, nicht genug Geld angehäuft zu haben. Die wirklich wichtigen Dinge im Leben lassen sich nicht mit Geld kaufen. Und Geld, nur um seiner selbst willen, hat an sich keinen Nutzen. Es ist einfach nur ein Tauschmittel.

Andererseits ist Geld auch total wichtig! Viele Dinge, die wir auf unserem Lebensweg bewegen wollen, benötigen Finanzen, um ins Rollen gebracht zu werden. Wenn ich also positiven Einfluss nehmen, etwas verändern oder voranbringen möchte, dann benötige ich dafür Geld. Wusstest du, dass es in der Bibel über zweitausend Verse gibt, die sich mit Haushalterschaft und Rechenschaftspflicht in Bezug auf Geld befassen und Jesus in sechzehn von seinen achtunddreißig Gleichnissen über Geld spricht?

Geld war schon damals ein wichtiges Thema und ist es noch heute. Deswegen werden wir uns in dieser Schatzsuche mit Geld und den vier Vs auseinandersetzen:

- mein Versorger,
- meine Verpflichtung,
- meine Verantwortung
- und mein Vermächtnis.

Dabei geht es sowohl darum, wie wir die uns anvertrauten Finanzen gut verwalten können, als auch darum, worauf wir wirklich unser Vertrauen setzen – auf das Geld, unser eigenes Geschick im Umgang damit oder auf Gott.

Letztendlich ist der Umgang mit Finanzen eine großartige Charakterschule. Wenn wir es schaffen, mit etwas so „Unwichtigem" wie Geld treu umzugehen, Mehrwert und Wachstum zu kreieren, dann kann uns langfristig auch mehr anvertraut werden – vielleicht sogar wirklich wichtige Dinge.

Ich bete, dass du auf dieser Entdeckungsreise einiges Gold für dich in Gottes Wort finden wirst.

Was bedeuten Finanzen für dich persönlich?

GOTT IST
MEIN VERSORGER

Mein ist das Silber und mein das Gold,
spricht der HERR der Heerscharen.
HAGGAI 2,8; ELB

Er hat die Macht, euch mit all seiner Gnade zu überschütten,
damit ihr in jeder Hinsicht und zu jeder Zeit alles habt,
was ihr zum Leben braucht, und damit ihr sogar noch auf die
verschiedenste Weise Gutes tun könnt.
2. KORINTHER 9,8; NGÜ

Bevor wir tiefer in das Thema „Finanzen" einsteigen, lass uns zunächst die wichtigste Grundlage festhalten:

Gott ist unser Versorger! Nicht unser Arbeitgeber, nicht der Staat, ja noch nicht einmal wir selbst sind die Quelle der Versorgung. Natürlich fällt das Geld nicht einfach vom Himmel und wir haben unseren Beitrag zu leisten – aber alles, was wir haben, kommt letztendlich von Gott. Er vertraut es uns an, damit wir es genießen und großzügig damit sein können.

Was sagt Gottes Wort nun zu dem Thema? Worin dürfen wir unsere Versorgung finden, und welche Prinzipien kannst du erkennen? Schnapp dir deine Bibel, lies die einzelnen Bibelstellen in Ruhe durch und notiere dir deine Gedanken dazu.

- Matthäus 6,19-33
- Sprüche 3,9-10
- Sprüche 11,24-31
- Psalm 127,1-2
- 1. Timotheus 5,18

Wenn es um Finanzen geht: Was, denkst du, liegt in Gottes Verantwortungsbereich und was ist dein Beitrag?

Bist du dir im Alltag wirklich bewusst, dass Gott dein Versorger ist? Vertraust du ihm – auch in Bezug auf Geld? Vertraust du ihm,

dass er dich versorgen wird, wenn du deinen Teil dafür tust? Oder hindert dich etwas daran? Wenn ja, warum?

Im Matthäusevangelium malt Jesus ein schönes Bild davon, wie es ist, einerseits aktiv mit ihm zu arbeiten und andererseits an seiner Seite erfrischt zu werden und dabei sogar Ruhe zu finden:

Kommt zu mir, ihr alle, die ihr euch plagt und von eurer Last fast erdrückt werdet; ich werde sie euch abnehmen. Nehmt mein Joch auf euch und lernt von mir, denn ich bin gütig und von Herzen demütig. So werdet ihr Ruhe finden für eure Seele. Denn das Joch, das ich auferlege, drückt nicht, und die Last, die ich zu tragen gebe, ist leicht.

MATTHÄUS 11,28-30; NGÜ

Ich möchte dich und mich neu herausfordern, Gott in Bezug auf deine finanzielle Versorgung zu vertrauen. Arbeit soll für uns Christinnen und Christen keine schwere Last sein, sondern ein aktives, treues Zusammenspiel mit Gottes Gnade und Versorgung. Wir übernehmen unseren Teil und er seinen.

ACTION STEPS: WENDE AN, WAS DU ENTDECKT HAST

- Wie könnte für dich dieses Arbeiten mit Jesus aussehen? Nimm einen Stift zur Hand, bete um Gottes Inspiration und schreibe es auf.
- Was würde dir helfen, in deinem Vertrauen zu Gott – insbesondere bezüglich deiner Finanzen – zu wachsen? Suche dir eine persönliche Offenbarung oder einen Bibelvers aus, schreibe den Satz beziehungsweise Vers auf einen Zettel und hänge ihn im Badezimmer an deinen Spiegel. So kannst du ihn mehrmals am Tag sehen und im Glauben aussprechen.
- Nimm dir Zeit und reflektiere gemeinsam mit Gott deinen Umgang mit Finanzen. Welches sind deine Stärken und was sind Bereiche, in denen du wachsen möchtest?

MEINE VERPFLICHTUNG

„Bringt den kompletten zehnten Teil eurer Ernte ins Vorratshaus, damit es in meinem Tempel genügend Nahrung gibt. Stellt mich doch damit auf die Probe", spricht der allmächtige Herr, „ob ich nicht die Fenster des Himmels für euch öffnen und euch mit unzähligen Segnungen überschütten werde!"

MALEACHI 3,10; NLB

Wenn Gott also unser Versorger ist und ihm ohnehin alles Geld gehört, dann ist es unsere Aufgabe, gute Verwalterinnen und Verwalter von dem zu sein, was er uns anvertraut. Doch wie können wir überhaupt zu Menschen werden, denen Gott etwas anvertraut? Was ist unsere Verpflichtung, was sind die absolut notwendigen Grundlagen, um eine gute Verwalterin beziehungsweise ein guter Verwalter zu sein?

Winston Churchill sagte einst: „Was wir bekommen, bestimmt unseren Lebensunterhalt. Was wir geben, bestimmt unser Leben."[41]

Als ich mit sechzehn Jahren zum Glauben fand und Gottes Großzügigkeit in seiner Gnade und seiner Schöpfung zu entdecken begann, wuchs auch mein Verständnis für das Geben. Ich entdeckte Bibelstellen, die mich dazu ermutigten, die ersten zehn Prozent meines Einkommens, das zugegebenermaßen damals noch nicht allzu groß war, in Gottes Haus zu geben. Diese zehn Prozent werden in der Bibel meistens als „Zehnter" oder „zehnter Teil" bezeichnet (z. B. in 1. Mose 14,19-20; 3. Mose 27,30-32; Maleachi 3,10-12).

Als ich dieses Prinzip in die Tat umsetzte, realisierte ich, dass ich dennoch gut oder sogar besser mit meinen übrigen Finanzen zurechtkam. Zudem hatte ich den Eindruck, dass die meisten Erwachsenen um mich herum dieses Prinzip scheinbar noch nicht umsetzten, denn in meiner damaligen Kirchengemeinde wurde immer bekannt gegeben, wie groß die Spenden des letzten Sonntags waren …

Später, als ich die Bücher erfolgreicher Leute las, die sehr gut mit Geld umgehen konnten, sprachen auch sie oft davon, mindestens zehn Prozent des Einkommens zu geben – unabhängig davon, ob sie einen christlichen Hintergrund hatten oder nicht. Es scheint ein Schwellenwert zu sein, ab dem dieses göttliche Prinzip funktioniert.

Diese zehn Prozent sind wie ein Schlüssel, um den Segen Gottes und seinen Schutz freizusetzen. Indem wir sie geben, setzen wir bewusst Gott an die erste Stelle und positionieren uns damit unter Gottes Herrschaft, statt uns selbst der Herrschaft des Geldes zu unterstellen, wie man es leider oft beobachten kann. Paul de Yong sagt:

Geld an sich (haftet) keinerlei Moral an. Es ist nicht schlecht oder gut, richtig oder falsch. Doch sobald es mit Menschen in Berührung kommt, zieht es einen Anhang an. Wenn wir auf göttliche Weise damit umgehen, hat es überall Gottes Segen/Geist an sich; wenn nicht, wird es zum Mammon, der uns von den Absichten Gottes ablenkt.[42]

Gleichzeitig ist das Geben des Zehnten ein erster Vertrauensschritt, um zu einer Person zu werden, der Gott etwas anvertrauen kann. Er ermutigt uns, mit dem, was er uns anvertraut hat, ebenfalls großzügig zu sein, und unser Herz gegenüber bedürftigen Menschen nicht zu verschließen. Gott möchte, dass unser Leben Frucht bringt und wir Überfluss haben, um Gutes zu tun und das Leben zu genießen. Geld kann Gottes Königreich voranbringen.

Was sagt Gottes Wort bezüglich unserer Verpflichtung?
Welche Prinzipien kannst du erkennen?
Schnapp dir deine Bibel, lies die einzelnen Bibelstellen in Ruhe durch und notiere dir deine Gedanken dazu.

Der zehnte Teil:
- 1. Mose 14,19-20
- 1. Mose 28,20-22
- 3. Mose 27,30
- 5. Mose 12,6-7
- Maleachi 3,10-12
- Matthäus 23,23
- Lukas 11,42

Großzügigkeit:
- Sprüche 3,9
- Sprüche 11,24
- 5. Mose 8,10-18
- 1. Timotheus 6,17-19
- 1. Johannes 3,16-17
- 2. Korinther 9,6-11
- Apostelgeschichte 20,35

Was sagt der zehnte Teil über die Beziehung aus, die Gott sich mit dir und „deinen" Finanzen wünscht?

Was denkst du, warum ist es wichtig, den zehnten Teil in Gottes Haus, seine Kirche, zu geben?

In den oben genannten Bibelstellen wird deutlich:
Gott ist es sowohl wichtig, dass wir ihn an die erste Stelle setzen und sein großzügiges Herz reflektieren, als auch, dass wir seinen Segen bewusst genießen. Was sind deine Gedanken dazu?

ACTION STEPS: WENDE AN, WAS DU ENTDECKT HAST

- Falls du es nicht bereits tust, lass dich herausfordern, ab jetzt jeden Monat die ersten zehn Prozent deines Bruttoeinkommens in Gottes Haus zu geben, und beobachte ein halbes Jahr lang, wie sich dies auf deine Finanzen und deine Zufriedenheit auswirkt. Richte am besten gleich einen Dauerauftrag ein. Wenn du dies bereits tust: Welches damit verknüpfte Versprechen von Gott möchtest du diese Woche neu über deinem Leben aussprechen?
- Stell dir ehrlich die Frage: „Wie sehr prägen Finanzen meine Entscheidungen und meine Prioritäten?" Wie kannst du dich im Alltag noch bewusster unter Gottes Herrschaft statt die des Geldes stellen?
- Robert Morris hat ein paar gute Predigten zu diesem Thema gehalten, zum Beispiel „The Principles of the First". Du kannst sie auf Youtube finden. Schau sie dir diese Woche an: https://www.youtube.com/watch?v=EO65EWtXfbE.

Der Zehnte ist nicht die Decke, die wir irgendwann einmal erreichen sollten; er ist vielmehr der Fußboden … Er ist nicht der Zieleinlauf, sondern der Startschuss. Ich vergleiche ihn gern mit den Stützrädern beim Fahrrad: Er bringt uns mit unseren Einstellungen, Fähigkeiten und Gewohnheiten auf den guten Weg, wenn es um das Geben geht, das sich „von der Gnade leiten" lässt.

RANDY ALCORN[43]

MEINE VERANTWORTUNG

Angenommen, jemand von euch möchte ein Haus bauen. Setzt er sich da nicht zuerst hin und überschlägt die Kosten? Er muss doch wissen, ob seine Mittel reichen, um das Vorhaben auszuführen.

LUKAS 14,28; NGÜ

Es ist großartig, dass Gott uns die Freiheit gibt, selbst die Verantwortung für unsere Finanzen zu übernehmen. Eigentlich ist es verrückt, dass der allmächtige Gott uns hier so viel freie Hand lässt. Wir dürfen mit dem, was er uns anvertraut, wirtschaften – auch wenn er es sicherlich besser könnte. Dennoch müssen wir diese Verantwortung nicht allein tragen, sondern können Weisheit aus seinem Wort schöpfen und in Partnerschaft mit Gott, unserem Versorger, handeln.

In meinen jungen, wilden Jahren habe ich Physik und Naturwissenschaften studiert, und zu meinem Glück wurde die Uni auch noch kurz vor meinem Abschluss zur Eliteuni gekürt. Ich bin bis heute überzeugt, dass wir viel für unser Leben lernen können, wenn wir die Natur beobachten. Auch Jesus hat in seinen Gleichnissen oft auf die Natur verwiesen. Der zweite Hauptsatz der Thermodynamik besagt, dass alles, in das wir keine Energie investieren, mit der Zeit in Unordnung und Wertlosigkeit zerfällt. Man verliert schnell die Kontrolle und es braucht sehr, sehr viel Energie, um alles wieder in Ordnung zu bringen. Das gilt für alles in unserem Leben: unsere Beziehungen und Freundschaften, aber eben auch für unseren Umgang mit all dem Materiellen, das uns Gott anvertraut hat.

Wir brauchen Disziplin, um im täglichen Umgang mit Geld weise Entscheidungen zu treffen, im Kleinen wie im Großen treu zu sein und das zu vermehren, was Gott uns anvertraut hat. Disziplin ist die Entscheidung, das Richtige zu tun, auch wenn die Gefühle manchmal etwas anderes sagen.

Wie können wir das gut anpacken? Lass uns zunächst einen Blick in die Bibel werfen und uns dann den Action Steps zuwenden.

Warum nimmt Gott uns die Verantwortung für unsere Finanzen nicht ab? Welche Prinzipien kannst du in den Bibelstellen erkennen?

Schnapp dir deine Bibel, lies die einzelnen Bibelstellen in Ruhe durch und notiere dir deine Gedanken dazu.

- Lukas 16,10-13
- Matthäus 25,14-30
- Sprüche 6,6-11
- 1. Petrus 4,10
- 2. Korinther 9,6

Was bedeutet es für dich und deine aktuelle Situation, eine gute Verwalterin oder ein guter Verwalter deiner Finanzen zu sein?
Wo wünschst du dir eine Ernte in deinem Leben?
Säst du dafür die richtige Saat?

ACTION STEPS: WENDE AN, WAS DU ENTDECKT HAST

Diesmal sind die Action Steps etwas ausführlicher, da sie zu grundlegend wichtigen Disziplinen und Gewohnheiten in deinem Leben werden sollten. Damit du sie dir einfach merken kannst, beginnen sie alle mit demselben Anfangsbuchstaben: **S**trategie, **S**parsamkeit und **S**teigerung der Einnahmen.

STRATEGIE:

Stell dir einmal vor, du wolltest mit dem Auto in ein unbekanntes Gebiet in den Urlaub fahren, und zwar ohne Navigationssystem oder Smartphone und ohne einen Blick auf die Karte geworfen zu haben. Wenn du dann noch zu stolz bist, nach dem Weg zu fragen, dürfte es ein recht abenteuerliches Erlebnis werden.

Wir brauchen eine gute Strategie, um dort anzukommen, wo wir hinwollen. Normalerweise machen wir nur in den Bereichen unseres Lebens erkennbare Fortschritte, in denen wir eine starke Vision und einen klaren Plan haben. Ohne einen Plan ist es sehr schwer, Ziele zu erreichen. Meine Frau und ich haben für uns als Ehepaar klar festgelegt, wie viel Geld wir pro Monat zum Ausgeben zur Verfügung haben, wie viel wir geben oder spenden, wie viel wir für Investitionen zur Seite legen und wie viel wir als Sicherheit sparen. Entscheide dich, wie viel Prozent deines Geldes in welche Bereiche fließen sollen.

BUDGET

DATUM		__________	*z. B. quartalsweise aktualisieren*
EINNAHMEN			
Lohn/Gehalt		__________	
Sonstiges		__________	*z. B. quartalsweise aktualisieren*
GOTTES WIRKEN UND EIGENVERANTWORUNG			
Zehnter	10 %	__________	
Sparen	%	__________	*z. B. Rücklagen, Sparziele*
Investieren	%	__________	*z. B. Immobilien, Crypto, Aktien*
Spenden	%	__________	*z. B. Kingdom Builders, Compasssion*
FIXE AUSGABEN			
Wohnen		__________	*z. B. Internet, Strom*
Versicherungen		__________	*z. B. Unfall, Haftpflicht*
Abos		__________	*z. B. Mitgliedschaften, Streamingdienste*
Handy		__________	
Taschengeld		__________	
VARIABLE AUSGABEN			
Kinder		__________	
Lebensmittel und Haushalt		__________	
Restaurant und Ausgehen		__________	
Bekleidung		__________	
Wohnen		__________	*z. B. Möbel, Deko*
Sport		__________	*z. B. Ausrüstung*
Reisen und Urlaub		__________	*z. B. Skifahren, Tagesausflüge*
Sonstige		__________	
FREIE MITTEL		__________	*zum Sparen*

Geld, das nicht Teil eines Plans ist, ist meistens so schnell wieder weg, wie es gekommen ist. Die Erfahrung zeigt, dass mit den Einnahmen immer auch die Ausgaben steigen. Nur wer einen Plan hat und Geld gezielt zur Seite legt, kann dieses Naturgesetz im Griff haben. Meine Frau und ich evaluieren diesen Plan, indem wir eine monatliche Budget-Übersicht pflegen und regelmäßig überprüfen, ob wir unser Budget eingehalten haben.

a) Nimm dir nebenstehende Übersicht als Grundlage, um im ersten Schritt deine tatsächlichen aktuellen Ausgaben aufzulisten. Der Abschnitt „Gottes Wirken und Eigenverantwortung" hilft dir dabei, die prozentuale Aufteilung zu reflektieren.

b) Schaue dir in Ruhe noch mal die Zahlen an. Nimm dir Zeit, um zu beten und zu hören, und schreib dir dann auf, wo du dein Budget anpassen möchtest. Mach dir am Rand Notizen dazu.

SPARSAMKEIT:

Dieser Action Step wird dir dabei helfen, deine Wünsche aus dem Strategie-Schritt auch tatsächlich zu erreichen. Wie bereits erwähnt, steigen normalerweise mit jeder Mehreinnahme auch die Ausgaben. Wer seine Ausgaben also nicht bewusst limitiert, wird niemals genug Geld übrighaben, um seine Ziele zu erreichen.

- Meine Frau und ich legen regelmäßig gemäß unseres aktuellen Plans Geld für verschiedene Zwecke auf die Seite. Das sind zum Beispiel Sicherheiten oder Rücklagen für unerwartete Defekte und Reparaturen oder falls unser Einkommen für eine Zeit geringer ausfallen sollte. Wir haben Spaßkonten für besondere Anschaffungen und unseren Urlaub, Konten, auf denen wir für ein besonderes Opfer sparen, und solche, auf denen wir Liquidität für Investitionen bereitstellen. Wenn das Geld nicht verplant wäre, würde es genauso schnell wieder verschwinden, wie es gekommen ist. So aber liegt es bereit, sodass wir etwas damit bewirken können. Wenn eine Gelegenheit kommt, sind wir vorbereitet. Ich weiß nicht, wie es dir damit geht, aber ich möchte stets bereit sein und meine Chancen nutzen, wenn sie sich zeigen. Deshalb bereite ich mich schon im Vorfeld auf solche Gelegenheiten vor, auch wenn sie mir zum Zeitpunkt der Vorbereitung noch gar nicht bewusst sind.

- Gewöhne dir an, Geld, das auf dein Konto kommt, sofort auf verschiedene Töpfe zu verteilen. Dafür solltest du mindestens ein zweites oder drittes Konto haben. Am besten richtest du Daueraufträge ein, sodass das Geld gleich am

Monatsanfang zur Seite gelegt wird. Meist bieten sich für diesen Zweck Tagesgeldkonten an, da sie übersichtlich sind und normalerweise keine Extrakosten hierfür anfallen. Oder du findest eine Bank, die eine virtuelle Unterteilung des Girokontos erlaubt, oder eine App, die dies für dich erledigt.

STEIGERUNG DER EINNAHMEN:
Wenn du möchtest, kannst du noch einen Schritt weiter gehen. Es gibt so viele Möglichkeiten, die Einkünfte zu steigern: Das kann ein kleiner Nebenjob, ein Onlineshop, eine Vortragstätigkeit, der Verkauf von Büchern, Songwriting, das Geben von Kursen oder das passive Einkommen aus Vermietung und Verpachtung sein. Sei kreativ und nutze deine eigenen Stärken und Interessen, um für andere Menschen einen Mehrwert zu generieren, aus dem du dann Gewinn schöpfen kannst.

- Es ist aber essenziell, dass der Aufbau eines zusätzlichen Einkommens nicht der erste Schritt ist. Denn wie du bereits weißt, sind die Einkünfte sonst schneller weg, als man gucken kann. Mehr Einnahmen zu haben, bringt trotzdem mehrere Vorteile. Einerseits ist es immer gut, nicht nur von einer Einnahmequelle abhängig zu sein, und je nach Lebenssituation benötigst du das zusätzliche Einkommen vielleicht, um noch alte Konsumschulden zu tilgen. Andererseits kannst du dieses Geld bewusst zur Seite legen, um zum Beispiel mehr Investitionen tätigen zu können, damit das Geld für dich arbeitet. Passive Einnahmen, die auch dann auf dein Konto kommen, wenn du gerade nicht aktiv am Arbeiten bist, sind dabei besonders wertvoll.
  a) Welche Wege erkennst du, um deine Einnahmen zu erhöhen?
  b) Kannst du heute eine Summe zur Seite legen, mit der du zukünftig Investitionen tätigen kannst? Wenn ja, wofür könntest du die Summe beiseitelegen?

- Tausche dich mit Personen deines Vertrauens und/oder finanziellen Vorbildern über das Thema „Finanzen" aus, um dich auf diesem Gebiet weiterzubilden. Das hilft dir dabei, kluge Entscheidungen zu treffen, deine Kosten gering zu halten und passende Wege des Investierens ausfindig zu machen. Egal, an welchem Punkt du stehst, Gott ist noch viel mehr an deinem finanziellen Wohlergehen interessiert als du selbst. Nutze die Themen, um nächste Schritte bezüglich deiner persönlichen finanziellen Situation zu definieren und so bewusst Verantwortung zu übernehmen.

MEIN VERMÄCHTNIS

Glücklich zu preisen ist, wer dem Herrn in Ehrfurcht begegnet, wer Gottes Gebote mit Freude befolgt. Seine Nachkommen werden im ganzen Land einflussreich sein. Ja, sie alle, die aufrichtig vor Gott leben, werden von ihm gesegnet. Wohlstand und Reichtum sind im Haus eines solchen Menschen zu finden, das Gute, das er tut, hat für immer Bestand.

PSALM 112,1B-3; NGÜ

Gute Menschen hinterlassen ihren Nachkommen ein Erbe, der Reichtum der Sünder aber fällt an die Gottesfürchtigen.

SPRÜCHE 13,22; NLB

Ich hoffe, dass du dich nach den vorherigen Action Steps richtig gut ausgerüstet fühlst. Im letzten Abschnitt wird es nun um die Frucht unseres Vertrauens und unserer Disziplin sowie die guten Entscheidungen, die wir Tag für Tag treffen, gehen. Das Beste kommt also noch …

Es ist schon einige Jahre her, als mir an einem Sonntag während der Lobpreiszeit auf einmal diese Worte in den Sinn kamen:

„Jeder Euro, jeder Franken, der durch unsere Hände geht, hat das Potenzial, unsere Ehe und unsere Familie zu stärken, Freundinnen und Freunden Gutes zu tun, Gefangene zu befreien, Verlorene zu retten, Kranke zu heilen, Arme zu versorgen, Gerechtigkeit und Frieden zu bringen und Gottes Reich in unseren Nationen zu etablieren."

Es waren nicht einfach nur Worte, es war eine Vision. Ich weiß es noch wie heute: Ich stand da im Gottesdienst und griff zu Stift und Notizbuch, um sie mir aufzuschreiben. Sie veränderten das Leben meiner Frau und mir nachhaltig. In den darauffolgenden Wochen, Monaten und Jahren legte Gott in die Finanzen meiner Frau und mir den nächsten Gang ein und gab so richtig Gas.

Eine Vision, eine Bestimmung, die größer ist als unser Leben und andere Menschen erreicht, ist das Warum, das wir alle brauchen, um nicht aufzugeben, wenn es hart wird. Nur wenn wir wirklich verstanden haben, warum wir das tun, was wir tun, werden wir es schaffen, so lange dranzubleiben, bis wir unsere Ziele erreicht haben.

Wenn deine Vision im Bereich Finanzen zum Beispiel so vage klingen würde wie „Ich möchte einfach nur genug zum Leben haben", „Ich möchte reich werden" oder „Ich möchte in zehn Jahren meine erste Million haben", wird das nicht genügen, um dich in schwierigen Zeiten durchzutragen. Deine Vision, deine Bestimmung braucht dieses starke, leidenschaftliche Warum. Und es muss um mehr als nur dich selbst gehen. Es ist genau so, wie Freimut oft sagt: „Wessen Gedanken und Ziele sich nur um sich selbst drehen, der muss sich nicht wundern, wenn er sich lediglich im Kreis bewegt und nicht wirklich vorankommt."

Dein Warum kann sowohl in Liebe als auch in Hass begründet sein, aber es muss immer leidenschaftlich sein. Meine Frau und ich lieben es zum Beispiel, Zeit miteinander und als Familie zu verbringen, und Zeit und Energie für die Dinge zu haben, die uns wirklich wichtig sind. Wir lieben die Kirche, Gottes Haus. Wir hassen Menschenhandel und die Tatsache, dass heutzutage mehr Menschen in Sklaverei leben als jemals zuvor in der Geschichte. Jeder Euro, den wir bewusst für unsere Bestimmung und Gottes Absichten investieren, hat hier wortwörtlich das Potenzial, Menschen aus der Sklaverei zu befreien. Das hilft uns, nicht nur an uns selbst zu denken und uns nicht auf unseren Siegen auszuruhen, sondern weiter voranzugehen. Ohne diese starke, leidenschaftliche Bestimmung im Leben hätten wir vermutlich früher oder später aufgegeben. Mit dieser göttlichen Bestimmung sind wir jedoch fast nicht zu stoppen.

Anders als beim Geben des Zehnten oder spontaner finanzieller Hilfe geht es hier um eine bewusste Investition in Gottes Absichten für unser Leben. Mein Geld hat dadurch eine Stimme. An sich ist Geld völlig wertfrei, aber es bekommt Wert in dem Moment, in dem ich es in die Hand nehme und entweder etwas Wertvolles oder Schlechtes damit mache.

Gott beruft uns für ein Leben in Freiheit – nicht nur für unsere eigene Freiheit, sondern auch für die Freiheit anderer. Großzügig zu leben, ist ein wahres Statement von Freiheit. Persönlich, und auch gemeinsam als Kirche, sind wir berufen, ein Vermächtnis für die Gegenwart und die kommenden Generationen zu hinterlassen. Unsere Finanzen sind ein kraftvolles Werkzeug dafür.

Inwieweit ist es Gott wichtig, dass sein Einfluss durch dich und deine Entscheidungen über den Zeitraum deines Lebens hier auf Erden hinausreicht? Schnapp dir deine Bibel, lies die einzelnen Bibelstellen in Ruhe durch und notiere dir deine Gedanken dazu.

- Psalm 112
- Psalm 128
- Sprüche 13,22
- 2. Korinther 9,8-11

Warum lädt Gott dich ein, deinen Finanzen eine Stimme in dieser Welt zu verleihen? Welche Stimme möchtest du ihnen geben?

Es ist einfach für Gott, dir Finanzen zu geben. Wie einfach ist es für ihn, durch dich Finanzen an andere weiterzugeben?

Wie kannst du deine Finanzen auf die Generationen fokussieren, die nach dir kommen?

Was sollen die wichtigsten Menschen in deinem Leben später einmal über deine Großzügigkeit und deine Finanzen sagen? Wie beeinflusst diese Überlegung deine Entscheidungen hinsichtlich deiner Sparziele und Investitionen?

ACTION STEPS:
WENDE AN, WAS DU ENTDECKT HAST

- Unabhängig von unserer individuellen Bestimmung sind wir als Christinnen und Christen dazu berufen, die Kirche, die Braut Christi, Gottes Haus, mitzubauen. Gott hat für deine lokale Kirche eine große Vision und Geld sagt zur Vision: „Ich kann dich erfüllen." In meiner lokalen Kirche, der Hillsong Church, bin ich Teil der Kingdom Builders, einer Gruppe von Menschen, die genau dies mit ihrem Geld bewirken möchten – wir sind sozusagen die Waffenträgerinnen und -träger unserer Pastorinnen und Pastoren, die ihnen das in die Hand geben, was sie benötigen, um die nächsten Schritte zu gehen. Ich möchte dich dazu ermutigen, genau so eine Person in deiner Gemeinde zu sein und die Vision mit Ressourcen zu versorgen.
- Nimm dir Zeit mit Gott, frage ihn, was er speziell für dich auf dem Herzen hat, und schreibe es auf. Es ist gut, uns immer wieder an unser Ziel zu erinnern. Hänge es an einen Ort, an dem du es immer wieder siehst – den Kühlschrank, den Computer, das Handy –, sodass du stets auf dein Ziel fokussiert bleibst.
- Wie kann sich deine Berufung für die Kirche und deine individuelle Bestimmung auf deinen Alltag auswirken und darauf, wie du deine Zeit, deine Energie und deine Finanzen einsetzt? Wenn du möchtest, nimm dir nochmals Zeit, über dein Budget zu gehen. Schau zusätzlich auch in deinen Kalender und prüfe, ob beides, Budget und Zeit, deine Bestimmung reflektiert. Mache, wenn nötig, entsprechende Anpassungen.

REFLEKTIERE ZUM ABSCHLUSS

Nimm dir einen Moment Zeit, um über das zu reflektieren, was du gelesen und erlebt hast. Wenn du anfängst, all das praktisch umzusetzen, was du gelernt hast, wirst du im Bereich deiner Finanzen Veränderung erleben.

Welche Wahrheiten möchtest du aus dieser Schatzsuche mitnehmen und regelmäßig über deinem Leben aussprechen?

Welche drei praktischen Schritte möchtest du jetzt aktiv umsetzen?

Ich hoffe, dass dich dieses Kapitel ermutigt und ausgerüstet hat, in deinem Umgang mit Finanzen die nächsten Schritte zu gehen – mehr zu vertrauen, mehr zu träumen, mehr zu säen und mehr zu ernten. Es ist mein Gebet, dass genau dies in den nächsten Tagen, Wochen und Monaten in deinem Leben Realität wird, und du in einigen Jahren dankbar auf diese Zeit zurückblicken wirst, in der du einige wichtige Weichen für die Zukunft und die kommenden Generationen gestellt hast.

Denn eines weiß ich sicher: Wenn wir unseren Weg auf Gottes Art gehen, liegt das Beste noch vor uns!

Wenn du dich mit dem Thema noch eingehender beschäftigen möchtest, empfehle ich dir besonders folgende Bücher:

- Martin Bruch, Finanzieller Durchbruch. Emotionen und Entscheidungen als Erfolgsfaktor in Finanzfragen, BoD – Books on Demand, Norderstedt 2018
- Paul de Jong, Gott, Geld & Ich. Wie du dir einen Weg in die finanzielle Freiheit schaffst, CPI – Clausen & Bosse, Leck 2020
- Jeff Lestz, True Riches. Prosperity with Purpose, Mysong Media Ltd., 3. Auflage, Potterhanworth Lincolnshire 2017 (nur auf Englisch erhältlich)
- Robert Morris, Ein Leben voller Segen. Über die Freude am Geben, David Agentur für Medienkommunikation GmbH, Hamburg 2017
- Scott Wilson, God's Economic Engine. Discovering Tithing in the New Covenant, Aponet ApS, Roskilde 2015 (nur auf Englisch erhältlich)

zwölf

DAS WUNDER DER ERLÖSUNG

Hast du schon einmal erlebt, wie ein Baby geboren wird? Freimut hat mich oft daran erinnert, wie unsere älteste Tochter auf die Welt kam. In den ersten Sekunden war sie blau und leblos, aber mit ihrem ersten Atemzug breitete sich in nur einem Augenblick ein Schwall von rosa Leben in ihrem neugeborenen Körper aus. Es war wunderbar!

Die Heilige Schrift beschreibt unsere Errettung als eine Art Geburt – eine neue Geburt (2. Korinther 5,17; Römer 6,4-6; Johannes 3). Kein Wunder, dass es im Himmel Partys gibt, wenn die Verlorenen gefunden werden (Lukas 15). Es ist wie der Moment, in dem der Vater aus dem Kreißsaal kommt und verkündet: „Es ist ein Junge!", „Es ist ein Mädchen!", „Er ist da …", „Sie ist da …", „… und lebt!"

Ich weiß, es ist schwer zu begreifen, aber kein Mensch auf dieser Erde hat jemals existiert, ohne dass Gott ihn gekannt und geliebt hat. Und kein Mensch wird zukünftig jemals existieren, ohne dass Gott ihn kennt und liebt. In Psalm 139 heißt es:

Du bist es ja auch, der meinen Körper und meine Seele erschaffen hat, kunstvoll hast du mich gebildet im Leib meiner Mutter. Ich danke dir dafür, dass ich so wunderbar erschaffen bin, es erfüllt mich mit Ehrfurcht. Ja, das habe ich erkannt: Deine Werke sind wunderbar! Dir war ich nicht verborgen, als ich Gestalt annahm, als ich im Dunkeln erschaffen wurde, kunstvoll gebildet im tiefen Schoß der Erde. Deine Augen sahen mich schon, als mein Leben im Leib meiner Mutter entstand. Alle Tage, die noch kommen sollten, waren in deinem Buch bereits aufgeschrieben, bevor noch einer von ihnen eintraf.

PSALM 139,13-16; NGÜ

Er kennt jeden von uns. Er hat seine Liebe in jeden einzelnen Menschen hineingelegt. Und so ist es nicht schwer zu glauben, dass es sein Wille ist, dass nicht einer verloren geht (2. Petrus 3,9).

Als Jesu Körper von den römischen Soldaten durchbohrt wurde, flossen Blut und Wasser:

Einer von den Soldaten allerdings stach mit der Lanze in seine Seite, worauf sofort Blut und Wasser aus der Wunde traten.
JOHANNES 19,34; NGÜ

Ich liebe es, wie Dr. Brian Simons es in den Fußnoten der englischen Bibelübersetzung „The Passion Translation“ ausdrückt:

Das wird zum Bild für die Reinigung durch das Blut und das Wasser des Heiligen Geistes. Wasser und Blut kommen jedoch beide bei der Geburt eines Kindes hervor. Christus hat am Kreuz „Söhne" zur Welt gebracht. Er ist der ewige Vater (Jesaja 9,6) und man muss Kinder haben, um ein Vater zu sein. Wir sind alle durch die verwundete Seite von Jesus Christus wiedergeboren. Er ist nicht nur für Seine Braut gestorben, sondern Er hat sie auch am Kreuz geboren.[44]

Die folgenden vier Andachten sollen dir helfen, das Wunder deiner eigenen Errettung erneut zu erkennen. Bevor du mit der ersten Andacht anfängst, möchte ich dich daran erinnern, dass deine Errettung für unseren Gott absolut wunderbar und atemberaubend ist! Oh, wie sehr er uns liebt! Wie sehr er sich danach sehnt, dass alle, die verloren sind, gefunden werden! Wie glücklich er über deine neue Geburt ist! Die tiefe, treibende Leidenschaft, die Jesus ans Kreuz brachte, ist heute nicht weniger intensiv und gegenwärtig, als sie es vor 2000 Jahren war. Er ist immer noch so voller Freude und Staunen über deine neue Geburt. Wir beten dafür, dass seine Leidenschaft dich ansteckt und du neue Tiefen der Freude, Dankbarkeit und Liebe für unseren Gott finden wirst, während du die Andachten liest. Wir beten dafür, dass du eine neue Offenbarung davon bekommst, was er dir gegeben hat – ein Leben in Fülle –, und dass du ein neues Herz für jede menschliche Seele gewinnst, die noch nicht entdeckt hat, wie weit und tief die Liebe Gottes ist.

LERNE DIE AUTORIN KENNEN – JOANNA HAVERKAMP

Lieblingsessen:
Zwei weich gekochte Eier auf Rosinenbrot
mit Butter und einem Glas Sekt!

Top-3-Werte:
Weiterlernen, dankbar bleiben und
währenddessen freundlich sein!

Entspannend ist:
... wenn das Haus sauber und der Kühlschrank
voll ist und ich einfach nur sitzen und lesen kann.

Bis zu diesem Zeitpunkt hat Joanna uns die jeweiligen Autorinnen und Autoren der Kapitel dieses Buches vorgestellt. Jetzt allerdings bin ich (Freimut) an der Reihe, euch mit Joanna bekannt zu machen (falls ihr noch nicht wisst, wer sie ist).

Joanna ... wie kann ich sie wohl am besten beschreiben ...? Sie hat mein Leben verändert! So viel ist sicher. Und nicht nur meines, sondern das von vielen! Einerseits ist sie eine sehr starke Frau, unnachgiebig darin, Gott und ihrer Berufung zu folgen. Über all die Jahre hinweg habe ich den Preis gesehen, den sie gezahlt hat und noch zahlt, damit wir das tun können, was wir tun. In Momenten, in denen ich nicht stark sein konnte, war sie es für mich – dafür bin ich ihr ewig dankbar!

Vor ein paar Jahren, nachdem mein Vater gerade verstorben war, befand ich mich in einer tiefen Krise. Während ich Hals über Kopf nach Australien flog, um mein Leben wieder in Ordnung zu bringen, leitete Joanna unsere Familie und unsere Gemeinde durch eine verrückte Adventszeit. Als ich wieder nach Hause kam, gab sie mir den Raum und die Zeit, mich und meine Prioritäten neu zu sortieren. Das war alles nicht einfach, und wir führten viele schwierige Gespräche. Aber eins wusste ich immer: dass sie mich liebt und immer an meiner Seite ist!

Joanna hat einen hohen Standard und eine hohe Erwartungshaltung, aber nicht nur an andere, am meisten an sich selbst. Sie hat diese Haltung nicht einfach nur um des Standards willen, sondern weil sie sehr tief fühlt und ihr der Glaube, die Kirche und die Menschen extrem wichtig sind! Sie spürt eine große Verantwortung für das, was ihr aufgetragen wurde.

Gleichzeitig ist Joanna aber auch diejenige, die während des Kochens plötzlich völlig verrückt anfängt zu tanzen und alle dazu animiert, mitzumachen – ob sie wollen oder nicht. Sie liebt es, in der Sonne zu liegen und zu lesen, ist immer bereit für ein gemeinsames Abenteuer. Sie liebt das Leben und die Menschen, liebt es zu lachen, liebt es zu reden, liebt es zu spielen (auch wenn sie häufig schummelt, verliert sie doch meistens). 😊 Sie ist eine unglaubliche Mutter – und unsere Töchter sind der Beweis dafür!

JOANNA, DANKE! UND ICH BIN MIR SICHER, DASS NICHT NUR ICH DIR DAS SAGEN WILL. ICH SPRECHE FÜR SO VIELE ANDERE: WIR WÄREN NIEMALS DIE MENSCHEN, DIE WIR HEUTE SIND, WÄRST DA NICHT DU – MIT DEINER LEIDEN SCHAFT, DEINER LIEBE UND DEINER VERPFLICHTUNG UNS GEGENÜBER! DANKE! ICH LIEBE DICH FÜR IMMER!

ANDACHTEN

DAS WUNDER DER ERLÖSUNG

ERLÖSUNG IST NICHT SELBSTVERSTÄNDLICH

Senior Pastorin Bobbie Houston wurde einmal von ihrem Creative Team gebeten zu erklären, was sie mit den Worten „Lass dich in dem Geheimnis finden" meinte, die in jenem Jahr über der Colour Conference standen.[45] Sie wollten wissen: „Was ist dieses Geheimnis Gottes?" Bobbie antwortete:

Ich glaube, das Geheimnis Gottes ist einfach die Schönheit des Evangeliums. Das Geheimnis, dass Gott, der Vater, sich entschieden hat, uns nicht zu verlassen. Er hätte uns im Stich lassen können. Er hätte sagen können „zur Hölle mit ihnen", als Sünde und Rebellion und Unabhängigkeit Wurzeln schlugen. Aber wisst ihr was? Er tat es nicht. Er hat sich entschieden, uns nicht im Stich zu lassen. Der Vater, der Sohn und der Heilige Geist konnten den Gedanken nicht ertragen, dass wir es nie nach Hause schaffen würden. Und dass wir nie erfahren würden, was sie für uns vorbereitet haben.[46]

Manchmal frage ich mich, ob unser Verständnis eines Gottes, der uns ununterbrochen liebt, obwohl wir ununterbrochen ungehorsam sind und uns von ihm abwenden, ein wenig verwässert ist. Wir lehnen ihn ab, entscheiden uns für Selbstsucht und im Grunde genommen richten wir jede Menge Chaos an. Sind wir uns immer noch voller Dankbarkeit der Tatsache bewusst, dass Jesus unseren Platz eingenommen hat? Oder behandeln wir die Wahrheit unserer Erlösung gar manchmal mit einer fast schon arroganten Selbstverständlichkeit?

Lies Kolosser 1,9-23 und Matthäus 27,11-37.
Nachdem du diese Bibelstellen gelesen hast, denke über deine eigene Rettung nach und schreibe ein Gebet der Dankbarkeit.

Christine Caine ist eine sehr bekannte und äußerst begabte Predigerin. Unter anderem gründete sie die Hilfsorganisation A21.[47] Diese hat es sich zum Ziel gemacht, dem Menschenhandel ein für alle Mal ein Ende zu setzen. In ihrem Buch „Der Angst keine Chance" erzählt sie die Geschichte, wie sie und ihre Freunde sich auf einer Wanderung im australischen Regenwald verirrten. Über 24 Stunden waren sie schon komplett orientierungslos unterwegs und hatten weder etwas zu trinken noch etwas zu essen dabei. Sie waren sich sicher: „Das war‘s … unsere Zeit ist gekommen, hier werden wir sterben.“ Mick, einer ihrer Freunde, der noch mehr Kraft als alle anderen hatte, ging allein los, um Hilfe zu suchen, während die anderen in einer Höhle Zuflucht fanden. Sie schreibt:

Kylie und Paul waren aufgestanden und winkten wie verrückt zum Himmel. Sie riefen: „Wir sind hier! Wir sind hier!" Ihr Rufen und ein noch stärkerer Luftstoß sorgten dafür, dass ich mich aufsetzte. Ich blickte mich um: ein Hubschrauber. Mick lehnte sich aus der Tür, als er genau über uns schwebte. Auch er winkte strahlend.

Ich sprang auf und rannte zum Rand der Klippe. Ich werde nie vergessen, wie ich auf diesem Vorsprung stand und schrie: „Wir sind gerettet! Wir sind gerettet! Wir sind gerettet!" Überglücklich und erleichtert und unglaublich froh wollte ich Luftsprünge machen. Stattdessen erstarrte ich.

Es waren nicht nur der steile Abhang, der sich am Rand der Klippe auftat, oder meine wunden Füße und schmerzenden Glieder, die mich innehalten ließen. Es waren die Worte. So klar wie nie zuvor schien Gott mir an jenem Tag zu sagen: „Ja, Christine, du bist gerettet. Merke dir, was es bedeutet, gerettet zu sein. Merke dir, wie es ist, verloren zu sein. … Vergiss nie, dass ich jeden Menschen retten möchte."[48]

Ganz offensichtlich machte diese Erfahrung einen starken Eindruck auf Christine, und noch Jahrzehnte danach ist sie eine der leidenschaftlichsten und bekanntesten Evangelistinnen unserer Zeit. Sie lebt ihr Leben mit äußerster Dringlichkeit und Leidenschaft. Sie lebt so, als gäbe es etwas zu gewinnen, aber auch etwas zu verlieren. Eine echte Offenbarung der Errettung bewirkt genau das: ein Leben voll Dringlichkeit und Leidenschaft. Sie ist eine starke und motivierende Kraft, die uns dazu bringt, mit einem klaren Ziel zu leben. Und genau deshalb müssen wir unsere Undankbarkeit und unsere falsche Selbstverständlichkeit in Bezug auf Gottes Gnade bekämpfen. Gewohnheit macht uns träge und langsam. Sie führt dazu, dass unser Interesse und unsere Leidenschaft nachlassen, und so sind wir schlussendlich keine Bedrohung mehr für das Reich der Finsternis.

Betrachte deine letzte Woche – gab es Momente, in denen du eher aus Gewohnheit anstatt aus tiefer Dankbarkeit über deine Errettung heraus gelebt hast? Wie willst du die kommende Woche gestalten?

Was kannst du tun, um eine neue Offenbarung seiner Gnade und deiner Errettung zu bekommen?

GEBET

Herr, danke, dass du mich gerettet hast. Hilf mir, dass meine eigene Errettung niemals zu etwas Gewöhnlichem wird! Hilf mir, eine neue Leidenschaft für diejenigen zu entwickeln, die noch verloren sind. Ich bete für eine neue, frische Offenbarung deiner Liebe und deiner Güte. In Jesu Namen, amen.

DIE ERLÖSUNG ALS PERFEKTER PLAN

In der heutigen Andacht wirst du ziemlich viele Bibelstellen lesen. Nimm dir also genug Zeit zum Lesen, Nachdenken und Reflektieren (ca. 60 Minuten). Sich mit dem Thema „Errettung“ auseinanderzusetzen, hilft uns, Gottes errettende Gnade für uns selbst nicht als etwas Gewöhnliches zu betrachten. Diese Andacht behandelt nur die wichtigsten Punkte, aber ich hoffe, dass sie dich dazu inspirieren wird, dein bestes Leben zu leben.

Die Geschichte der Errettung ist durch die ganze Bibel gewoben und beginnt im Garten Eden. Niemand kann wirklich sagen, wie lange die Schöpfung in ihrem perfekten Zustand war, bevor Satan Zweifel an der Güte Gottes weckte. Er kam und säte Misstrauen gegenüber Gott! Versuchte Adam und Eva davon zu überzeugen, dass Gott ihnen etwas vorenthielt. Tragischerweise glaubten sie ihm und vertrauten nicht auf das, was Gott ihnen gesagt hatte. Anstatt auf Gottes Güte zu vertrauen und dankbar für all das zu sein, was sie hatten, gaben sie dem Zweifel und der Stimme des Feindes Raum in ihrem Leben: War Gott vielleicht doch nicht so großzügig, wie er zu sein schien? Und so wurden sie ihrem wahren Vater gegenüber ungehorsam und verloren so viel (1. Mose 3,1-19). Das Streuen von Zweifeln an Gottes Güte ist immer noch eine der Hauptstrategien des Feindes.

Nimm dir einen Moment Zeit, um still zu werden, schließe die Augen und überlege: Gibt es Bereiche in deinem Leben, in denen du an der Güte Gottes zweifelst? Schreibe deine Gedanken auf und bete. Bring dieses Thema zu Jesus und bitte ihn, dir dabei zu helfen, diese Zweifel mit der Wahrheit seiner Güte zu überwinden.

Die Geschichte der Erlösung ist eine Geschichte der vollkommenen Liebe – der Agape-Liebe –, die rein, willensstark und opferbereit ist und das Wohl der anderen Person über ihr eigenes stellt. Gott lässt uns nicht im Stich, sondern verspricht uns den Sieg. Das ist das Wunder der Erlösung. In 1. Mose 3,15 lesen wir, dass ein Nachkomme Evas der Schlange den Kopf zertreten wird.

In diesem Zusammenhang gibt es eine Frage, die oft gestellt wird: „Warum hat Gott das Böse nicht einfach beseitigt?“ Nun, wenn er das getan hätte, hätte er die

Menschheit auslöschen müssen, denn die Sünde ist in uns allen. Die Liebe aber hat sich für eine andere Lösung entschieden. Im Alten Testament lesen wir immer wieder, wie Gott die Menschheit an das Versprechen erinnerte, das er im Garten gegeben hatte: Ein Weg, um die Folgen der Sünde zu besiegen, wird kommen. Er wiederholte seine Verheißung viele Male, besonders bemerkenswert sind die Momente, in denen er Abraham (1. Mose 12,1-3; 1. Mose 22,15-18) und David (2. Samuel 7,16; Psalm 89,3-4) seine Verheißung zusicherte. Auch viele Prophetinnen und Propheten, besonders der Prophet Jesaja (Jesaja 1,18; Jesaja 53,5), wiederholten Gottes Versprechen.

Doch bis sich dieser Weg für alle öffnete, führte Gott das Prinzip der Sühne ein, was bedeutet, dass jemand oder etwas die Schuld eines anderen auf sich nimmt. In 1. Mose 3,21 opferte Gott Tiere und nahm ihre Häute, um Adams und Evas Blöße zu bedecken. Das Tieropfer wurde zu einem kraftvollen Symbol – sowohl für Gottes Gerechtigkeit als auch für seine Barmherzigkeit. Aufgrund ihrer Sünde verdienten die Menschen den Tod, aber Gott erlaubte diesen Tieren, ihren Platz einzunehmen und ihre Schuld zu überdecken. Dieses Bild hilft uns, zu verstehen, was Jesus für uns am Kreuz getan hat.

Lies folgende Bibelstellen und notiere dir deine Gedanken. Was fällt dir auf?

- 1. Petrus 3,18
- Hebräer 9,11–10,18
- 1. Petrus 4,1-11

Diese Bibelstellen erklären nicht nur in großartiger Art und Weise das vollständige und vollendete Werk Jesu als das alles entscheidende Opfer für unsere Sünden. Sie zeigen auch, dass Jesus das unglaublichste Beispiel für dienende Leiterschaft ist. Das Ziel dieses Buches ist es, uns zu helfen, gut zu bauen und zu leiten. Nimm dir also etwas Zeit, um folgende Frage zu beantworten:

Inwiefern inspirieren dich diese Bibelstellen, die Menschen zu leiten, die Gott dir anvertraut hat?

In 1. Johannes 1,7 heißt es: „Und das Blut Jesu, seines Sohnes, reinigt uns von jeder Sünde" (ELB). Das griechische Wort *katharízein*, das hier für „reinigt" verwendet wird, bezieht sich auf eine kontinuierliche Handlung: Wir werden kontinuierlich gereinigt.

Joseph Prince hat dies einmal mithilfe eines Bildes beschrieben: dem Wasserfall der Vergebung. Er erzählte von einem Jungen, der einen wunderschönen Stein entdeckt hatte. Dieser Stein war anders. Noch nie hatte er einen solchen Stein gesehen. Jeden Tag spielte er damit und vergrub ihn dann am Ende des Tages unter einem Busch, um ihn sicher aufzubewahren. Am nächsten Morgen grub er ihn wieder aus und musste als Erstes den Schmutz abwaschen, bevor er mit ihm spielen konnte. Eines Tages spielte er am Fluss, und anstatt den Stein zu vergraben, fand er eine kleine Ecke im Wasserfall, in die er ihn hineinlegte. Er musste den Stein nie wieder waschen.[49]

Wenn du Jesus empfängst, wirst du ein lebendiger Stein und Gott positioniert dich direkt unter seinem Wasserfall der Gnade. Alle Verheißungen Gottes bezüglich unserer Erlösung wurden im Herrn Jesus Christus erfüllt, der nicht nur starb, sondern auch wieder auferstand. Was Adam im ersten Garten durch Ungehorsam Satan übergab, wurde durch den Gehorsam Jesu im zweiten Garten auf dem Ölberg zurückerobert. Der Segen, die Autorität und die Herrschaft, die der Menschheit in Eden gegeben wurden, gehören durch Jesus wieder uns. Zudem haben wir durch den Heiligen Geist dieselbe Kraft, die auch Jesus aus dem Grab auferweckt hat und uns nun hilft, die Versuchung der Sünde zu überwinden.

Lies folgende Bibelstellen und notiere dir deine Gedanken. Was fällt dir auf?

- Epheser 1,18–2,10
- Römer 8,1-16

John Maxwell ist berühmt für seine Aussage „Leiterschaft ist Einfluss".[50] Nachdem du diese Bibelstellen gelesen hast, überlege dir, wie viel Einfluss der Heilige Geist auf dein tägliches Leben hat. Gibt es einen Bereich, in dem du ihm mehr Raum geben und die Führung überlassen musst? Welcher ist das?

Unser Erlösungsplan ist perfekt ausgearbeitet worden. Gott hat sich um unsere Vergangenheit, unser Hier und Jetzt und unsere Zukunft gekümmert, und zwar durch das Erlösungswerk Jesu und die Gegenwart des Heiligen Geistes! Als eine Person, die früher dem „Mehr" nachging, das der Feind ihr anbot, kann ich dich ermutigen: Mach Jesus nicht nur zu deinem Retter, sondern lass ihn in deinem Leben Herr sein. Bleibe deinem liebenden Vater treu und gehorsam. Er hat dein Bestes im Sinn.

GEBET

Herr Jesus, danke, dass du meinen Platz eingenommen hast. Danke, dass du dein Leben gegeben hast, damit ich leben kann. Ich bete, Heiliger Geist, dass du mir hilfst, mein bestes Leben zu leben – eines, das dich ehrt und deine Güte für andere widerspiegelt. Danke, dass du mich nicht den Konsequenzen meiner eigenen Entscheidungen überlässt. Stattdessen hast du mich mit deinem Blut reingewaschen und ermöglichst mir immer wieder einen Neuanfang. Hilf mir mit meinen Zweifeln und Ängsten. Hilf mir, eine Leiterin (ein Leiter) mit dienendem Herzen zu sein, eine Person, die gibt und dient. Hilf mir, dir die Führung über mein Leben zu geben, Heiliger Geist. Was möchtest du, dass ich heute tue? Du bist ein guter Gott, du bist für mich und du bist mit mir. Ich vertraue dir voll und ganz und will dir gehorsam sein. In Jesu Namen, amen.

DIE ERLÖSUNG IST DER ANFANG EINER REISE!

Wie bereits die Andacht zuvor ist auch diese wieder eine ziemlich gehaltvolle Andacht. Nimm dir also ca. 60 Minuten Zeit zum Lesen, Nachdenken und Aufschreiben. Wenn wir die verschiedenen Facetten der Errettung verstehen, werden wir über dieses „Leben der Gnade“ staunen, das uns geschenkt wurde.

Unser Ja zu Jesus ist wie das Herunterlassen einer Zugbrücke, die uns Zugang zu einem ewigen Leben mit Liebe, Hoffnung, Gnade und der Vergebung Gottes gibt (Römer 10,9). Der Tod und die Auferstehung Jesu schließen den Graben. Nun erlaubt uns diese heruntergelassene Zugbrücke, in ein neues Leben mit Gott einzutauchen. Und dieses Leben ist eine Reise der Heiligung. Die Erlösung geschieht in einem Augenblick – sofortiger Zugang zu Vergebung und ewigem Leben! Aber der Prozess der Heiligung, „heilig zu werden für den Zustand des richtigen Funktionierens“[51], dauert ein Leben lang.

Diese Reise ist ein beständiges Abenteuer, voller Höhen und Tiefen, Biegungen und Kurven. Doch Gott ist in uns am Werk. Er tut diese wunderbare, erstaunliche, verwandelnde Arbeit, die Heiligung genannt wird, während wir uns von ihm führen lassen.

Ich war zwanzig Jahre alt, als ich Christin wurde, und ich erinnere mich noch an die sofort spürbare Liebe und Akzeptanz, aber auch an das Bewusstwerden, dass ich eine Änderung in meinem Lebensstil brauchte. Ich fühlte mich in meiner Sünde unwohl. Es war, als würde ich Kleidung tragen, die nicht zu mir gehörte. Kleidung, die schmutzig war und nach etwas Altem roch, und ich wollte sie nicht mehr tragen. Seine Liebe weckte in mir den Wunsch, ihn mit meinem ganzen Wesen zu lieben, und so begann ich als brandneue Nachfolgerin Christi, mir kleine, erreichbare Ziele zu setzen. Ab und zu scheiterte ich, denn alte Gewohnheiten sind schwer zu brechen, aber ich machte die Erfahrung, dass er nie aufgehört hat, mein Potenzial zu sehen. Ich bin sein Meisterwerk, an dem er kontinuierlich arbeitet. Das sind wir alle!

Lies folgende Bibelstellen und notiere dir deine Gedanken. Was fällt dir auf?

- Philipper 2,12-13
- Epheser 2,6-10

Diese Bibelstellen sprechen von einer heiligen Partnerschaft zwischen dem Geist Gottes und dir. Schreibe über einige deiner wichtigsten Transformationsmomente. Analysiere den Prozess: Wie hat der Heilige Geist dich geführt und was war die wichtigste Rolle, die du je dabei gespielt hast?

Lies folgende Bibelstellen und notiere dir deine Gedanken. Was fällt dir auf?

- 2. Korinther 5,14-15
- Epheser 3,16-18
- Römer 12,10-12

Liebe ist der alles entscheidende Katalysator für Veränderung. Diese Bibelstellen sprechen von unserer Liebe zu Gott, seiner Liebe zu uns und unserer Liebe zueinander. In Johannes 14,15 heißt es: „Wenn ihr mich liebt, werdet ihr meine Gebote halten" (NGÜ). Daraus folgt: Wenn wir uns auf die Liebe konzentrieren, wird Heiligkeit fließen.

Überlege im Gebet, ob Gott dich auf einen Bereich des Wachstums aufmerksam machen möchte, in den er dich führen möchte. Wie kann Liebe der Katalysator dafür sein?

Ich liebe es, dass sich die biblischen Geschichten oftmals so gut auf unser eigenes Leben beziehen lassen. Als Gott zum Beispiel die Israeliten aus Ägypten befreite, hätte es geografisch gesehen nur vierzig Tage gedauert, bis sie im verheißenen Land angekommen wären. Ich habe einmal in einer Predigt gehört (ich erinnere mich nicht mehr, wer es gesagt hat), dass, obwohl Israel aus Ägypten ausgezogen war, Ägypten noch immer „in Israel" war. Es waren ihre Entscheidungen, die sie auf Basis einer Sklavenmentalität fällten und die sie vierzig Jahre lang in der Wüste festhielten. Die Bibel beschreibt uns als ehemalige „Sklaven der Sünde" (Römer 6,20; NGÜ). Kannst du sehen, wie wir unseren Prozess der Heiligung mit der Reise vergleichen können, die Israel unternahm, um in das verheißene Land zu kommen?

Im ersten Korintherbrief ermutigt uns Paulus, die Reise Israels zu betrachten und von ihren Fehlern zu lernen.

Lies 1. Korinther 10,1-22 und notiere dir deine Gedanken.

Vielleicht sind dir beim Lesen zwei Rituale aufgefallen, die bei der Befreiung Israels entstanden sind und durch unseren Herrn Jesus eine neue Bedeutung bekommen haben: die Taufe und das Abendmahl. Paulus schreibt in 1. Korinther 10,2, dass der Durchzug durch das Rote Meer wie eine Art Taufe war: Die Israeliten ließen ihre Vergangenheit hinter sich und ihre Unterdrücker ertranken im Wasser. Er schreibt auch über das Passahfest, das Mahl, das die Israeliten in der Nacht aßen, als der Todesengel an ihren Häuser vorüberging und ihre Familien verschonte (2. Mose 12). Zudem spricht Paulus an dieser Stelle im Korintherbrief davon, dass das Manna, das die Israeliten erhielten, und das Wasser aus dem Stein, das sie tranken, Symbole für unseren Herrn Jesus sind. Er ist das Brot des Himmels und das Wasser des Lebens. Auf unserem Weg der Heiligung sind diese beiden Rituale wichtig für unsere Entwicklung.

Lies folgende Bibelstellen. Was qualifiziert eine Person dazu, getauft zu werden? Notiere dir deine Gedanken.

- Apostelgeschichte 2,41
- Apostelgeschichte 8,12

Warum ist die Taufe ein so starkes Symbol für das Werk Jesu in unserem Leben?
Wie könnte uns die Taufe auf unserem Weg der Heiligung helfen?
Lies folgende Bibelstellen und notiere dir deine Gedanken.

- Kolosser 2,6-15
- Lukas 3,21-22
- Epheser 4,1-6

Warum ist das Abendmahl ein so kraftvolles Ritual und wie könnte die regelmäßige Teilnahme an diesem Mahl uns auf unserem Weg der Heiligung helfen?
Lies die folgenden Bibelstellen und notiere dir deine Gedanken.

- Lukas 22,7-20
- Johannes 6,22-40
- Offenbarung 19,6-9

Wenn das Ziel unseres christlichen Lebens einfach darin bestehen würde, gerettet zu werden, dann könnte Gott uns im Moment der Errettung auch einfach in den Himmel aufsteigen lassen. Aber unser Vater hat noch so viel mehr im

Sinn. Er möchte in Partnerschaft mit uns arbeiten, damit niemand verloren geht. Unser Weg, unsere Heiligung ist ein Zeugnis für die Welt, dass Jesus lebt (Kolosser 1,21.29; Matthäus 5,14-16)! Wenn du noch nicht getauft bist, möchte ich dich ermutigen, dich mit dem Thema „Taufe" zu befassen. Denn eigentlich gibt es keinen Grund, noch länger zu warten.

Und falls du schon länger mit Jesus unterwegs bist und dich auf die abenteuerliche Reise begeben hast, mehr wie er zu werden, dann möchte ich dich ermutigen, das Abendmahl regelmäßig einzunehmen, vielleicht regelmäßiger als bisher. Es ist ein kraftvoller Moment der Erinnerung, der dir helfen wird, dich an das Wichtigste zu erinnern: Gott hat die Welt so geliebt, dass er seinen einzigen, eigenen Sohn gegeben hat, damit, wer auch immer an ihn glaubt, nicht zugrunde gehen wird, sondern ewiges Leben erhält (Johannes 3,16). Oh, das Wunder der Erlösung – lass es uns nie vergessen!

GEBET

Vater, ich danke dir für dein ständiges Wirken in mir. Danke, dass ich weiß, dass es dein Geist ist, der in mir am Werk ist und mich auf den Pfad der Gerechtigkeit führt. Dein Wille geschehe in mir. Bereite mich auf deine heilige Berufung vor. Ich will dir folgen alle Tage meines Lebens. Amen.

DIE ERLÖSUNG BEDEUTET ZUVERSICHT FÜR MEIN HEUTE UND MEINE EWIGKEIT

Jetzt, da wir am Ende dieser Andachtsreihe über das Wunder der Erlösung angekommen sind, habe ich eine Frage: Stehst du staunend und voller Ehrfurcht vor diesem Wunder und diesem Geschenk der Erlösung? Denn: Unsere Errettung ist nicht nur unser Weg zu einem ewigen Leben mit Gott, sondern auch eine offene Tür und ein Vorgeschmack auf den Himmel.

Durch Jesus sind wir von so vielem befreit worden. Gleichzeitig haben wir aber auch Zugang zu so vielen und unglaublichen Verheißungen für unser Hier und Heute erhalten! Die folgende Liste ist keineswegs vollständig, aber lies die Bibelstellen durch und nimm dir einen Moment Zeit, um Gott für deine Freiheit zu danken! In welchen Bereichen würdest du gern mehr von dem, was Gott dir versprochen hat, erleben oder verstehen?

FREI VON …

- **Schuld:** Hebräer 9,28
- **Gottes Zorn:** Römer 5,9
- **den Flecken der Sünde:** 1. Johannes 1,7
- **dem Fluch des Gesetzes:** Galater 3,13
- **Furcht:** 1. Johannes 4,18

ZUGANG ZU …

- **Weisheit:** Epheser 1,8
- **Vergebung:** Epheser 1,7
- **Heilung (Körper, Seele und Geist):** 1. Petrus 2,24
- **ewigem Leben:** Johannes 6,53-57
- **der Kraft, um den Feind zu besiegen:** Offenbarung 12,11
- **einer engen persönlichen Beziehung zu Gott:** Epheser 2,13
- **Gnade:** Epheser 1,7
- **einem neuen Bürgerrecht:** Philipper 3,20
- **der Gerechtigkeit Gottes:** 2. Korinther 5,21

- **einem neuen Bund:** Lukas 22,20
- **Frieden:** Johannes 14,27
- **Freiheit:** Galater 5,1
- **der Fähigkeit, zu vergeben:** Epheser 4,32

Ich möchte dich ermutigen: Stärke weiterhin deinen Glauben und erweitere und bewahre dein Verständnis für all das, wofür Jesus bezahlt hat! Wenn wir uns dessen nicht bewusst sind, können wir so leicht die Fülle unserer Errettung verpassen. Diese Beziehung, die wir durch Jesus mit dem Vater haben, bedeutet, dass wir Miterbinnen und Miterben in Christus sind (Römer 8,17). Der Feind ließ Adam und Eva glauben, dass Gott der Menschheit etwas vorenthielt – aber dem ist nicht so! Gott hielt und hält nichts vor dir zurück! Er gab Jesus, damit er an unserer Stelle starb! Wenn der Vater uns Jesus gab, dann will und wird er uns auch das geben, was Jesus für uns gewonnen hat (Römer 8,32)!

Unser errettetes und erlöstes Leben sollte sich deutlich von der Welt um uns herum unterscheiden. Nicht nur in unserem Handeln, sondern auch in unserem Glauben und Vertrauen auf das, was uns versprochen wurde.

Wie könnte ein solches Leben voller Vertrauen aussehen?
Wie würde dieses Vertrauen dein Leben heute beeinflussen?
Lies folgende Bibelstellen und notiere dir deine Gedanken.

- Hebräer 10,35-36
- Matthäus 6,9-13

Es ist eine echte Glaubensprüfung, Jesus nicht nur bezüglich unserer Ewigkeit, sondern auch bezüglich unseres Hier und Jetzt zu vertrauen! In der Bibel steht, dass unser beharrliches Vertrauen in Jesus reichlich belohnt werden wird. Ich möchte dich also ermutigen, dein Vertrauen auf ihn zu setzen und dein Selbstbewusstsein auf ihn zu gründen.

Mir persönlich hat es über die Jahre hinweg geholfen, mich daran zu erinnern, was Gottes Wille ist. Im Vaterunser sagt Jesus, dass wir „Dein Wille geschehe auf der Erde, wie er im Himmel geschieht" beten sollen (Matthäus 6,9-13; NGÜ).

Wenn wir etwas im Himmel nicht finden können, dann ist es auch nicht Gottes Wille! Mach dir eine Liste von all den Dingen, die es im Himmel nicht gibt. Wie kann die Klarheit darüber, was Gottes Wille ist, dir dabei helfen, dein Vertrauen in das zu bewahren, was er in und durch dein Leben hier auf der Erde tun möchte?

Ein weiterer wichtiger Schlüssel, um deine Zuversicht zu bewahren und alles zu ergreifen, wofür Jesus bezahlt hat, ist, sich auf die Wahrheit und nicht auf die Fakten zu verlassen. In einem Gerichtssaal liegen sowohl der Anklage als auch der Verteidigung die gleichen Fakten vor. Jede Anwältin, jeder Anwalt legt die eigene Sicht der Dinge dar, aber das bedeutet nicht, dass beide Seiten recht haben. Es gibt immer nur eine Wahrheit.

In Johannes 14 teilte Jesus eine Botschaft mit seinen Jüngern, die im ersten Moment wie eine schlechte Nachricht aussah. Er sprach davon zu sterben. Das war ein Fakt! Natürlich waren sie alle verwirrt und betrübt darüber, aber Jesus sagte ihnen Folgendes:

„Lasst euch durch nichts in eurem Glauben erschüttern!", sagte Jesus zu seinen Jüngern. „Vertraut auf Gott und vertraut auf mich! Im Haus meines Vaters gibt es viele Wohnungen. Wenn es nicht so wäre, hätte ich dann etwa zu euch gesagt, dass ich dorthin gehe, um einen Platz für euch vorzubereiten? Und wenn ich einen Platz für euch vorbereitet habe, werde ich wieder kommen und euch zu mir holen, damit auch ihr dort seid, wo ich bin. Den Weg, der dorthin führt, wo ich hingehe, kennt ihr ja."

**„Herr", sagte Thomas, „wir wissen doch nicht einmal, wohin du gehst. Wie sollen wir dann den Weg dorthin kennen?" – „Ich bin der Weg", antwortete Jesus, „ich bin die Wahrheit, und ich bin das Leben. Zum Vater kommt man nur durch mich. Wenn ihr erkannt habt, wer ich bin, werdet ihr auch meinen Vater erkennen.
Ja, ihr kennt ihn bereits; ihr habt ihn bereits gesehen."**

JOHANNES 14,1-7; NGÜ

Siehst du den Unterschied zwischen Fakten und Wahrheit? Tatsache war, dass Jesus gekreuzigt werden sollte, aber die Wahrheit war so viel besser! Die Wahrheit ist immer voller Hoffnung!

Gibt es etwas in deinem Leben oder in deinen Gedanken, das du noch einmal überdenken musst? Was ist das?

Wenn du deinen Fakten im Hier und Jetzt eine Dosis Hoffnung und eine ewige Perspektive hinzufügen würdest, was würde sich dann als wahr herauskristallisieren?

Lies Hebräer 11,1 und notiere dir deine Gedanken.

Glaube, Zuversicht und Überzeugung sind Vertrauensworte. Glaube ist etwas, in dem Christinnen und Christen häufig gern wachsen möchten. Aber oftmals gehen wir das auf die falsche Weise an. Wir versuchen, mehr zu glauben, mehr zu beten, mehr zu erwarten. Aber größerer Glaube entsteht nicht durch größere Anstrengung. Unser Glaube wächst durch unsere Hingabe an Jesus. Je mehr er über unsere Gedanken, unseren Willen und unsere Gefühle regiert, je mehr er unser Gebet bestimmt, desto größer wird unser Glaube werden! Bill Johnson sagte einmal: „Glaube kommt nicht durch große Anstrengung, sondern durch große Hingabe."[52]

Wie sieht dein heutiger Tag aus? Welche Gelegenheiten werden sich dir heute bieten? Oder in dieser Woche, diesem Jahr, in den nächsten zwanzig Jahren? Schmeiß deine Zuversicht in das vollkommene Werk Jesu am Kreuz nicht weg. Halte an ihr fest. Glaube an sein Versprechen. Sei du der Vorgeschmack des Himmels für jemand anderen, der das wunderbare Geschenk seiner Gnade und Erlösung noch nicht angenommen hat. Du lebst, um das Licht Jesu in die Dunkelheit dieser Welt zu bringen. Verstecke nicht, was dir gegeben wurde. Teile die Geschichte deiner Errettung. Teile deine Reise, teile deinen Glauben und erlebe, wie Gottes perfekter Errettungsplan so viele Menschen wie nur möglich erreicht!

GEBET

Vater, ich danke dir für Jesus. Danke für die herrliche und wunderbare Errettung, die du mir gegeben hast. Du bist mein Retter und du bist mein Herr. Darauf besinne ich mich jetzt in diesem Moment und sage zu meinen Gedanken, zu meinem Körper und zu meinen Plänen: Jesus ist Herr. Wirke durch mich! Heiliger Geist, lass mich voller Gewissheit hinausgehen, um deinen Willen in deiner Kraft zu erfüllen. Lass heute ein Tag sein, der dir Ehre gibt und an dem andere von dir hören und dich annehmen. Amen.

Epilog

Die Entscheidungen, die wir heute treffen, werden unser Morgen beeinflussen. Das Leben, das wir bauen, wird durch jede einzelne Entscheidung geformt – eine Entscheidung nach der anderen. Entscheiden wir uns für den Weg Gottes oder wählen wir unseren eigenen Weg? Entscheiden wir uns dafür, das zu tun, was richtig ist, oder wählen wir den Weg, der einfach zu sein scheint? Entscheiden wir uns für die Kraft und Befähigung vom Geist Gottes oder erlauben wir uns als Menschen die Kontrolle zu übernehmen? Entscheiden wir uns dafür, zu wachsen, oder geben wir auf und bleiben stehen?

Am Ende dieses Buches möchten wir dir sagen: Es lohnt sich, die richtigen Entscheidungen zu treffen! Es lohnt sich!

Ein guter Mensch hinterlässt ein Erbe für Kinder und Enkelkinder [...].
SPRÜCHE 13,22A; HFA

Zu sehen, wie unsere Kinder in der Kirche aufgewachsen sind und die Gemeinschaft, von der sie ein Teil sind, lieben, erfüllt uns mit so viel Freude. Folgende Zeilen hat unsere älteste Tochter Mia neulich auf Instagram geschrieben:

#ILOVEMYHILLSONGCHURCH

Ich glaube wirklich, dass Worte nicht ausreichen, um meine Liebe für die Kirche zu beschreiben. Ich glaube außerdem, dass viele, viele andere dasselbe sagen würden. Die Kirche ist kein Ort, an den du nur an Ostern oder Weihnachten gehst. Sie ist ein Ort der Familie. Sie ist ein Ort der Ermutigung. Sie ist ein Ort für Vergebung. Sie ist ein Ort voller Dankbarkeit. Sie ist ein Ort wunderbarer Freundschaften.

Ein Ort, den man ziemlich einfach sein Zuhause nennen kann. Sie ist mein Zuhause.

Ich persönlich hatte die Ehre, hier aufwachsen zu dürfen. Ich darf sehen, wie Menschen kommen und Freudentränen in ihren Augen haben. Ich darf sehen, wie Leitende in ihren Positionen wachsen und in andere Städte geschickt werden, um einen neuen Campus zu starten. Ich darf ein Leben voller Ermutigung und Segen leben. Ich darf lang anhaltende Freundschaften pflegen. Ich habe die Ehre, viele Onkel und Tanten hier und auf der ganzen Welt zu haben. Ich weiß immer, dass ich geliebt werde und für das geschätzt werde, was ich tue. Ich habe immer jemanden, an den ich mich wenden kann. Nicht nur meine Eltern, sondern auch meine Kleingruppen- und Teamleiterinnen und -leiter. Die Kirche ist mein Ort der Sicherheit. Hier kann ich sein, wer ich bin, ohne verurteilt zu werden.

Ich liebe dieses Foto. Ich habe es heute tatsächlich das erste Mal gesehen. Und ich erinnere mich an diesen Tag. Es ging mir nicht so gut, und ich habe einfach eine Umarmung von meinem Dad gebraucht. Ich gehe immer zu meinem Dad für eine Umarmung, wenn ich eine schwere Zeit habe. Aus irgendeinem Grund lösen seine Umarmungen alles, haha. Meine Mom kam und hat mir Worte der Ermutigung ins Ohr geflüstert. Ich habe mich dazu entschieden, dieses Bild zu posten, weil es beschreibt, was Kirche ist.

Hast du gerade eine schwere Zeit? Gehe zu deinen Freundinnen und Freunden oder Leiterinnen und Leitern, um dir eine Umarmung abzuholen oder um zu reden. Du hast eine große Entscheidung vor dir, die du treffen musst? Rede mit deiner Kleingruppe und bete darüber. Du hast etwas zum Feiern? Schnapp dir deine Freundinnen und Freunde und feiere deine Erfolge und werde ermutigt! Es ist wirklich egal, in welcher Situation du bist. Es gibt IMMER jemanden, zu dem du gehen kannst. Und das ist für mich so besonders und meine persönliche Definition von Familie.

Es lohnt sich, sein Leben zu bauen und seiner Berufung nachzueifern. Denn so haben die Generationen nach uns die Möglichkeit, auf dem Fundament, das wir gelegt haben, weiterzubauen. Unser Gebet ist, dass dein Leben ein Erbe des Segens für diejenigen wird, die nach dir kommen.

Also liebe Freundin, lieber Freund, grabe tief. Gib nicht auf. Halte daran fest, wachsen zu wollen, entdecke neue Offenbarungen Gottes, zweifle nicht daran, dass er nur dein Bestes im Sinn hat. Lerne neue Fähigkeiten, damit du dieses Leben gut leben kannst. Und mache diese Reise in Gemeinschaft, so wie Mia es so wunderbar beschrieben hat. Du hast so viel, das du in diese Welt tragen kannst.

Baue.

ANMERKUNGEN

1 C. S. Lewis, Du fragst mich, wie ich bete. Briefe an Malcolm. Beten heute Band 7, Johannes Verlag 2011.

2 Übersetzt nach: William Temple, Archbishop of Canterbury, Nature Man and God, Macmillan, London 1940.

3 Übersetzt nach: Oxford Languages, https://www.google.com/search?client=firefox-b-d&q=definition+flourish.

4 https://de-academic.com/dic.nsf/dewiki/1537825; https://www.st-peters-basilica-tickets.com/de/st-peters-basilica/.

5 Einfügung durch die Autorin.

6 Einfügung durch die Autorin.

7 Bill Gates, https://beruhmte-zitate.de/zitate/2078664-bill-gates-die-meisten-menschen-uberschatzen-was-sie-in-eine/.

8 Übersetzt nach: Bill Johnson, Dreaming With God. Co-laboring With God for Cultural Transformation, Destiny Image Publishers, Shippensburg 2016, S. 216.

9 www.genussreise-bodensee.de.

10 Kingdom Builders sind die finanziellen Leiterinnen und Leiter der Hillsong Church – ganz normale Menschen mit der Motivation, das Reich Gottes auf der Erde durch ihre Großzügigkeit zu fördern.

11 Übersetzt nach: "People don't care how much you know until they know how much you care." John C. Maxwell, The 21 Irrefutable Laws of Leadership. Follow Them and People Will Follow You, HarperCollins Leadership, Nashville Tennessee 1993. In der deutschen Originalausgabe heißt es: "Die Leute interessiert nicht, wie viel Sie wissen, wenn sie nicht zugleich spüren, dass Sie sich um sie kümmern." John C. Maxwell, Leadership. Die 21 wichtigsten Führungsprinzipien, Brunnen Verlag, Gießen 2012.

12 John Maxwell, Leadership. Die 21 wichtigsten Führungsprinzipien, Brunnen Verlag, 10. Auflage, Gießen 2021, S. 26.

13 Vgl. Kerry Patterson / Joseph Grenny / Ron McMillan / Al Switzler, Heikle Gespräche. Worauf es ankommt, wenn viel auf dem Spiel steht, Linde, 2. aktualisierte und erweiterte Auflage, Wien 2012, S. 21.

14 Oxford Languages, https://www.google.com/search?client=firefox-b-d&q=ehre+definition.

15 Vgl. John Bevere, Der Lohn der Ehre. Der biblische Weg, Gottes Segen zu empfangen, Adullam Verlag 2008.

16 John Bevere, Der Lohn der Ehre. Der biblische Weg, Gottes Segen zu empfangen, Adullam Verlag, Grasbrunn 2008, S. 235.

17 Übersetzt nach: "The answer is simple: God is the originator of the authority, but He is not the author of the cruelty. Man is responsible for his cruel actions, not God. All authority is of God, but not all authority is godly." John Bevere, Honor's Reward. How to Attract God's Favor and Blessing, FaithWords, Brentwood Tennessee 2007. Deutsche Ausgabe: John Bevere, Der Lohn der Ehre. Der biblische Weg, Gottes Segen zu empfangen, Adullam Verlag, Grasbrunn 2008, S. 69.

18 Bill Johnson, Der Weg des Lebens. Erlebe die Kultur des Himmels hier auf Erden, 2. Aufl., Grain Press, Vaihingen/Enz 2018, S. 63.

19 Vgl. Fr. Paolo O. Pirlo, SHMI, "St. Lawrence". My First Book of Saints. Sons of Holy Mary Immaculate – Quality Catholic Publications, 1997, S. 176-178; Johann Peter Kirsch, St. Lawrence. The Catholic Encyclopedia. Vol. 9. Robert Appleton Company, New York 1910, https://www.newadvent.org/cathen/09089a.htm.

20 Vgl. Floyd L. Ruch / Philip G. Zimbardo u. a., Lehrbuch der Psychologie. Eine Einführung für Studenten der Psychologie, Medizin und Pädagogik, Springer-Verlag GmbH, Berlin 1974.

21 Zum Beispiel: Yasemin Saplakoglu, Can We Ever Stop Thinking?, 2019, https://www.livescience.com/can-you-ever-stop-thinking.html.

22 Vgl. Andrew Newberg / Mark Robert Waldman, Der Fingerabdruck Gottes. Wie religiöse und spirituelle Erfahrungen unser Gehirn verändern, Kailash Verlag, 2010.

23 Vgl. Mary Claire Lagroue, How prayer affects your mental health, www.grottonetwork.com/keep-the-faith/prayer/effects-of-prayer-on-mental-health/.

24 Vgl. Harvard Health Publishing, Giving thanks can make you happier, 2021, https://www.health.harvard.edu/healthbeat/giving-thanks-can-make-you-happier.

25 www.duden.de/rechtschreibung/Gnade.

26 Übersetzt nach: www.merriam-webster.com/dictionary/grace.

27 https://de.wikipedia.org/wiki/Gnade_(Theologie).

28 Vgl. www.bibleproject.com/explore/video/character-of-god-grace/.

29 Gemäß dem masoretischen Text der Hebräischen Bibel.

30 Gemäß dem masoretischen Text der Hebräischen Bibel.

31 Vgl. www.die-bibel.de/bibeln/wissen-zur-bibel/wissen-bibeluebersetzung/geschichte-der-bibeluebersetzung/septuaginta/.

32 Skandal der Gnade, Originaltitel: Scandal Of Grace, Text & Melodie: Joel Houston & Matt Crocker, Dt. Text: Martin Bruch © 2012 Hillsong Music Publishing Australia.

33 Martin Luther, Freyheith eines Christenmenschen (lateinischer Titel: De libertate christiana), 1520. Luther verfasste dreißig Thesen als Reaktion auf die gegen ihn gerichtete päpstliche Bannandrohungsbulle „Exsurge Domine".

34 Übersetzt nach: Gerhard Kittel / Gerhard Friedrich / Geoffrey William Bromiley u. a., Theological Dictionary of the New Testament, Eerdmans, Grand Rapids 1985, S. 960.

35 Ebd.

36 https://www.spruch-des-tages.de/sprueche/wir-koennen-nicht-alles-tun-aber-wir-muessen-tun-was-wir-koennen.

37 www.duden.de/rechtschreibung/Empathie.

38 Übersetzt nach: Billy Graham, The Journey. Living by Faith in an Uncertain World, Thomas Nelson Publishers, Nashville Tennessee 2007, S. 308.

39 Übersetzt nach: Bobbie Houston, Heaven is in this house, Maximized Leadership Inc., 2001, S. 193.

40 Teile dieses Kapitels stammen aus dem Buch: Martin Bruch, Finanzieller Durchbruch. Emotionen und Entscheidungen als Erfolgsfaktor in Finanzfragen, BoD – Books on Demand, 1. Auflage 22. Mai 2018.

41 Übersetzt nach: www.brainyquote.com/quotes/winston_churchill_131192.

42 Vgl. Paul de Jong, Gott, Geld & Ich. Wie du dir einen Weg in die finanzielle Freiheit schaffst, CPI – Clausen & Bosse, Leck 2020, S. 101.

43 Randy Alcorn, Wo dein Schatz ist … Die Freude am Geben entdecken, Christl. Literaturverbreitung 2016.

44 Übersetzt nach: Dr. Brian Simmons, The Passion Translation, BroadStreet Publishing Group, Savage Minnesota 2017, S. 647.

45 Colour Conference 2016. Die Colour Conference ist die jährliche Frauenkonferenz der Hillsong Church. Sie wurde von Bobbie Houston und dem Hillsong-Team gegründet und gestaltet. Sie prägt Frauen jeden Hintergrunds, jeden Alters und jeder Kultur, vereint sie unter einem Ziel und ermutigt sie, einen Beitrag zur Lösung der Bedürfnisse zu leisten, die sie in ihren lokalen und globalen Gemeinschaften sehen.

46 Übersetzt nach: Bobbie Houston in der Eröffnungspredigt „Be Found in the Mystery" auf der Colour Conference 2016.

47 www.christinecaine.com/content/about/gk1h4w?permcode=gk1h4w&site=true.

48 Christine Caine, Der Angst keine Chance. Mein Weg zu einem Leben ohne Furcht, Gerth Medien, Asslar 2013, S. 163-164.

49 Vgl. Joseph Prince, Zur Herrschaft bestimmt. Das Geheimnis eines mühelosen, glücklichen und erfolgreichen Lebens, Grace today, Schotten 2014.

50 Übersetzt nach: John C. Maxwell, The Leadership Handbook. 26 Critical Lessons Every Leader Needs, Thomas Nelson Publishers, Nashville Tennessee 2015, S. 167.

51 Übersetzt nach: www.biblestudytools.com/dictionary/sanctification/.

52 Übersetzt nach: www.quotefancy.com/quote/1516301/Bill-Johnson-Great-faith-doesn-t-come-out-of-great-effort-but-out-of-great-surrender.